AK Trivia Book 52

중세 유럽의 성채 도시

가이하쓰샤 | 지음 김진희 | 옮김

머리말

성채 도시는 중국과 인도 등의 아시아, 모로코 등의 아프리카, 시리아 등의 중동에 다수 존재하며, 특히 중세 유럽에서 크게 융성했습니다. 규모가 큰 도시도 많았으며, 파리와 밀라노는 당시로서는 상당히 많은 인구라고 할 수 있는 10만 명 이상을 수용했습니다. 이에 본서에서는 중세 유럽의 성채 도시를 중심으로 다루었습니다.

성채 도시 중에는 현재까지도 당시의 모습을 보존하고 있는 곳이 많습니다. 돌과 벽돌로 만든 성벽으로 둘러싸인 도시에는 건물이 빽빽이 들어서 있고, 침입자를 헤매게 할 목적으로 미로 같은 구조로 만들어놓은 곳도 있습니다. 꽤 높은 확률로 자신이 지금 어디에 있는지 알 수 없게 돼버리는데, 이국의 도시에서 미아가 되는 것도 성채 도시 관광의 묘미 중 하나일 것입니다.

도시를 성채로 에워싼 것은 그곳에 사는 사람을 온갖 위험으로부터 보호하기 위해서였습니다. 적군의 침략, 짐승과 도적단의 습격을 견고한 성벽으로 막았던 것입니다. 짐승과 도적단은 차치하더라도, 적군은 성채 도시를 함락시키기 위해 온갖 수단을 동원하여 공격해옵니다. 이에 대항하기 위해 성채 도시도 다양한 방어용 설비를 갖추었습니다. 방어 시설과 도시 기능은 시대의 흐름에 따라서 더욱 강력하게 발전해 나갑니다.

이리하여 성채 도시는 문화, 상업, 군사 면에서 진화를 계속했습니다. 시민이 더욱 살기 좋게, 적으로부터 도시를 더욱 잘 지켜낼 수 있게, 그리고 자신들의 권력을 과시하기 위해 도시를 더욱 세련되게—! 이러한 생각과 행동이 만들어낸 궁극적인 기능미의 집약체, 그것이 바로 성채 도시입니다.

본서는 그러한 성채 도시에 관한 온갖 정보를 망라했습니다.

성채 도시는 어떻게 만들어졌는가? 방어 측은 적군의 공격으로부터 도시를 어떻게 지켜냈는가? 공격 측은 견고한 성벽을 어떻게 파괴했는가? 성채 도시에 사는 시민은 어떤 생활을 했는가? 등등.

역사를 이야기할 때 절대로 빼놓을 수 없는 성채 도시에 얽힌 에피소드를 천천히 재미나게 즐겨주신다면 행복할 것 같습니다.

가이하쓰샤

목차

【성채 도시의 흔한 일상】

성문을 부수고 성내로 침입했더니 각종 트랩이 기다리고 있었다 ······ 본서 p.27로
도시 창설자는 '성채 도시를 언덕 위에 조성해야 하나? 평지에 조성해야 하나?' 하는 문제로 고민한다 ······ 본서 p.46로
성채 도시에서는 근무 시작 시각과 종료 시각, 새로운 왕비 탄생 등의 온갖 행사를 종으로 알린다 ······ 본서 p.96로
농성전이 벌어지면 성채 도시에 사는 여성은 병사들에게 식량과 물을 날라다 준다 ······ 본서 p.100로
적의 성을 공격할 때 위험할 걸 뻔히 알면서도 사다리를 타고 성벽을 올라가야 한다 ······ 본서 p.115로

제1장
성채 도시란 ?

No.001

성채 도시란 무엇인가?

인류는 정착 생활을 시작한 후 외적으로부터 자신들을 보호하기 위해 도시를 성벽으로 둘러치기 시작했다. 이것이 성채 도시의 시초이다.

● 벽, 해자, 탑이 성채 도시의 기본

태고부터 인류는 수렵과 채집으로 식량을 획득했다. 시간이 흐르면서 농업이 보급되었고 동시에 야생 소와 양을 가축화하는 목축이 행해지기 시작했다. 기원전 4000년경 관개 농업이 발달하자 식량의 생산량이 늘었고 인구도 증가했다. 사람들이 모여들어 형성된 촌락은 이윽고 도시로 발전했다. 그러자 그곳에 사는 사람들은 자신의 생명과 식량을 외부의 침략으로부터 보호하기 위해 정착지를 벽과 해자로 둘러치기 시작했다. 이것이 성채 도시의 시초이다.

요르단강에서 그리 멀지 않은 곳에 위치하는 예리코는 세계에서 가장 오래된 도시로 일컬어지는데, 기원전 7500년경에 이미 벽으로 도시를 둘러쳤다. 또 기원전 4000년경 중국에서는 방어할 목적으로 촌락 주위에 해자를 둘렀다. 기원전 1200년경에 파괴된 고대 트로이는 도시를 높은 석벽으로 둘러치고 군데군데 탑을 배치했다고 전해진다. 벽, 해자, 그리고 탑. 이 세 가지 요소를 이용한 군사적 연구가 기원전 1200년 무렵에는 이미 확립된다. 그리고 이것이 디자인과 배치의 변경, 방어력 향상 등의 진화를 거쳐서 성채 도시의 융성을 자랑한 중세까지 계속된다.

도시를 벽으로 둘러싸는 가장 핵심적인 목적은 방어이다. 하지만 성채는 또 다른 효과도 낳았다. 성채는 **도시의 유기적 조직에 일정한 한계**를 가져와 교외와 도시를 분명하게 분리시켰다. 주요한 도시 활동을 모두 경계 내부로 끌어들임으로써 도시 조직을 구조화하고 불멸의 존재로 만들었다. 성채 도시 주민에게는 자신들의 도시가 특별했고, 정교하게 설계된 성채는 자랑이기도 했다. 성벽으로 둘러싸인 도시의 외관은 저마다 달랐으며 경관에 끼치는 영향 또한 무척 컸다. 실제로 고대와 중세의 회화를 살펴보면 탑이 있는 환상(環狀) 성벽을 도시 일반의 상징으로 그린 것이 많다. 그만큼 성벽이라는 것이 보편적인 중요성을 가지고 있었음을 나타낸다.

도시를 높은 벽으로 둘러싸서 보호하다

● 성채 도시의 기본 요소

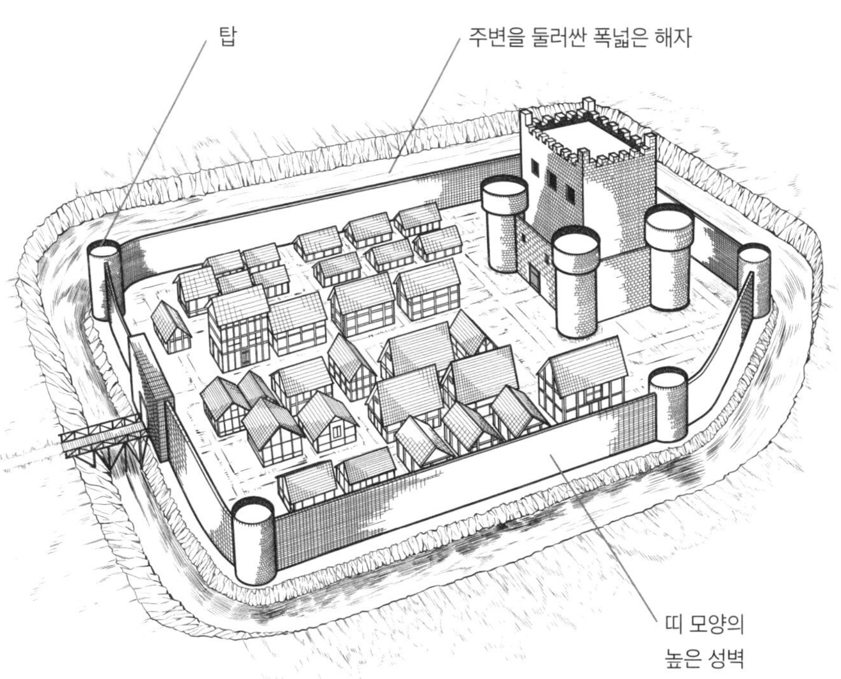

● 도시를 벽으로 둘렀을 때 생기는 효과는?

외적으로부터 방어할 수 있다

도시 조직을 구조화하고 불멸의 존재로 만든다

멋진 성벽은 주민의 자랑이다

고대와 중세 회화에서는 도시 일반의 상징으로 표현했다

관련 항목

● 성채 범위는 너무 넓지 않고, 좁지 않게 → No.022
● 도랑과 해자의 중요성 → No.070

No.002

성채 도시는 언제부터 존재했는가?

기원전 9000년경 요르단강 유역에 생겨난 세계 최초의 도시 예리코. 도시가 발전하자 방어하기 위해 주위에 두꺼운 성벽을 세웠다.

● 세계에서 가장 오래된 성채 도시 예리코

인류가 수렵과 채집을 기본으로 하는 유목 생활을 하다가 정착 생활을 시작한 시기는 기원전 1만 년~7000년 무렵을 정설로 본다. 초기의 정착 생활은 밭을 경작하는 데 필요한 소수의 세대가 모인 작은 촌락 단위로 이루어졌다. 이윽고 교역 상인 및 기술자와 교류가 시작되었고 사람이 점점 모여들자 초기 형태의 도시가 형성된다. 그러자 **도시 주민은 자신들의 부를 시기심 많은 이웃과 지방을 배회하는 유목 민족으로부터 지킬 필요성을 느낀다.**

이리하여 형성된 초기 성채 도시의 모습을 예리코 유적에서 찾아볼 수 있다. 일 년 내내 봄 날씨인 예리코는 요르단강이 내려다보이는 고원에 위치하며 기원전 9000년경부터 사람이 살기 시작했다. 기원전 8000년경에는 도시 인구가 2,000명에 달했다.

초기에 예리코 도시는 요새화되어 있지 않았으나, 교역의 증대로 부가 축적되면서 방어의 필요성이 생겨났다. 기원전 7500년경에는 바위를 뚫어서 만든 폭넓은 해자와 근 4m 높이의 석벽으로 도시를 감쌌다. 이로써 가장 초기 형태의 항구적 석조 요새가 탄생한다.

이윽고 성벽에 원형 탑을 추가로 박아 넣었는데, 직경 8m와 높이 8m를 넘는 이 원형 탑은 현재까지도 남아 있다. 탑 내부에는 옥내 계단이 있어서 꼭대기까지 올라갈 수 있다. 하지만 이 원통이 중세의 주탑처럼 유일한 건축물인지 혹은 여러 개의 건축물 중의 하나인지는 아직 발굴이 충분히 이루어지지 않아 밝혀지지 않은 상태이다.

예리코의 견고한 성벽을 통해 알 수 있는 것은 도시를 면밀하게 계획하여 요새화했다는 것이다. 성벽의 규모와 구조에서도 도시 방어에 필요한 만큼의 자재와 노동력을 쏟아부은 흔적이 엿보인다. 이 점으로 미루어보았을 때 추후 발굴 여하에 따라서는 더 오래된 성채 도시가 발견될 가능성도 있을 것으로 예상된다.

세계에서 가장 오래된 도시 예리코 유적

● 요르단강 북서부에서 세계 최초의 성채가 축조되었다

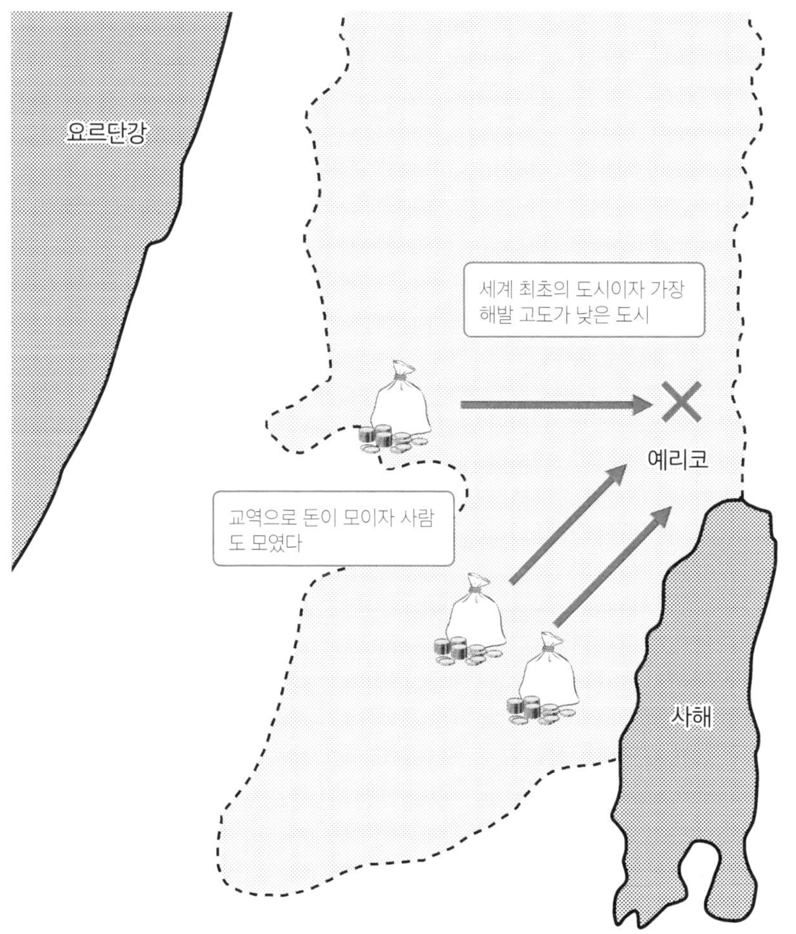

예리코는 사해의 북서부, 요르단강 하구에서 북서쪽으로 약 15km 떨어진 곳에 위치한다. 세계에서 가장 오래된 도시로 알려져 있는데, 이와 동시에 해발 마이너스 250m로 세계에서 가장 표고가 낮은 도시이기도 하다. 현재는 요르단강 서쪽 연안 지구로 불리는 일대에 위치하며, 이곳은 팔레스타인 자치 정부의 영내에 해당한다. 인구는 약 2만 명. 헤롯왕의 겨울궁전과 샴궁전의 모자이크 등, 각 시대의 유적이 다수 남아 있는 것으로도 유명하다.

관련 항목

● 성채 도시는 왜 생겨났는가? → No.003

No.003

성채 도시는 왜 생겨났는가?

중세 유럽 도시 대부분이 성벽으로 둘러싸여 있었던 데는 당연히 이유가 있다. 하나는 외적에 대비하기 위해서이고, 다른 하나는 도시 기능을 높이기 위해서이다.

● 성과 수도원에 사람이 모여 촌락을 형성

왜 도시를 견고한 성벽으로 둘러쳤는가? 그 이유로는 크게 두 가지를 들 수 있다.

하나는 외적으로부터 몸을 보호하기 위해서이다. 고대부터 중세까지는 경찰 조직이 오늘날과 같이 완벽하게 정비되어 있지 않아서 서민은 자신의 재산을 자신의 손으로 지켜야 했다. 단독으로 활동하는 좀도둑은 그리 큰 위협이 되지 않았지만, 상대가 군대를 비롯하여 약탈을 일삼는 유목민과 강도단 등의 조직인 경우에는 개인이 대항할 방도가 없었다.

서민들은 성과 수도원 등의 사람이 많이 모이는 장소라면 공격받지 않을 거로 생각하고 그 주변으로 거주지를 옮겼다. 사람이 모이면 도시가 형성된다. 사람들은 침략자들의 공격으로부터 목숨과 재산을 지키기 위해 전체를 벽으로 둘러치고 거주 공간 자체를 요새화했다.

외적은 인간뿐만이 아니었다. 야생 짐승도 그들의 생명과 가축을 위협하는 위험한 존재였고, 이것들의 습격을 사전에 예방하는 데도 높고 튼튼한 벽은 무척 유효한 방어 수단이었다.

도시를 성벽으로 둘러싼 또 하나의 이유는 도시를 효과적으로 발전시키기 위해서였다. **성벽으로 분리된 도시는 면적에 한계가 있다. 따라서 도시 발전은 자연히 치밀한 계획하에 진행되었다.** 또 높은 벽으로 안팎을 분리함으로써 주요한 도시 기능을 벽 안쪽에 집중시킬 수 있다는 점도 큰 메리트였다.

순조롭게 도시가 발전하면 좋겠으나 원만하게 발전하지 못하는 경우도 있었다. 주변 환경과 인프라 설비가 정비되지 않은 탓에 위생 환경이 악화되어 쾌적한 생활을 할 수 없는 열악한 도시 공간이 형성되어버리거나, 도로를 지나치게 늘린 나머지 주택지가 벌레가 파먹은 듯한 형국이 되어 도시 면적에 상응하는 인구를 수용하지 못하여 발전이 저해되는 경우 등이다.

교회와 성에 사람이 모여들어 성채 도시가 형성되다

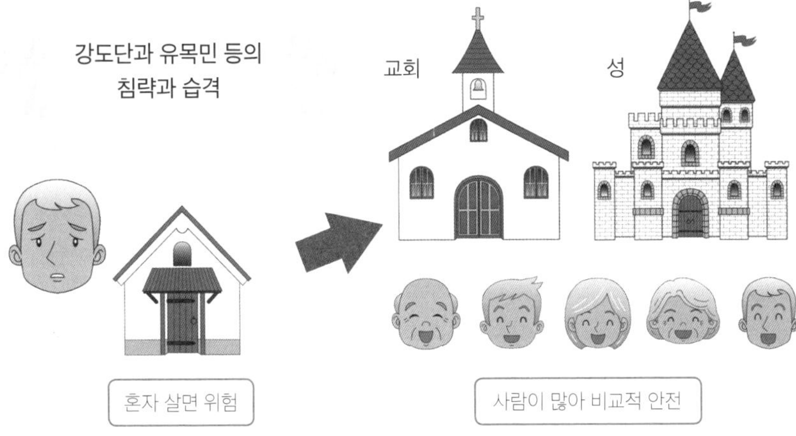

방어력을 높이기 위해 도시를 성벽으로 둘러침으로써 성채 도시 형성!

성채 도시 발전의 나쁜 예

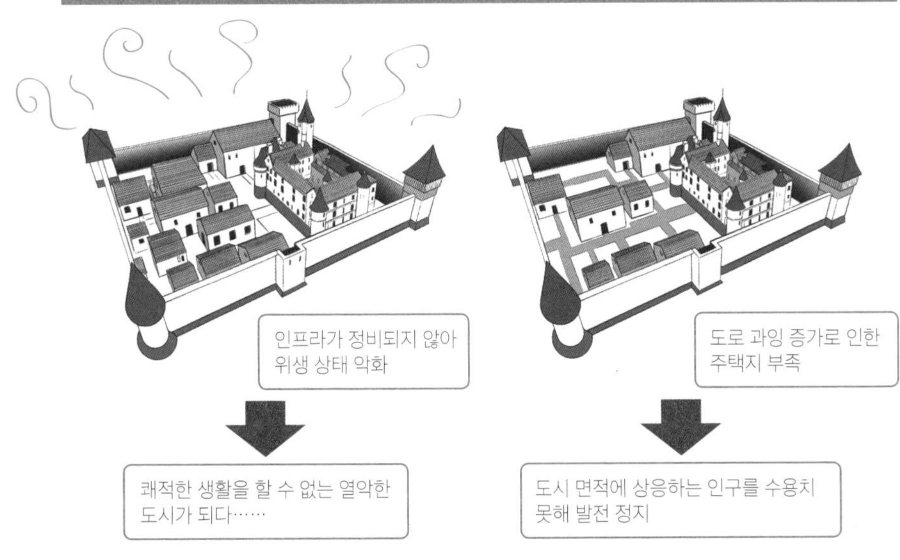

쾌적한 생활을 할 수 없는 열악한 도시가 되다……

도시 면적에 상응하는 인구를 수용치 못해 발전 정지

관련 항목

● 성채 범위는 너무 넓지 않고, 좁지 않게 → No.022

No.004

시타델 도시

고대부터 중세까지 각지에 형성된 성채 도시는 시대와 지역의 요구에 따라서 서로 다른 방식으로 발전했다.

● 고대 메소포타미아와 그리스의 시타델 도시

성채 도시라고 뭉뚱그려 부르지만, 시대와 지역에 따라서 다양한 종류가 있다. 고대 메소포타미아 등지에서 많이 발견되는 것은 시타델이다. 시타델은 본거지(=본성)라는 뜻이며, 이를 중심으로 두터운 성벽을 쌓는 것이 특징이다. 그래서 성채 자체를 시타델이라고 부르기도 한다.

메소포타미아 남부의 우르와 우르크에서는 장방형으로 도시를 에워싼 것을 볼 수 있고, 북시리아의 진지를리에서는 원형으로 에워싼 것을 볼 수 있다. 한편 시대가 흐른 후에 파르티아와 사산 왕조 페르시아 등에서는 성벽을 정방형 또는 장방형으로 쌓았다.

메소포타미아에서 발견되는 시타델에서는 주민이 증가하자 성 밖으로 나가 새롭게 벽을 축조하는 방어 공사를 함으로써 정착지를 넓혀 나갔다. 그 결과로 형성된 것이 「시타델 도시」라고 불리는 보편적인 도시의 형태이다.

중세 성채 도시의 대부분이 그랬던 것처럼 고대 시타델 도시에서도 벽으로 둘러싸인 도시 밖에서도 주민이 살았다. 기원전 5세기 이전의 고대 그리스 시타델 도시 미케네가 그 대표적인 예이다. 미케네는 여러 개의 작은 촌락으로 이루어졌으며, 가장 높은 언덕에 벽으로 주변을 빙 에워싼 시타델을 축조했다. 각 촌락에 사는 서민들은 위험이 다가오면 서둘러 시타델의 벽 안으로 피난했다.

미케네 시타델의 가장 큰 특징은 두꺼운 성벽 두께이다. 미케네의 성벽 두께는 최대 6m나 되었다. **거석을 쌓아 올려 축조한 성벽**이다. 후대 그리스인은 「이 돌을 옮길 수 있는 자는 키클로페스(외눈박이 거인)뿐이다」라고 굳게 믿었다. 그래서 미케네 시타델의 두꺼운 성벽은 「키클로페스의 석벽」이라고 불리게 된다.

인구를 늘리기 위해 벽을 일시적으로 파괴했다

● 마을이 번영하여 많은 이민족이 몰려든다

벽 때문에 공간이 한정되어 인구 증가 불가
인구가 증가하면 그만큼 마을에 활력이 생긴다. 하지만 벽 때문에 수용할 수가 없다

● 성 밖에 새롭게 성벽을 쌓아서 정착지를 만든다

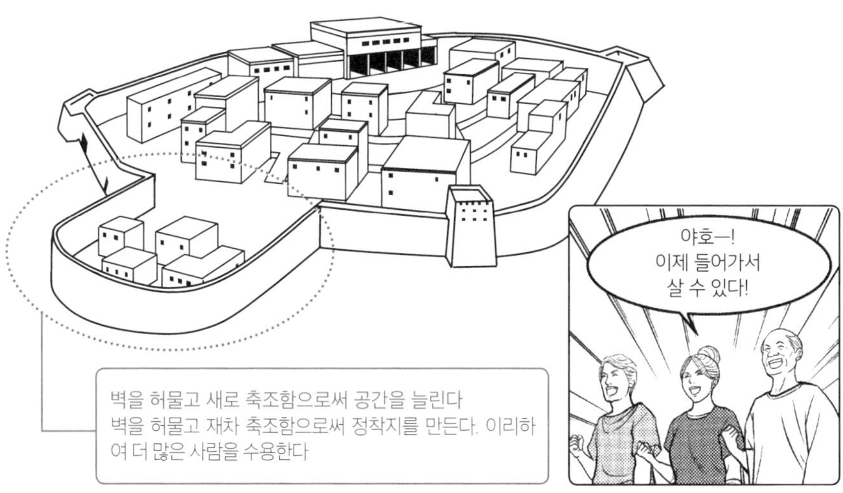

벽을 허물고 새로 축조함으로써 공간을 늘린다
벽을 허물고 재차 축조함으로써 정착지를 만든다. 이리하여 더 많은 사람을 수용한다

관련 항목

● 돌을 잘라 성벽을 만들다 → No.025

No.005

그리스와 로마 성채 도시의 차이

고대 유럽에서 번영했던 두 나라, 그리스와 로마. 정치 형태가 다른 두 국가는 성벽에 대한 생각도 전혀 달랐다.

● 그리스에서는 도시 방어의 요새였으나, 로마에서는 완충 설비에 지나지 않았다

고대 그리스에서 성벽은 민주주의의 산물이었다. 그리스 도시에서 성벽이 일반적으로 실용화된 것은 기원전 6세기 무렵이다. 지방의 지배자들은 먼저 요새 안에 거주지를 정하고 거기에서부터 주변 지방에 대한 지배력을 넓혀 나갔다. 그리하여 성장한 촌락이 초기의 폴리스, 즉 도시 국가를 형성했다. 즉 그리스에서 **도시 성벽은 처음부터 계획된 것이 아니라 도시가 충분히 발달한 연후에 축조된 부가물이었다.**

그래서 그리스에서는 지형선에 따라서 벽이 축조된다. 예를 들어 기원전 4세기 프리에네라는 도시의 경우에는 도시 부지 가운데 가장 낮은 땅 4분의 3은 벽이 도시 바깥 둘레에 붙어 있지만, 북쪽은 도시를 크게 벗어나서 산의 정상까지 에워싼다. **이는 적이 높은 위치를 점하고 도시를 침략해오는 것을 막기 위함**이다.

이와 대조적으로 로마는 도시 형성과 방벽을 동시에 계획했다. 로마의 식민 도시는 일반적으로 평탄한 땅에 건설했으며, 벽은 규칙적이고 반복적인 형태로 만들었다. 실용성보다 오히려 예술성을 우선시한 것처럼도 보인다. 질서정연한 반복적인 형태를 선호한 것은 군대의 질서와 규율을 표상하기 위함이었을 것으로 생각된다.

이와 같은 차이가 발생한 이유는 두 나라 주위를 둘러싼 위협 요소가 서로 달랐기 때문이다. 그리스 도시는 대개 작은 독립 국가 중심이다. 따라서 포위 공격을 받을 시 외부의 원조를 받을 가능성이 희박하기 때문에 내부에서 반격할 수밖에 없다. 반면 로마 제국의 방어는 이동하는 야전군 중심이기 때문에 요새는 외부에서 원군이 도착할 때까지 버티기만 하면 되었다. 로마가 그리스만큼 방벽에 의지하지 않았음은 500년 가까이 자국 도시에 요새조차 만들지 않은 사실을 통해서도 드러난다.

성벽에 의지한 그리스와 야전 중심이던 로마

● 그리스에서 성벽은 최후의 방어 라인

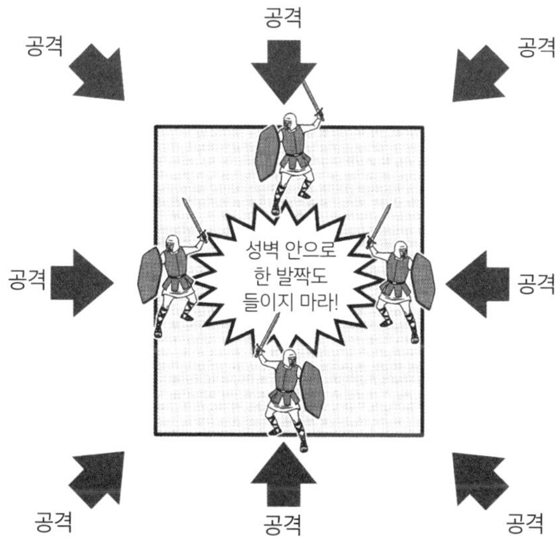

외부에서 도움을 얻을 수 없으므로 수비대는 내부에서 자신들만의 힘으로 사수해야 한다

● 로마에서 성벽은 구조대가 도착할 때까지의 시간벌기용

끊임없이 이동하는 야전군이 구하러 올 때까지 버티기만 하면 된다

관련 항목

● 성채 도시는 어디에 조성해야 할까? → No.020
● 벽이 먼저인가? 도시가 먼저인가? → No.021

No.006

성채 도시의 딜레마

성채 도시는 고대와 중세 사람들에게 없어서는 안 되는 중요한 사회 인프라였지만, 위정자는 고민스러운 딜레마에 빠지기도 했다.

● 군대를 우선해야 하는가, 아니면 서민에게 맞추어야 하는가

고대와 중세 사람들에게 성벽은 도시의 부와 힘의 상징이었다. 성벽으로 둘러싸인 도시의 외관은 저마다 달랐고 비슷한 경우는 거의 없었기 때문에 당시 시민은 자신들의 마을과 여타 마을을 확실하게 구분할 수 있었다. 정교하게 설계되어 건설된 성벽은 시민의 자랑이었다. 탑이 우뚝 솟은 성벽은 곧잘 고대와 중세 회화의 소재가 되었으며 도시의 상징으로 표현되었다. 성벽은 그야말로 보편적인 가치관을 나타내는 모티브였다.

물론 정신적인 의의가 있었을 뿐 아니라 성벽은 도시에 기능적인 혜택도 가져왔을 것으로 추정된다. 도시를 벽으로 둘러쌈으로써 교외와 도시 조직을 확실하게 분리하고 마을 경관에 독립성을 부여했다. 이러한 구조화를 통해 주요 도시 활동을 경계 안쪽으로 끌어들임으로써 활성화시켰다.

하지만 성채 도시가 가지는 딜레마도 있었다. **성벽 축조로 인해 생기는 한정 효과**가 도시의 발전을 둔화시키고 때로는 심하게 방해하는 원인이 되었다. 영향의 정도는 도시가 위치하는 부지 차이와 무장 상태, 도시 계획의 차이에 의해 좌우되었는데, 경우에 따라서는 마을을 심각하게 정체시키기도 했다.

또 도시 설계자를 늘 골치 썩힌 문제는 도로를 어떻게 확장해 나갈 것인가 하는 문제였다. 고려 사항은 두 가지였다. 일반 대중의 상황에 맞출 것인가 아니면 군대의 요구에 따를 것인가 하는 것이다. 공공복지와 국가 이익 중에서 무엇을 선택할 것인가 하는 딜레마는 그야말로 오늘날과 다를 것이 없다.

르네상스 시대의 어느 인문학자는 성벽을 곧잘 체내 기관을 보호하는 피부에 비유했는데, 피부와 마찬가지로 성채 도시도 적절한 신진대사가 필요했음을 알 수 있다.

성채 도시가 상징하는 것과 딜레마

서민에게 성벽이란?

생명을 보호해주는 믿음직한 존재

자신들의 자랑

그와 동시에

부와 권력의 상징

훌륭하게 잘 축조된 성벽은 도시가 풍족하며 힘이 있다는 증거였다

예술의 모티브

성벽의 기능미는 예술가의 마음을 사로잡았고 곧잘 회화의 소재가 되었다

● **한편으로는 딜레마도 있었으니……**

도시 설계자는 늘 군인과 서민의 요구 사이에서 딜레마에 빠졌다

관련 항목

● 성채 범위는 너무 넓지 않고, 좁지 않게 → No.022

No.007

성채 내부에는 어떤 시설이 있었나?

도시 중심부인 성채 내부는 외적에 맞서 싸우기 위한 방어 거점임과 동시에 영주와 병사들의 생활 공간이었다.

● 우물, 연회가 열리는 대형 홀, 막사, 예배당, 던전

방어 거점에서 제일 중요한 것은 **우물**이다. 이에 주탑 근처에는 통상적으로 여러 개의 우물을 설치할 뿐 아니라 저수조에 빗물도 비축한다. 우물물은 수비대의 생사와 직결될 뿐 아니라 외적의 공격으로 발생한 화재를 진화시키는 데도 반드시 필요하다.

성주가 거주하는 구역은 주탑 상층에 위치하는 경우가 많았다. 구역 내의 가장 큰 건축물 안에 대형 홀을 만들어 귀족과 측근들을 위한 **만찬과 유흥**의 장으로 썼다. 성주가 재판을 열어 백성들 사이에 발생한 법적 분쟁을 판결하는 장소로도 이용되었다. 대형 홀은 따뜻하게 난방되었으며, 14~15세기경에는 배연 설비도 갖추어진다. 또 소수의 대규모 성채 도시는 하수 처리 시스템도 갖추고 있었으나, **위생면**은 크게 중시되지 않았다. 성주조차 일 년에 한 번 정도밖에 목욕하지 않았을 정도이다.

그 밖에 수비대를 위한 건축물이 목조 또는 석조로 세워졌다. 2층짜리 건물이었으며 2층은 막사로 1층은 마구간으로 쓰였다. 안뜰에는 창고, 외양간, 양조장 등이 자리 잡았다. 성채 내부에는 안뜰이 하나 또는 여러 개 있었으며, 중요한 개방 공간으로 사용되었다. **다중 환상**(環狀) **성벽**으로 된 성채의 경우에는 바깥쪽 성벽과 안쪽 성벽 사이의 좁은 공간에서 마상창 시합을 개최하기도 했다. 나아가 성채에는 성주와 수비대를 위한 예배당도 마련했다. 성주에게 사제를 고용할 여유가 있는 경우에는 매주 일요일과 축일에 예배당에서 미사를 거행했다. 사제가 순회하는 경우에는 잠시 체재하는 동안에 날을 잡아 결혼하는 남녀도 있었다. 또 주탑에는 **감옥**을 두는 경우도 많았다. 감옥을 최상층에 설치하는 경우도 있고 지하에 설치하는 경우도 있었다. 그래서 프랑스어로 주탑을 뜻하는 던전(또는 돈존)이 감옥과 같은 뜻으로 쓰이게 된다.

방어 거점이자 생활 공간인 성채

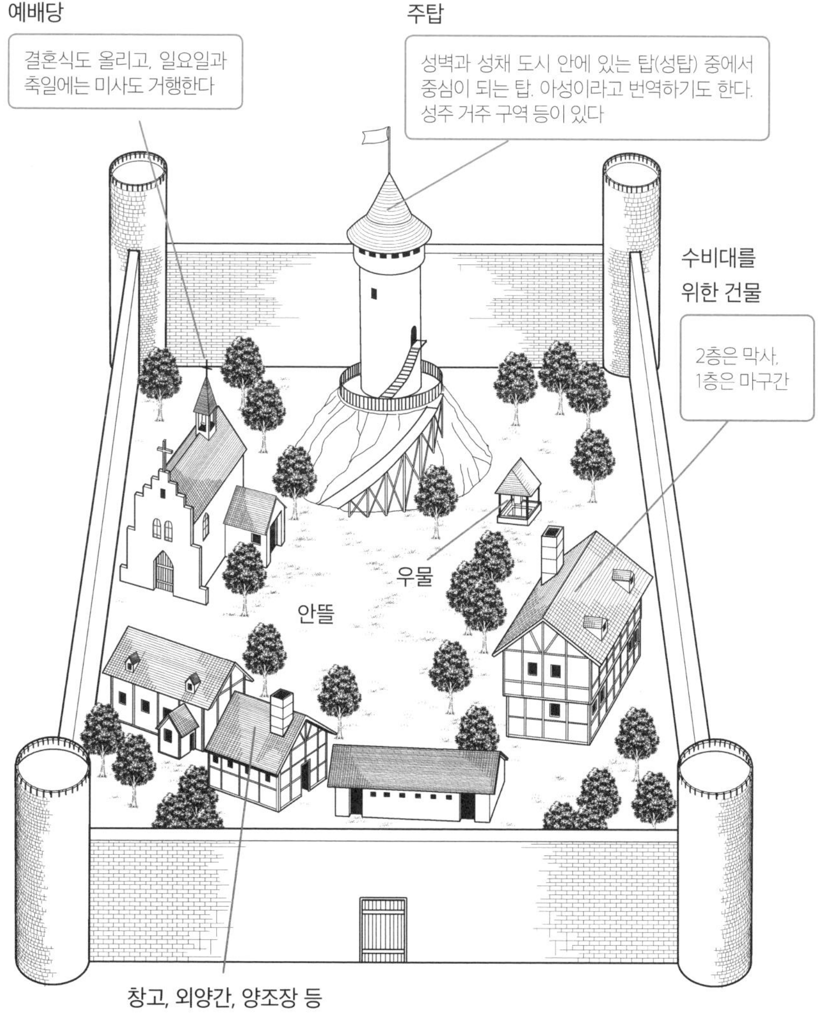

주탑에는 성주 거주 구역과 감옥 외에 파티가 열리는 대형 홀과 재판장 등도 있었다

관련 항목

- 다중 환상 성벽으로 된 성채 → No.016
- 방어면에서도 중요한 역할을 한 우물 → No.032
- 성채 도시 주민은 평소에 무엇을 먹었을까? → No.036
- 심각한 위생 상태 → No.038
- 오락(음유시인 · 스포츠 · 도박) → No.040
- 죄인은 어디에 수용했을까? → No.045

No.008

왜 일본에는 성채 도시가 생기지 않았나?

일본에도 전란의 시대가 있었고 축성 기술도 발전해 나아갔다. 그런데 왜 성채 도시가 생기지 않았을까? 이유는 축성의 목적 차이에 있다.

● 일본의 영주는 성벽이 아니라 돌담 위에 성을 축조했다

유럽과 마찬가지로 동아시아에서도 다양한 축성 기술이 발전해 나아갔다. 잘 알려진 바와 같이 일본에서도 몇 세기에 걸친 전쟁으로 특징 있는 갖가지 성이 축성되었다. 그런데 어째서 일본에서는 유럽과 같은 성채 도시가 형성되지 않은 것일까?

사실 같은 동아시아라고 해도 중국은 사정이 달랐다. 중국에서는 도시와 마을 주변에 벽을 쌓는 것이 일반적이었다. 소규모 감시탑 수준이었으나, 소위 성채 도시라고 할 만한 형태를 취했다. 장대한 계획을 예로 들자면 만리장성이 이에 해당한다.

반면 일본에서는 애당초 축성의 목적 자체가 촌락을 에워싸는 것이 아니었다. 일본에서 축성의 목적은 그 지역 영주가 군용 진지를 설치하는 것이었으므로 마을 전체를 에워쌀 필요가 없었다. 이들 성은 언덕 위에 건축되어 「산성」이라 불렸다. 당초에는 소규모가 많았지만, 16세기의 전란으로 부귀영화를 누리게 된 영주는 대규모 조카마치(城下町, 영주의 거성을 중심으로 발달한 도시)를 조성했다. 일본의 축성은 성벽이 아니라 돌담을 쌓고 그 위에 성을 세우는 방식이었다. 직인들은 초목을 제거한 산 중턱의 경사면을 측정하고 치밀한 기하학 패턴에 준하여 석재를 쌓아나갔다. 돌담을 쌓고 그 위에 성을 세웠다. 자연 지형을 살리면서도 계산을 통해 평평하게 다진 경사는 돌담에 영구적인 견고함과 침식에 버틸 수 있는 강도를 부여했다.

참고로 현재 오키나와현에 있던 류큐 왕국은 독자적인 축성 방식을 발전시켜 나아갔다. 일본과 중국 양국의 영향을 받으면서도 구스쿠라는 성곽을 쌓고 무력으로 독립 국가를 유지했다.

이처럼 유럽과 일본 또는 중국과 일본의 축성이 서로 다른 방식으로 발전해 나아간 것은 각각의 지형적 조건과 전쟁 방식이 달랐기 때문이다.

성벽으로 마을을 에워쌀 필요가 없었던 일본의 성

● **일본에서는 자연 지형을 살려 성을 축조했다**

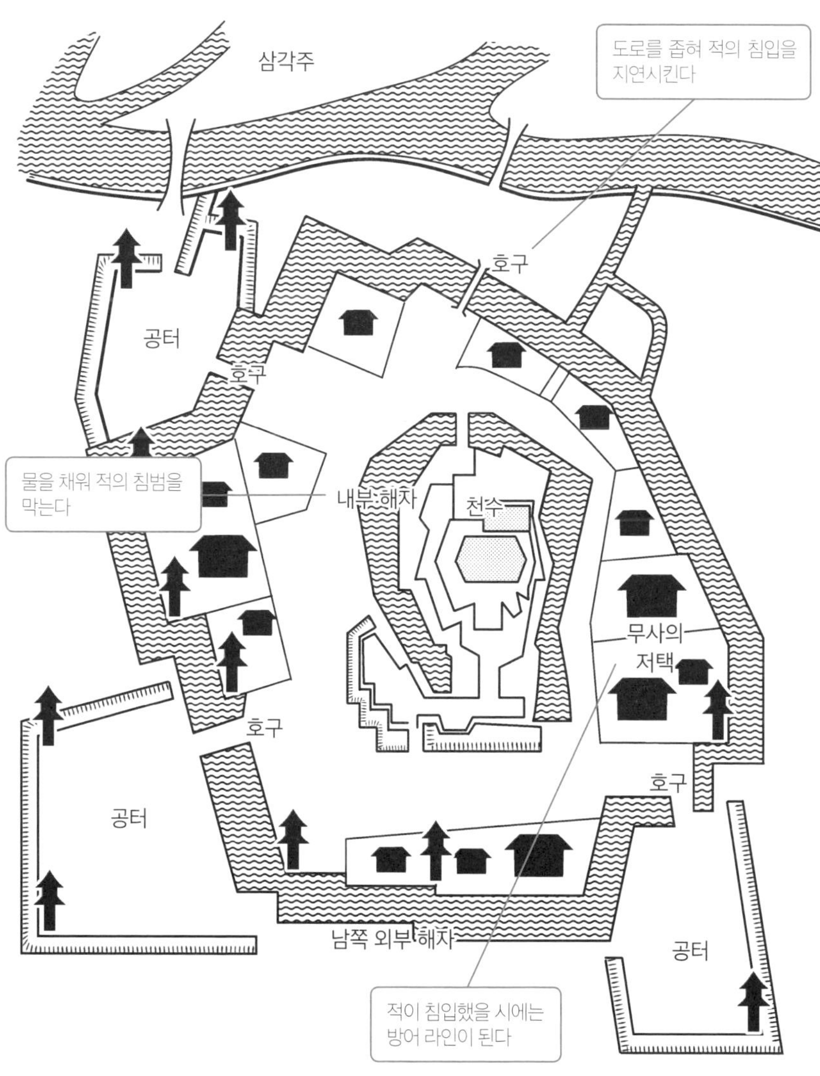

도요토미 히데요시의 세력권 오사카성은 텐마강을 자연적 해자로 이용했으며, 내부 해자를 두르고 돌담 위에 천수를 세웠다.

No.009

히포다모스의 도시 계획

고대 그리스에서 폴리스가 탄생하고 사람들이 시민 의식에 눈떴을 무렵, 한 명의 위대한 건축가가 정교한 도시 계획을 확립했다.

● 기원전 5세기에 활동한 위대한 도시 플래너

초기 그리스에 형성된 도시 국가에서는 왕 또는 과두정치 집정자가 통치하는 한 성벽을 쌓지 않는 것이 일반적이었다. 지배자 입장에서 성채를 축조하여 사람들의 독립을 조장하는 것은 득이 되지 않았기 때문이다.

하지만 기원전 6세기가 되면 차례로 도시 요새가 축조되기 시작한다. 요새는 시민의 자유로운 자치 사회의 상징이 되었고, 고대 **시타델**의 벽은 파괴되었다. 특히 도시와 시타델을 분리시켰던 성벽이 붕괴되었고, 새롭게 형성된 도시의 선을 따르는 것만이 남았다.

이리하여 기원전 5세기 무렵 그리스의 도시 계획은 하나의 정점을 맞이한다. 밀레투스의 건축가 히포다모스에 의해 완성된 도시 계획은 정교하고 세련된 모습이었다. 기원전 479년에 재건된 밀레투스는 후에 「히포다모스식」이라 불린다.

히포다모스는 시민의 중심지인 아고라(광장)를 중심으로 정연한 바둑판 도시 구획을 계획한다. 요새는 도시를 완벽하게 둘러싸는 형태를 취했고, 환상(環狀) 벽으로 전체를 에워쌌다. 그리스에서 본래 환상 벽은 남쪽으로 넓게 트여 있었으며, 탑보다 훨씬 높게 압도감이 느껴지도록 축조되었다. 하지만 이 방어선이 헬레니즘 시대가 되면 축소된다. 이리하여 새롭게 만들어진 남측 벽은 고대에 만들어진 가장 세련된 요새 체계 중의 하나로 손꼽히게 된다.

그 밖에 히포다모스식 도시 계획을 따른 대표적인 예로는 프리에네, 알렉산드리아 등이 있다. 도시가 불규칙한 지형을 거스르듯이 바둑판 모양으로 조형된 것과 달리, 벽은 자연의 지형선을 정교하게 채용하여 전략상 유리하게 이용한 것이 특징이다.

히포다모스의 정교한 도시 계획

● **전형적인 히포다모스식 성채 도시**

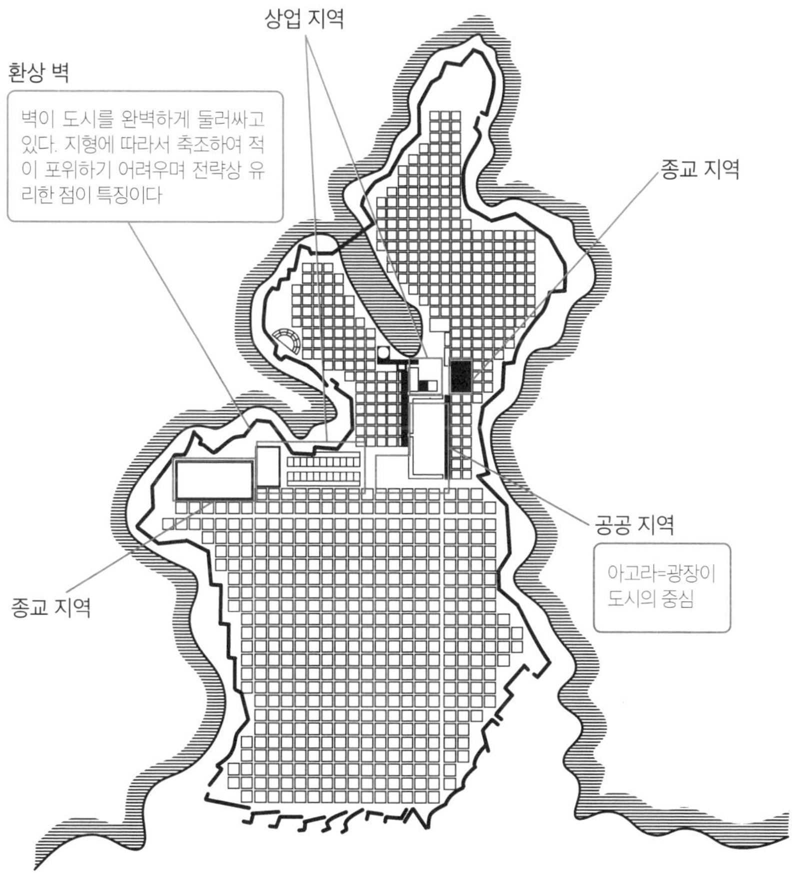

기원전 479년경의 밀레투스

아고라를 중심으로 도시 구역을 바둑판 모양으로 정비했다. 또 도시 전체를 환상 벽으로 에워싸 외적의 공격에 대비했다

관련 항목

● 시타델 도시 → No.004
● 고대의 성채 도시3 ~방어의 혁명~ → No.013

No.010

성문

성채의 출입구에 해당하는 성문. 외적의 진입로로 이용될 수 있는 성문에는 다양한 장치가 설치되었다.

● 성문의 완성도가 성채 도시의 방어력을 결정한다

성문이야말로 성채 도시의 방어력을 결정한다고 해도 과언이 아니다. 왜냐하면 성문은 가장 쉽게 내부로의 침입을 허용해버릴 수 있는 곳이기 때문이다. 그래서 **성문 방어**에 특별히 주의를 기울이고 성벽 전면에 온갖 장해물을 설치했다.

통상적으로 성문에는 **흉벽**을 설치했고 그곳에서 수비병이 적을 몰아냈다. 그 후 더욱 정교해져 성문에 해자와 도개교가 추가되었다. 도개교는 사슬과 권양기로 다리를 끌어올리는 단순한 구조인데, 나중에 더욱 복잡한 형태의 것도 개발된다. 회전교는 다리의 끝부분에 달린 추가 아래로 떨어지면 다리가 90도 회전하여 정해진 홈에 끼워짐으로써 건널 수 있게 되는 형태이다. 이로써 보다 신속하게 다리를 움직일 수 있게 되었다.

성문은 금속으로 보강했으며, 중후한 목재 문과 내리닫이문도 설치했다. 성문의 규모가 큰 경우에는 내리닫이문을 두 개 설치하여 침입을 강행하려는 자를 그 사이에 가둘 수 있도록 했다. 두 문 사이의 벽면에 전안(활 구멍)이 뚫려 있어 침입자는 온몸으로 수비병이 쏜 화살을 맞게 된다.

그 밖에도 내리닫이문의 천장에 「살인공」이라고 불리는 구멍이 뚫려 있어서 방어 측 병사는 갇힌 침입자에게 활을 쏘거나 큰 돌을 떨어트리거나 뜨거운 액체를 부을 수 있었다.

성채에서 가장 처음으로 돌로 만들어진 것은 성문과 주탑이었다. 그만큼 성문은 성채 도시 방어의 핵심이라고 할 수 있다. 따라서 아군을 출입시키기 위해 문을 열 때도 신중을 요했을 것임을 어렵지 않게 상상할 수 있다. 나아가 적을 유인하여 함정에 빠트릴 때 성문의 가치가 더욱 발휘되도록 설계했다.

성채 방어의 핵심은 성문

● 성문에는 다양한 장치가 설치되었다

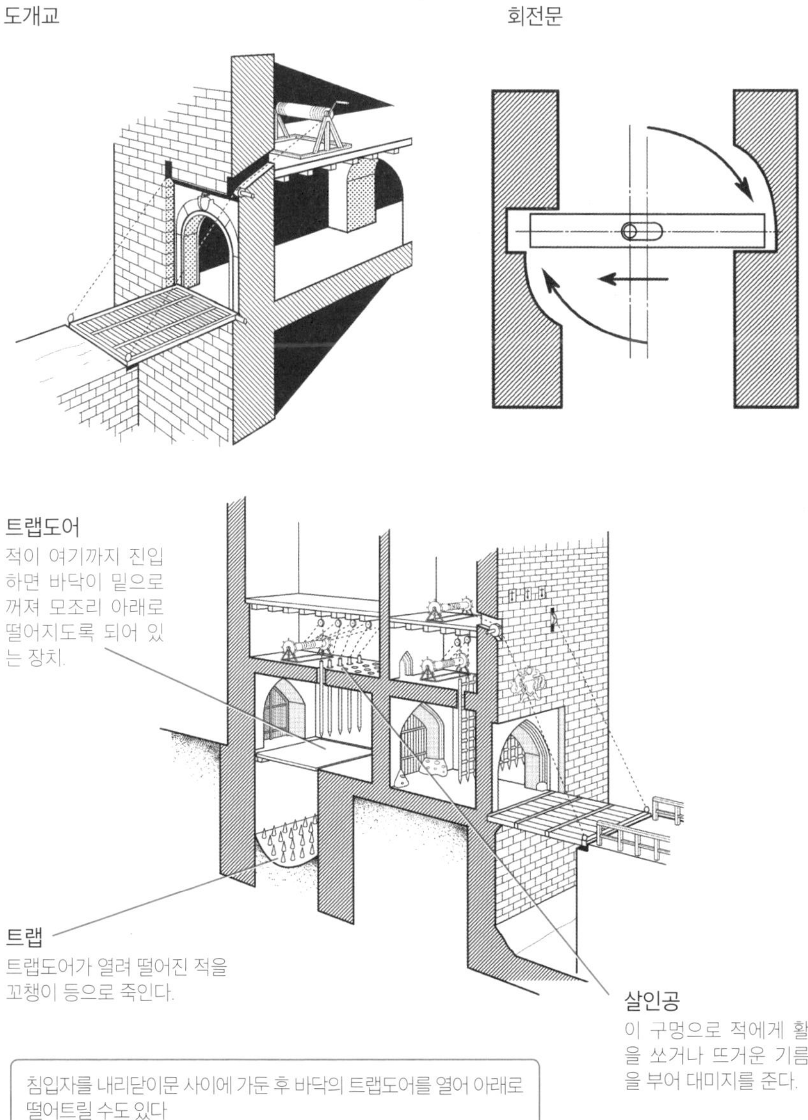

침입자를 내리닫이문 사이에 가둔 후 바닥의 트랩도어를 열어 아래로 떨어트릴 수도 있다

관련 항목

- 성문 제작법 → No.026
- 성채 도시가 문을 지키는 방법 → No.064
- 흉벽 · 머치컬레이션 → No.072
- 현안(외보) · 살인공 → No.075

No.011

고대의 성채 도시1 ~초기의 성채 도시~

인류가 정착 생활을 시작한 고대 시대에 생겨난 초기의 성채 도시 차탈회위크와 하실라르란 어떤 도시일까?

● 도시 조직과 방어 시설이 일체화된 차탈회위크와 하실라르

인류가 수렵과 채집에서 농경 생활로 이행해갈 무렵, 아나톨리아 지방에 차탈회위크라는 도시가 있었다. 이 도시가 번영한 시기는 기원전 6500년부터 5650년까지이다. 유적에서 발견된 벽화와 조각, 혹은 고대 기물 등을 보면 사회 구조 변화로 여성의 특권이 향상되고 수렵민의 특권이 쇠퇴했음을 알 수 있다.

차탈회위크 도시의 특징으로 도로가 전혀 없는 것을 들 수 있다. 진흙 벽돌로 지어진 단층집이 다닥다닥 붙어 있어서 건물 출입구가 없기 때문에 지붕을 통해 출입해야 한다. 밀집되어 세워진 집들 사이에 군데군데 지붕 없는 안뜰이 있는데, 이곳은 단순히 쓰레기장으로 쓰였던 듯하다. 이러한 건축 방식은 오늘날에도 아나톨리아 지방과 이란 일부에서 사용되고 있는 방식이다.

차탈회위크가 성채 도시로서 뛰어났던 점으로 몇 가지를 들 수 있다. 먼저 여러 채의 가옥이 벽을 공유하기 때문에 경제적이고, 또 서로 지탱해주기 때문에 구조적으로도 안정적이다. 도시를 방어하기 위해 별도의 벽을 만들 필요도 없다. 침입자가 가령 이 도시에 침입하는 데 성공하더라도 자신이 도시가 아니라 집 안에 있음을 깨닫게 될 것이다. 하물며 깨달았을 때는 이미 도시 주민들이 지붕 위에서 기다리고 있을 것이다.

이 형식을 더욱 발전시킨 것이 기원전 5400년경에 번영한 하실라르이다. 하실라르는 진흙 벽돌 벽을 튼튼한 목재로 보강하여 공격에 대한 방어력을 높였다.

두 도시의 공통점은 도시 조직과 방어 시설이 일체화되어 있다는 점이다. 차탈회위크는 우연의 산물이나, 하실라르는 의도적으로 강화한 것이다. 융합된 형태는 실로 독특하다.

도로 없는 차탈회위크 도시

● 집들이 서로 벽을 공유하며, 각 집에는 출입문이 없다

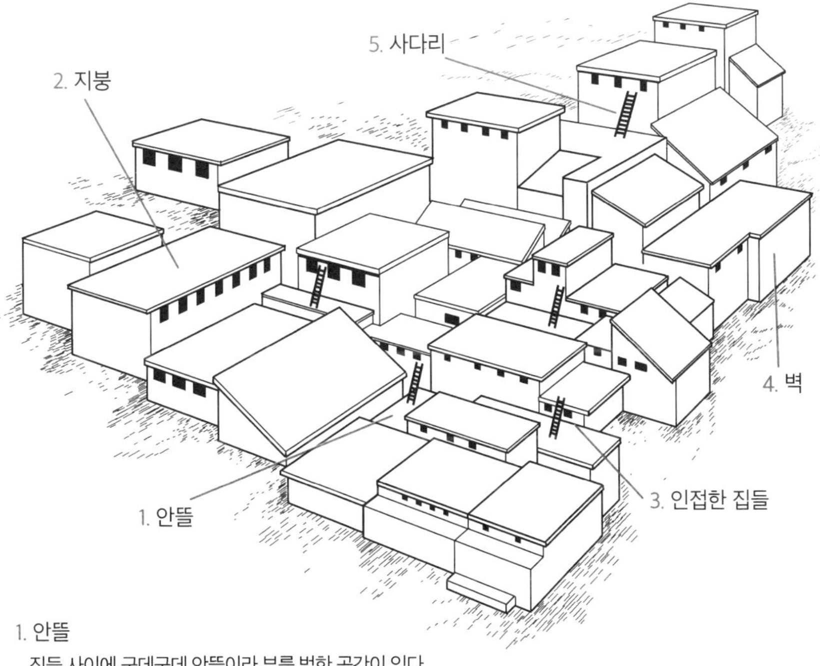

1. 안뜰

집들 사이에 군데군데 안뜰이라 부를 법한 공간이 있다.
이곳은 주로 쓰레기장으로 쓰인 듯하다.

2. 지붕

각 집에 출입문이 없기 때문에 이동은 기본적으로 지붕 위로 한다.
침입자가 나타나면 여기서 공격 개시한다.

3. 인접한 집들

도시에는 도로가 일절 없으며, 집들은 서로 인접하여 벽을 공유한다.
서로 지탱해줌으로써 더욱 강도 높은 하나의 개체가 된다.

4. 벽

진흙 벽돌 벽은 무척 튼튼하기 때문에 그 자체로 성채의 역할을 한다.

5. 사다리

높이 차이가 나는 건물 지붕을 오갈 때는 사다리를 이용한다.

차탈회위크 도시에는 단층집이 서로 다닥다닥 붙어 있다. 도로가 없으므로 방어를 위해 별도의 외벽을 쌓을 필요가 없다

No.012

고대의 성채 도시2 ~메소포타미아~

문명의 중심은 언제나 싸움과 혼란이 격렬한 곳에 있다. 기원전 3000년경 메소포타미아는 적의 공격을 막기 위해 높고 두꺼운 벽이 필요했다.

● 강력한 성벽을 쌓은 메소포타미아, 정연한 코르사바드

아나톨리아에서 개화한 신석기 문화가 쇠퇴하자 문명의 중심이 동방으로 옮겨갔다. 기원전 3000년경 메소포타미아에서 도시 문화가 발달했는데, 그 원인은 다름 아닌 불안정한 상황이었다. 왕조의 교체, 전쟁, 침략이 빈번하게 일어나 정치적, 사회적으로 불온한 분위기가 감돌았던 탓에 사람들이 보다 강력한 요새를 지닌 도시에 정착한 것이다.

메소포타미아 도시 건축에서 가장 특징적인 것 가운데 하나는 보루이다. 보루란 방어 및 수비를 위한 방벽을 말하는데, 주민에게 성벽은 방벽 이상의 의미를 지녔다. **도시의 성벽은 주민의 자랑**이었기 때문에 길한 뜻이 담긴 이름을 붙이고 소중하게 손질했다. 나아가 성문도 적을 막기 위해서뿐 아니라 도시를 방문한 사람들이 자신들이 얼마나 부유한지를 한 눈에 알 수 있도록 설계했다.

하지만 역시 성벽의 가장 중요한 목적은 적의 침입을 저지하는 것이다. 따라서 성벽에는 **파성추** 공격에도 버틸 수 있는 튼튼함과 **사다리**로도 오를 수 없는 충분한 높이가 필요했다. 고대 우르의 성벽 두께는 25~34m였을 것으로 추정되며, 바빌론의 성벽 높이는 25m였고 그 위에 5m 높이의 탑을 세웠다고 한다. 또 투척물로부터 성벽을 보호하며 적에 맞서 싸우기 위한 연구와 고안도 계속했다.

시대가 흘러 기원전 706년이 되면 코르사바드의 성채 도시가 사르곤 2세에게 헌납된다. 이 도시에서는 나중에 로마에서 볼 수 있는 정연하게 규칙적으로 배치된 도로 계획이 관찰된다. 궁정과 사원이 있는 왕의 **시타델**은 도시 북서쪽 벽에 걸쳐 있는데, 이는 아시리아군 진영에서의 왕의 천막 위치와 거의 일치한다. 개별적으로 요새화되어 흙둔덕 위에 세워진 도시의 벽은 왕의 절대 권력을 과시하는 듯 높이 우뚝 세워졌다. 하지만 머지않아 사르곤 2세가 사망한 후 후계자가 도시를 돌보지 않은 탓에 가장 중요한 건물밖에 완성되지 못했으며, 현재도 그 도로 계획 흔적은 전혀 남아 있지 않다.

메소포타미아의 도시 건축

왕조의 교체, 전쟁, 침략이 빈번하게 발생

▽

시민들은 불안을 느꼈고, 실질적인 손해도 발생

▽

시민은 안전하기를 원했고 요새가 있는 도시로 이주

▼

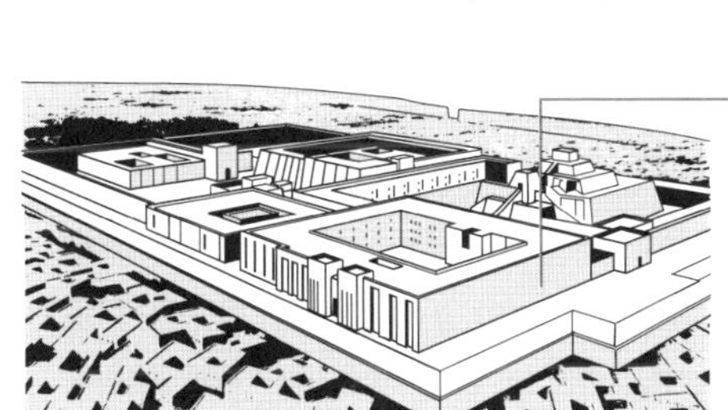

트튼한 방벽에 둘러싸여 있어서 안심

성벽은 다른 도시에 힘을 과시하는 상징물

시민에게 사랑받은 성벽

성벽은 주민들의 자랑거리

길한 뜻이 담긴 이름을 붙였다

관련 항목

● 시타델 도시 → No.004
● 에스컬레이드(성벽을 기어오르다) → No.052
● 공성병기2 파성추(충각) →No.054
● 성벽을 부숨으로써 상대의 프라이드를 부순다→No.096

No.013

고대의 성채 도시3 ~방어의 혁명~

페르시아인의 침략을 시작으로 아테네군에게 포위 공격당한 밀레투스와 시라쿠사 두 도시에서 비참한 경험을 계기로 방어 혁명이 일어난다.

● 외적의 위협으로 혁명이 일어난 밀레투스 재건과 시라쿠사의 요새

페르시아인의 침략과 파괴로 그리스에서 도시 문화와 도시 계획이 개화된다.

기원전 479년에 이루어진 **밀레투스 재건**은 충분히 발달한 히포다모스식 평면을 탄생시켰고, 도시를 완전히 에워싸는 요새를 만들어냈다. 압도적으로 높으며 자연의 지형선을 정교하게 이용한 성벽은 고대 세계에 만들어진 가장 완성도 높은 요새 체제였다.

시칠리아섬의 시라쿠사에서도 외적의 위협이 발전을 가져왔다. 그때까지 방어 측 병사는 **타구**가 있는 벽 꼭대기나 탑에 숨어 몸을 보호하며, 적을 충분히 가까이 유인한 후에 공격하는 방법을 취했다. 하지만 기원전 400년을 지나고 얼마 지나지 않아 방위 개념이 근본적으로 변화했음을 보여주는 요새가 시라쿠사에 건설된다. **방위가 수동적인 것에서 능동적인 것으로** 변화했다. 포위 공격을 받은 수비대는 빈번하게 벽을 떠나 출격했고, 적을 혼란에 빠트린 다음 무기를 파괴하는 방식으로 병법을 바꾸었다.

기원전 405~367년에 시라쿠사를 통치한 디오니시오스 1세는 앞으로 쳐들어올 침략자에 대비하여 에피폴라이 고원 전체를 요새화하기로 결정한다. 시라쿠사인은 5년이란 세월 동안 터무니없는 노동력을 투입하여 전체 길이 20km에 달하는 성벽을 건설했다.

실제로 이 강대한 방어 시설은 미완성이었음에도 불구하고 여러 차례에 걸친 카르타고의 포위 공격을 훌륭하게 막아내는 데 성공한다.

또 디오니시오스 방어 시설의 핵심은 성 그 자체였다. 에우리알로스성은 고원으로 들어가는 진입로의 측면을 지켰고, 여러 겹으로 이루어진 다중 성벽과 해자로 침입자를 막는 한편 독자적인 전략적 구조로 수비대의 기동성과 방어력을 높였다.

도시를 벽으로 완벽하게 에워싸 요새화하다

● 전체 길이 20km에 달하는 벽 축조

디오니시오스 1세

겁쟁이 폭군이기에 가능했던 전략

디오니시오스 1세는 냉철한 폭군이었으며 이와 동시에 무척 겁쟁이였다. 암살당할 것이 두려워 머리카락은 친딸에게 자르게 했고 침실 위치도 매일 바꾸었다. 그 정도로 겁이 많았기 때문에 요새화라는 전략을 생각해낼 수 있었던 것인지 모른다.

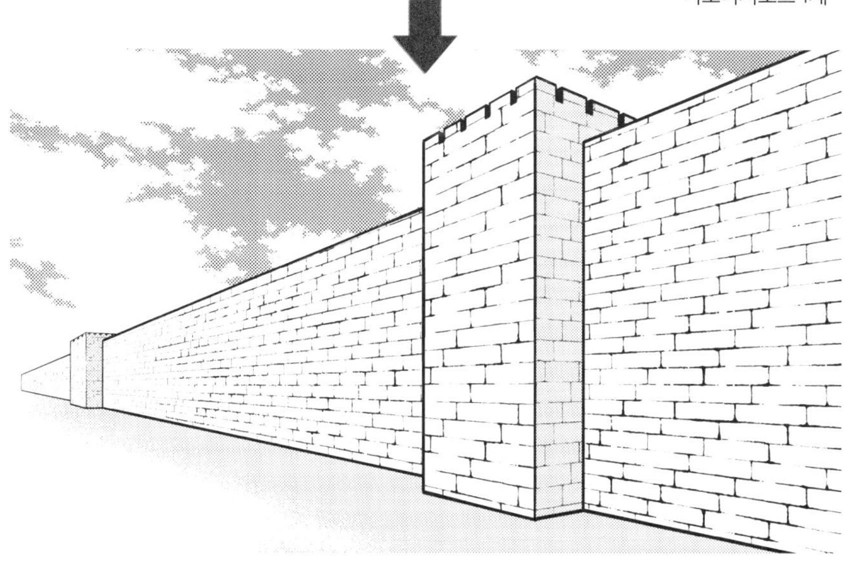

5년에 걸쳐서 도시 전체를 성벽으로 두르다

거대한 시라쿠사 성벽

전체 길이 20km 이상, 하부 두께 3~5m인 두꺼운 성벽을 많은 노동력을 들여 축조했다.

여러 차례에 걸친
카르타고군의
포위 공격을 격퇴!

관련 항목

● 히포다모스의 도시 계획 → No.009
● 전안으로 공격하다 → No.067
● 수동적 방어와 능동적 방어 → No.080

No.014

그라드

마을을 성벽으로 둘러싸는 환상 형식 가운데 가장 오래된 형태인 그라드는 단순한 구조에서 점차 복잡한 구조로 발전해 나갔다.

● 유럽의 가장 오래된 축성 형식의 성채

유럽의 초기 축성 형식 중에서 가장 오래된 것이 그라드이다. 그라드는 기본적으로 환상 축성 방식이며, 규모는 다양하지만 토루, 목조 성벽, 방어력을 갖춘 성벽, 해자로 구성된다는 공통점을 지닌다.

가장 오래된 것은 마을 주변에 흙과 목재로 만든 성벽과 해자를 두른 단순한 형태를 하고 있다. 이것이 조금 진화하여 침입하기 어렵게 출입문을 후퇴시킨 형태가 된다. 그리고 시대가 더 흐르면 독립적인 주탑을 갖춘 그라드가 나타나기 시작한다.

그라드의 주탑도 초기의 것은 역시 목조였다. 토루 위에 둘러친 방어용 목재 울타리에 붙어 있거나 혹은 울타리의 일부를 이루었다. 누벽은 해자에서 파낸 흙으로 만들었는데, 이윽고 주탑과 성문의 건축 재료로 석재와 벽돌을 쓰기 시작하자 점차 성탑도 석조로 축조하기 시작했다.

성채 도시의 성벽에 얼마만큼의 간격을 두고 성탑을 세울 것인가는 지형과 사용 재료에 따라서 결정되었다. 성탑은 대개의 경우에는 모퉁이에 배치했지만, 일정 간격이나 불규칙한 간격으로 배열하는 경우도 있었다. 하지만 성탑이 규칙적으로 배치되어 있는 편이 방어에 유리하기 때문에 균일하게 디자인되어 있는 것이 압도적으로 많다.

단순한 그라드에서 성탑을 갖춘 형태로 변화했다가, 이윽고 성벽에 성탑이 규칙적으로 배치되었고, **다중 환상 성벽**을 갖춘 복잡한 성채로 발전해 나갔다. 나아가 중세가 되면 **능보**(배스천)라 불리는 측면에서 엄호하기 위한 돌출부도 성벽에 설치된다. 이와 같이 시대가 흐름에 따라서 성채의 구조가 변화했다.

그라드의 변천

가장 초기의 그라드

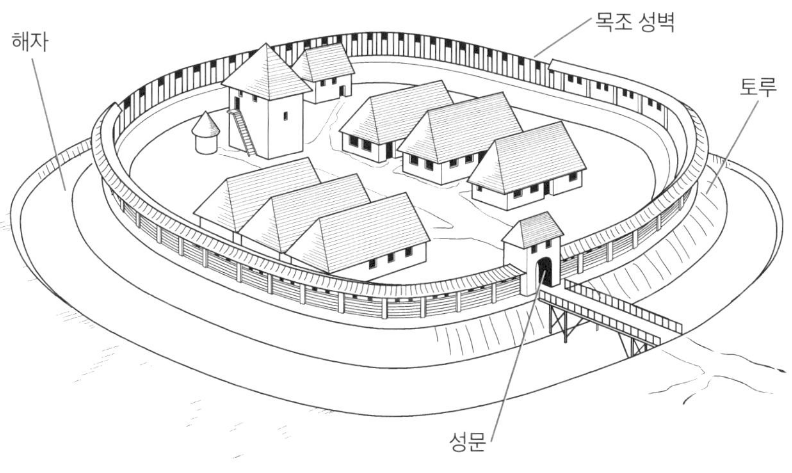

목조 성벽과 해자를 두른 단순한 그라드

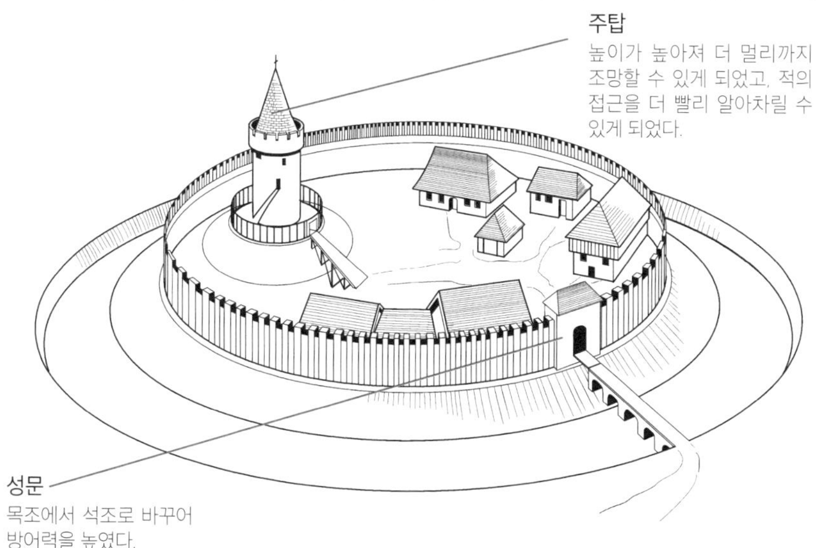

관련 항목

● 다중 환상 성벽으로 된 성채 → No.016
● 능보를 갖춘 성채 → No.017

No.015

모트 앤드 베일리

10세기 이후 자주 관찰된 모트 앤드 베일리식 성채는 인공 흙둔덕과 그 위에 세워진 주탑이 특징이다.

● 그라드에서 발전한 모트 앤드 베일리

모트 앤드 베일리식 성채는 동방의 **그라드**와 유사한 환상 축조물에서 발전한 것으로 추정되며, 10세기에 자주 나타난 형식이다. 모트(motte)란 인공적으로 만든 흙둔덕이란 뜻으로, 모트 앤드 베일리는 인공 흙둔덕 꼭대기에 목조 주탑을 세운 형식을 말한다. 참고로 베일리(bailey)란 성내 안뜰을 의미한다.

모트는 베일리 안쪽에 위치시켰고, 전체를 목재 울타리로 둘렀으며, 방어력 높은 성문을 설치했다. 지형적으로 가능할 경우에는 베일리에 원형 평면의 형태로 축조했다. 높이는 5m 전후의 것이 많지만, 개중에는 두 배에 달하는 것도 있다. 또 복잡한 구조를 한 것 중에는 두 개 또는 그 이상의 베일리를 갖춘 것도 있다.

베일리는 해자와 울타리를 둘러 보호하고, 입구에는 도개교 등의 가동교를 설치한 경우가 많다. 베일리에는 마구간, 작업장, 우물, 그 밖에 예배당 등을 설치했다.

11세기경이 되면 목재 대신에 석재로 모트 앤드 베일리의 건축 재료가 바뀐다. 처음에는 주탑만 석재로 건축되었는데 이윽고 성문과 성벽도 석재로 만들어지게 된다. 주탑은 나중에 돈존이라고 불리는데, 방어 시설로서뿐 아니라 영주와 영주 대리의 저택으로도 쓰인다.

입구는 2층에 설치되는 경우가 많았으며, 모트 앤드 베일리식 성채에 있어서 최후의 저항 거점으로 간주되었다. 석조로 바뀌면서 주탑은 더욱 대규모화·중량화되었고, 반대로 모트는 중요성이 적어졌다. 12세기경에는 대규모화된 주탑이 주류가 되었고, 실용성이 저하된 모트는 더 이상 축조하지 않게 된다.

모트 앤드 베일리식 성채

● 10세기경에 많이 볼 수 있었던 성채 건축 양식

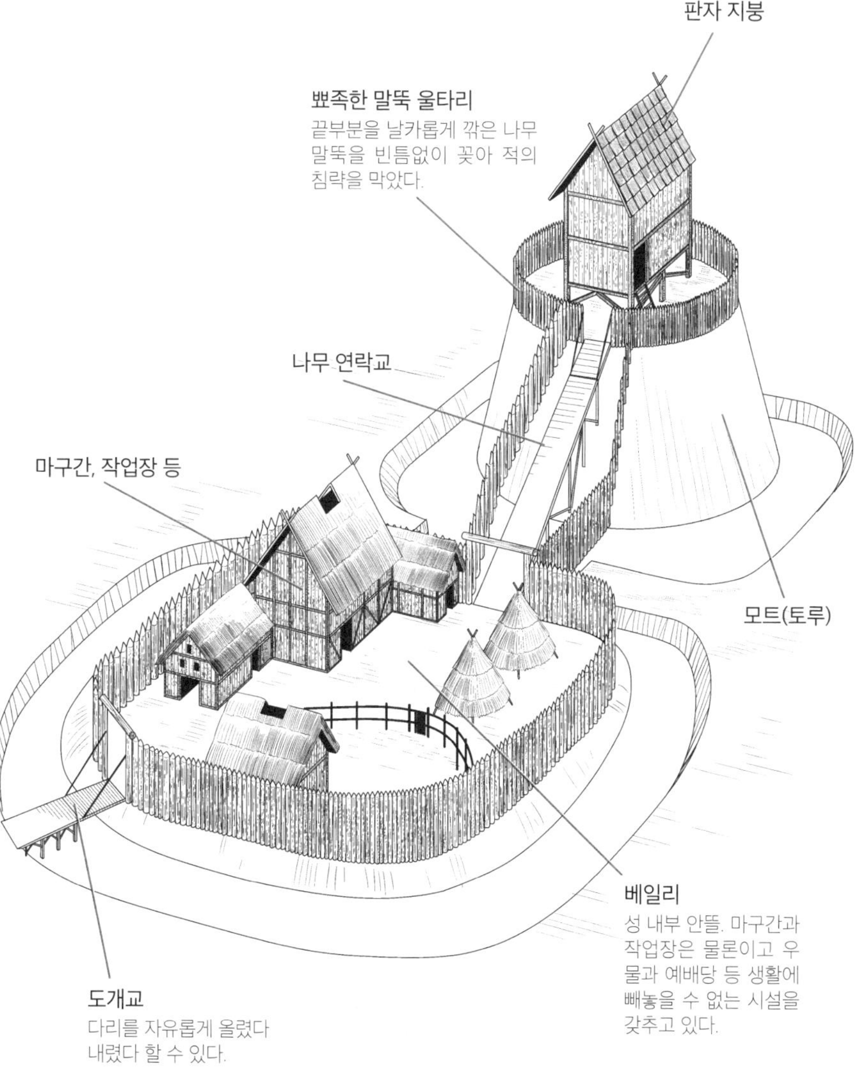

관련 항목

● 그라드 → No.014

No.016

다중 환상 성벽으로 된 성채

침략자의 공격을 저지하기 위해 성채는 벽을 다중으로 겹겹이 치기 시작했다. 그 궁극적인 형태가 바로 다중 환상(環狀) 성벽이다.

● 여러 겹의 성벽으로 외적의 침략을 막다

다중 환상 성벽이란 말 그대로 성채를 에워싸듯이 겹겹이 성벽을 두르는 것을 말한다. 그렇게 하는 목적은 물론 방어력을 높이기 위함이었다. 하지만 중세 후기가 되면 성채는 본래의 군사적인 기능보다 웅장하고 아름다운 궁전 또는 영지에서 가장 유복하고 강대한 일족이 거주하는 대저택이라는 측면이 더욱 중시된다.

다중 환상 성벽을 갖춘 성채 중에서 전형적인 형태로 영국의 도버성을 들 수 있다. 위대한 건축가 헨리 2세와 그의 공병들을 계승하여 존왕과 헨리 3세, 역대 왕들의 진력과 막대한 자금으로 도버성은 가장 견고한 중세 성채 중의 하나로 발전했다.

성채가 철벽 수비를 할 수 있었던 이유는 역시 다중 환상 성벽을 갖춘 설계에 있다. 주탑 주위로 한 겹이 아닌 **이중 커튼 월**을 높은 흙둔덕과 깊은 해자 사이에 쌓았다. 포위 공격을 받게 될 시 제일 먼저 집중 공격받는 외성벽을 어찌나 공들여 축조했는지 1180년에 건설하기 시작했는데 완성된 것은 영국의 존왕 통치 시절(1199~1216년)이었다. 하지만 그 덕분에 도버성은 서구 최초로 다중 환상 성벽을 갖춘 성채로 이름을 떨치게 된다.

그 밖에 성벽에는 비밀 지하도도 만들었다. 성탑에 있는 궁수가 외루를 수비하는 사이에 다른 수비대가 지하도로 빠져나가 적에게 기습 공격을 가하기 위함이다. 공방전 때 **갱도**를 판 프랑스군에게 막대한 피해를 입고 그 경험을 반성하여 만들었다.

이처럼 다중 환상 성벽의 성채는 수많은 전쟁 경험과 필요에 의해 탄생한 것이다. 군사적 전략성이 뛰어난 그야말로 궁극의 방어력을 갖춘 요새라 하겠다.

중세 축성의 궁극적 형태

● 철벽 요새로 불린 도버성

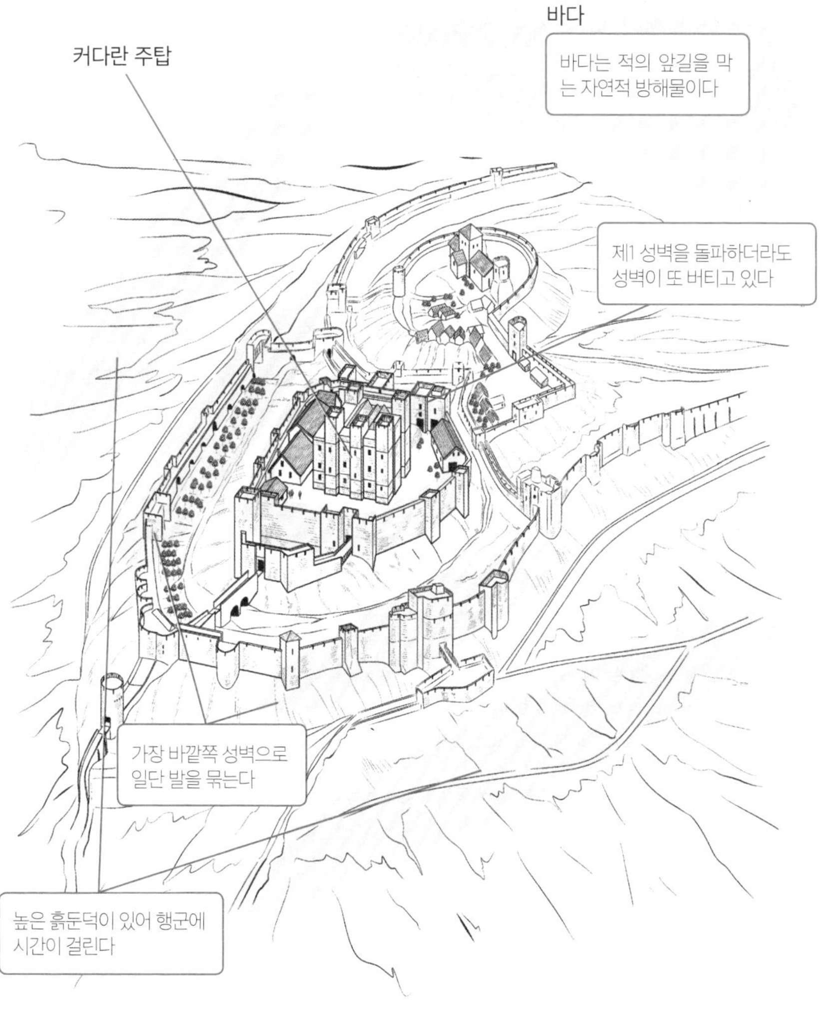

중앙의 커다란 주탑을 최후의 요새로 삼고, 주변에 두른 이중 성벽으로 침입을 막는다

관련 항목

● 땅을 파고 전진하여 성벽을 공격하는 갱도전 → No.058 ● 다중 성벽으로 방어하기 → No.079

No. 017

능보를 갖춘 성채

중세 말이 되면 중화기가 발전함에 따라서 공방전의 모습도 달라진다. 능보는 방어 측의 공격력을 높이기 위해 발전했다.

● 총포를 설치하기 위한 공간 확보

능보(배스천)란 측면을 엄호하기 위해 바깥으로 튀어나오게 만들어 놓은 성채의 돌출부를 말한다. 능보를 갖춘 성채가 나타난 시기는 중세 말이 거의 다 되었을 무렵이다. 그때까지 성벽은 높을수록 좋다고 보았고, 성벽이 높으면 소수의 병사로도 수비할 수 있었다. 높은 성벽은 고대부터 사용되어온 **캐터펄트** 등의 병기 공격에 충분히 견딜 수 있었다. **갱도전**에 의한 파괴 공작에 대비하기 위해서도 벽은 높고 두꺼울수록 좋다고 생각했다.

그런데 높은 성벽에도 약점이 있었다. 대포 등의 포격을 받아 무너지면 벽의 잔해가 산처럼 쌓여 방어 측이 그 위로 올라가 안전을 확보하기 어려워진다. 해결책은 외벽을 낮추고 내벽을 쌓아 방어선을 확보하는 것이었다. 이리하여 **다중 환상 성벽**이 탄생한다.

또 16세기경에는 **대포** 등 크고 효과적인 투사병기가 발달했는데, 성벽이 높으면 아무리 기초부를 두껍게 만들더라도 **흉벽**이 있는 층에 대포를 설치할 공간을 확보할 수가 없다. 이에 반해 성벽을 낮추면 총포를 설치한 공간을 넓게 확보할 수 있다. 또 낮은 곳에 설치해야 총포의 사정 범위가 넓어진다는 이점도 있다. 총포를 낮은 층에 설치하면 땅을 스치는 듯한 탄도로 날아가기 때문에 총포와 표적 사이에 있는 사람이나 물체에 명중할 확률이 높아진다.

그래서 15세기부터 16세기까지 프랑스를 포함한 많은 나라에서 성채 구조를 변경했다. 과거의 전쟁 경험과 중화기의 발달에 따른 전투 방법 변화로 방어 측인 성채의 구조도 바뀐 것이다. 그 대표적인 예로 이탈리아의 살차넬로성, 프랑스의 살스성, 영국의 딜성 등을 들 수 있다.

중세 말부터 늘어난 능보

● 총포를 설치할 공간 확보

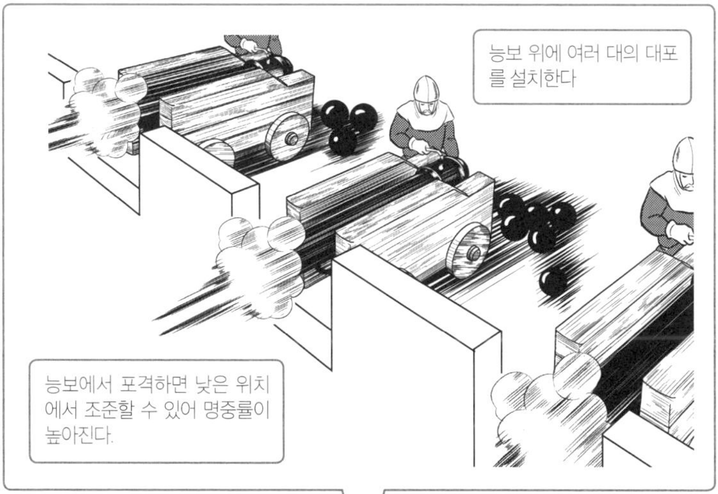

능보 위에 여러 대의 대포를 설치한다

능보에서 포격하면 낮은 위치에서 조준할 수 있어 명중률이 높아진다.

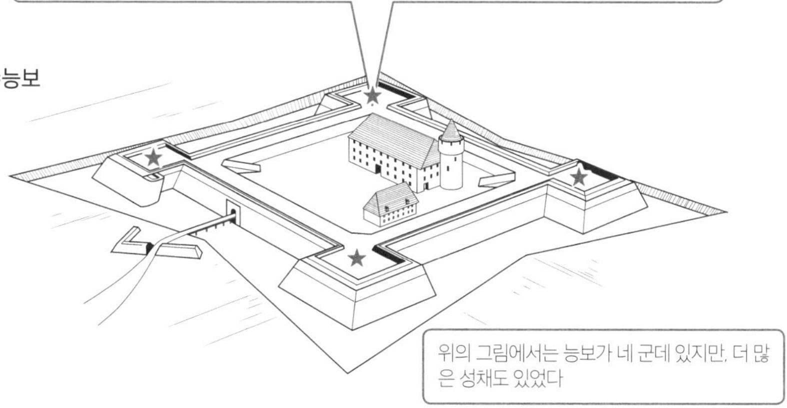

★=능보

위의 그림에서는 능보가 네 군데 있지만, 더 많은 성채도 있었다

중화기의 융성으로 공격 방법이 진화

이로 인해 성채의 구조도 변화했다

관련 항목

● 공성병기3 대포 · 화포 → No.055
● 공성병기4 투석기 · 캐터펄트 → No.056
● 땅을 파고 전진하여 성벽을 공격하는 갱도전 → No.058
● 흉벽 · 머치컬레이션 → No.072
● 다중 성벽으로 방어하기 → No.079

No.018

비잔틴 요새가 끼친 영향

십자군 원정은 근동제국의 축성 기술을 유럽에 전파했다. 비잔틴 요새의 영향은 중세 요새에 커다란 변화를 가져왔다.

● 십자군이 근동제국에서 가져온 새로운 파도

중세 유럽의 축성 기술은 근동제국에서 돌아온 십자군에 의해 새로운 파도를 맞이했다. 그중에서도 비잔틴 요새는 유행하는 경지에 달했을 정도로 많은 영향을 끼쳤다.

비잔틴 요새가 끼친 구체적인 영향으로는 망대(감시탑)와 외루가 늘어난 점, 탑 아랫부분을 빈 공간으로 만든 점, 탑의 아래층에 있는 전안을 통해 가로 방향으로 방어할 수 있게 된 점 등을 들 수 있다.

하지만 가장 현저한 변화를 가져온 것은 돌출 타구(머치컬레이션)가 설치된 보랑(步廊, 성벽 꼭대기에 있는 순찰용 보도-역주)이라고 할 수 있다. 이러한 형태의 보랑은 중세에 들어서고 생겨난 것으로 중세 요새의 가장 특징적인 요소이다.

14세기경까지 보랑은 목재인 경우가 많았다. 프랑스 서고트족이 영지로 삼은 프랑스 카르카손에서는 이와 같은 보랑을 설치하기 위해 벽 상부에 구멍을 뚫었다. 방어 측은 이 보랑을 통해 높은 곳에서 벽 아랫부분을 효율적으로 방어할 수 있었다.

프랑스 왕 루이 9세는 카탈로니아와 아라곤 연합군으로부터 도시를 구해낸 후 광범위한 재요새화 계획에 착수했다. 그 후 필립 3세가 뒤를 이어 작업을 완성했고 **카르카손**은 난공불락의 요새가 되었다.

목재 보랑은 필요에 따라서 운반할 수 있고 재빠르게 조립할 수 있어 실용적이며 경제적이었다. 반면 비교적 잘 망가지고 불에 타 소실될 위험성이 있었다. 그래서 14세기 이후 내어쌓기로 쌓아 올린 항구적인 보랑으로 교체된다. 석조로 축조됨으로써 안전성과 강도는 높아졌지만 비용은 상당히 늘어났다.

돌출 타구(머치콜레이션)가 설치된 보랑

● **중세 요새의 가장 특징적인 요소**

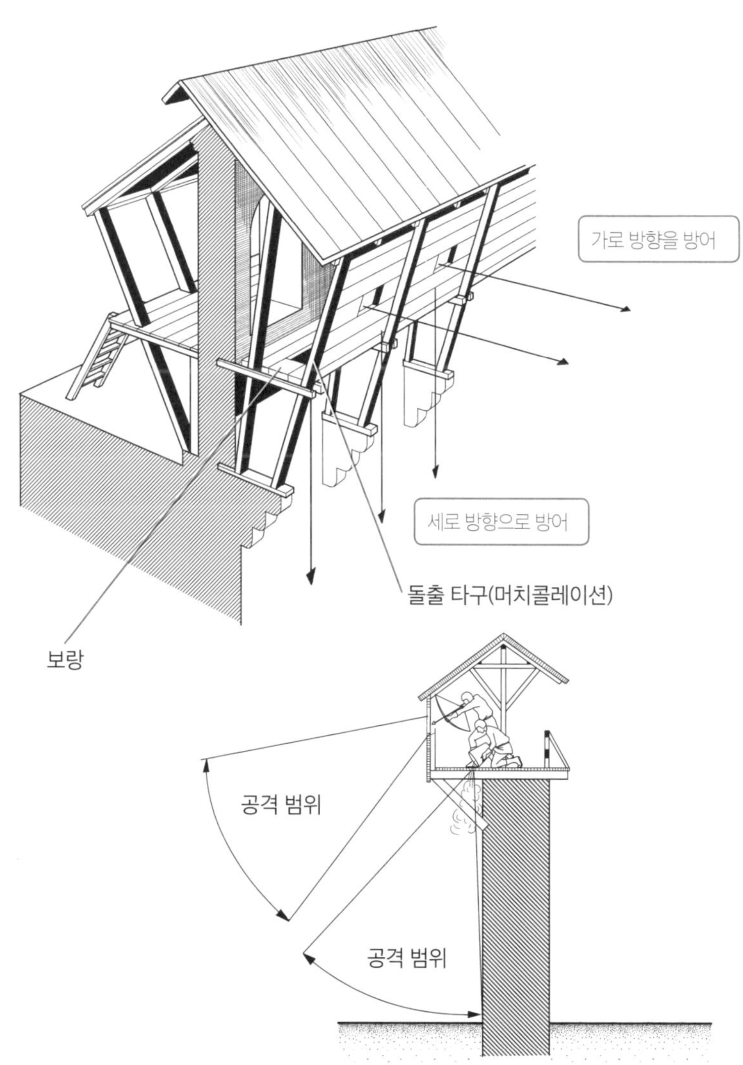

높은 곳에서 성벽 아랫부분을 효율적으로 방어할 수 있다

관련 항목

● 흉벽 · 머치컬레이션 → No.072
● 벌집 모양으로 만들어진 회랑과 보랑 → No.081
● 카르카손(프랑스) → No.082

No.019

화포를 최대한으로 활용한 성채

성채를 수호하기 위해서는 외적의 화포에 대적할 수 있어야 한다. 이에 화포에 특화된 성채가 축조된다.

● 145개의 화포를 갖춘 성채

화포가 발달하자 그때까지 높던 성채가 낮게 변했고, **대포** 등을 설치하기 위한 **능보**가 축조되었다. 그중에서도 특히 화포를 유용하게 활용할 수 있도록 설계된 것이 영국의 왕 헨리 8세가 건설한 요새군이다.

1538년에 프랑스가 침략해올 것이 두려웠던 헨리 8세는 「더 다운즈(풀이 우거진 구릉)」라 불리는 일대에 연안 요새를 건설하라고 명했다. 왕 본인도 설계에 적극적으로 참여해가며 1539년부터 1540년까지 딜, 월마 및 샌다운 외에 콘월에 두 채를 건설했다.

요새군 중에서도 특히 이채로운 것이 딜성이다. 요새군 가운데 최대 규모를 자랑하는 딜성에는 145개의 화력병기용 포문(대포 구멍)이 뚫려 있고, 능보와 성탑 위에 화포 진지가 설치되어 있다. 흉벽은 발사체가 빗나가도록 동그스름하게 만들었으며, 중앙의 주탑과 그 주변에 있는 여섯 개의 반원형 능보 주변에는 물 없는 해자를 둘렀다. 또 능보 중 하나에는 성문을 달았고, 외루에 능보를 여섯 개 설치했다.

이와 같이 겹겹이 에워싸인 성채는 해안 근처까지 넓게 퍼져 있었고 폭넓은 해자에 둘러싸여 있었다. 하지만 주탑에는 겨우 25명의 수비대가 숙박할 수 있는 숙사가 있을 뿐이었다. 능보와 성탑 위, 성벽 내의 주력 화포 진지는 바다를 향하도록 설계되었다.

이처럼 헨리 8세의 성채군은 그야말로 「화포 요새」라는 말이 어울릴 정도로 방어 측이 대포를 완벽하게 활용할 수 있도록 설계되었다. 이쯤 되면 이미 주탑을 최후의 방어 거점으로 보는 사고방식이 없어졌다 할 수 있다. 중앙 주탑은 이미 중세 축성하고는 거의 관계없어진 상태이다. 덕분에 전통에서 벗어난 독자적인 설계를 할 수 있었던 것으로 보인다.

난공불락의 화포 요새

● **헨리 8세의 딜성**

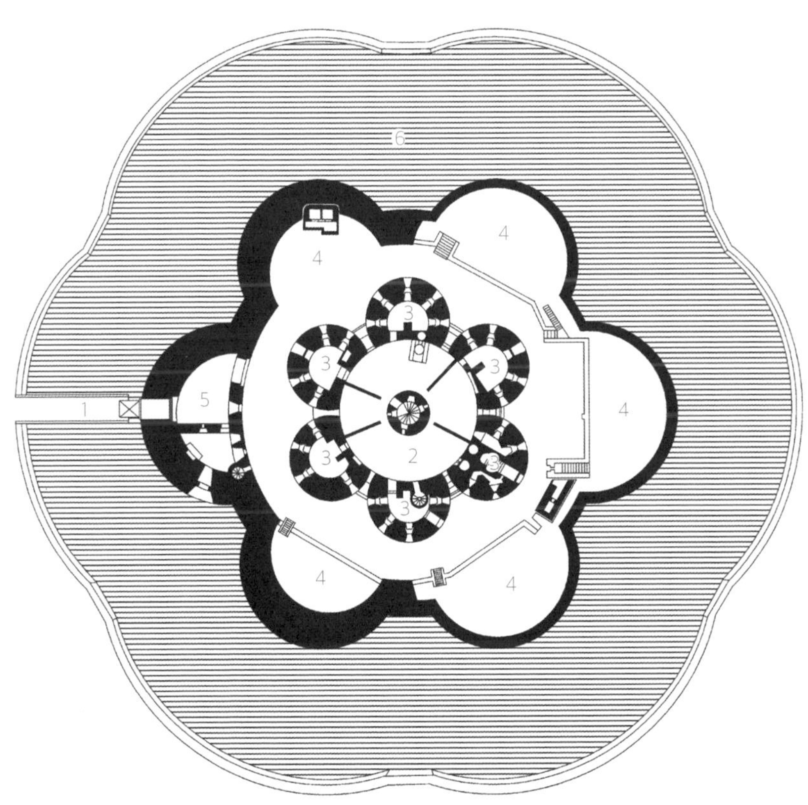

1 도개교.
2 중앙 주탑(수비대 25명 수용).
3 포문을 설치하는 능보.
4 지상층 능보. 머스킷총병을 배치.
5 입구가 달려 있는 지상층 능보.
6 물 없는 해자.

관련 항목
● 능보를 갖춘 성채 → No.017
● 흉벽 · 머치컬레이션 → No.072
● 공성병기3 대포 · 화포 → No.055

No.020

성채 도시는 어디에 조성해야 할까?

성채 도시를 창설할 장소로 모든 곳이 적합한 것은 아니다. 창설자는 장래를 내다보고 조건을 잘 고려하여 선정해야 한다.

● 조건은 기후와 지형, 경제와 안정성

성채 도시를 어디에 세울지와 관련되는 몇 가지 조건이 있다. 부지 조건으로서는 일반적으로 온난한 기후, 일 년 내내 신선한 물을 구할 수 있을 것, 또한 홍수의 위험이 없으며, 눈사태와 산사태가 발생할 걱정을 하지 않아도 되는 자연환경 등을 고려할 수 있다. 그 밖에 도시 근처 교외에 비옥한 땅이 있어 농작물을 확보할 수 있을 것, 교역로에 접근이 용이할 것, 도시가 발전할 가망성이 있을 것 등을 들 수 있다.

하지만 역시 중요한 것은 적의 침입에 대한 안전성이다. 이것이 언제나 제일 중요한 조건이라고는 할 수 없으나, 도시 창설자에게는 확실히 근본적으로 중요한 요소였다.

그런 관점에서 본 방어하기에 가장 적합한 부지는 산의 고원, 언덕 꼭대기, 반도 등이다. 하지만 일단 부지를 선정하고 나면 여러 가지 과제가 생긴다. 예를 들어 언덕 꼭대기로 선정한 경우, 대개 지역이 한정되기 때문에 도시 성장이 제한된다. 도로를 규칙적으로 내는 것이 거의 불가능하며, 건물 밀도도 높아지는 경향이 있다.

반면, 뻥 뚫린 평탄한 토지의 경우에는 교통과 경제상의 이유로 성장이 제한된다. 도로를 규칙적으로 내기에는 용이하지만, 근본적으로 적의 침입에 취약하다는 문제가 있고 이 문제를 해결하려면 비용이 많이 든다. 탁 트인 평지에 도시를 조성하는 경우는 안전성에 불리한 조건임에도 방어할 자신이 있거나 또는 안전성보다 중요한 요소가 있는 때이다. 그렇지 않을 시에는 통상적으로 선택하지 않는다.

이처럼 성채 도시를 조성할 장소를 선정할 때에는 기후 조건과 지형, 지리적 조건에 동반되는 안전성 등을 고려했을 것이다. 도시의 경제적 발전과 방어라는 두 가지 조건을 양립시키기 위해 도시 창설자는 늘 머리를 싸매고 고뇌했다.

성채 도시를 조성할 장소 선정

● **자연환경과 방위 적합성을 고려하여 선택한다.**

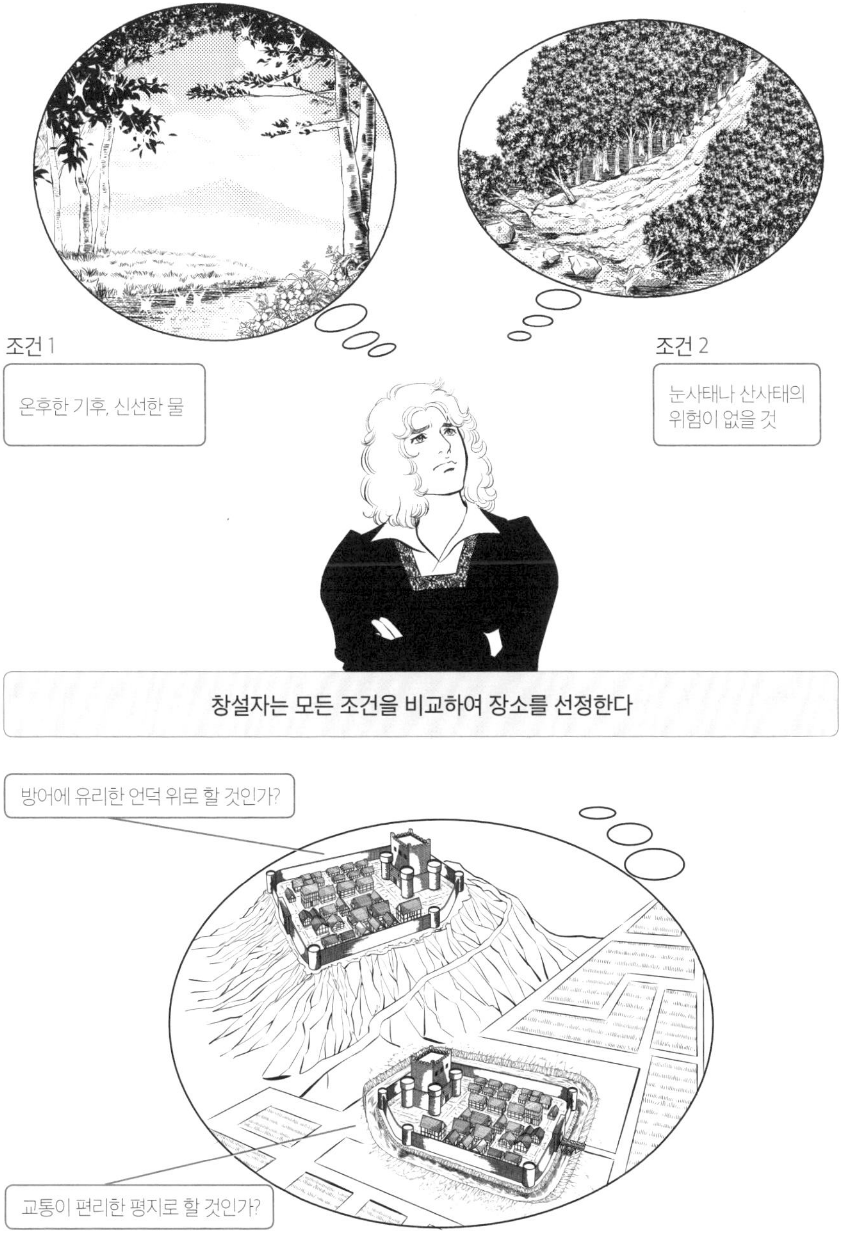

조건 1

온후한 기후, 신선한 물

조건 2

눈사태나 산사태의 위험이 없을 것

창설자는 모든 조건을 비교하여 장소를 선정한다

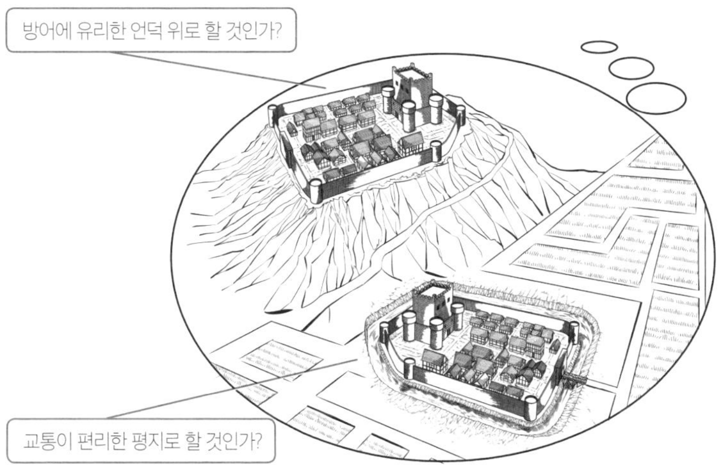

No. 021

벽이 먼저인가? 도시가 먼저인가?

성채 도시에는 성벽과 도시라는 두 가지 요소가 있다. 각 도시의 성립 과정 차이에 따라서 어느 쪽을 우선하느냐가 달라진다.

● 그리스는 도시가 먼저, 에트루리아는 벽이 먼저

그리스는 서로 인접한 촌락이 병합하여 도시 국가를 형성하였다. 도시와 동떨어진 요새는 존재하지 않았고 마을과 시타델을 분리하는 벽은 파괴되었다. **그리스**에서 도시의 벽이란 늘 도시가 충분히 발달한 후에 따라오는 부가물이었다.

한편, 에트루리아인은 도시가 안전하기를 원했고 방어하기에 용이한 부지를 선택하여 도시를 세웠다. 그래서 도시를 처음부터 벽으로 에워쌌다. 방어하기에 적합한 부지가 선정됐으면 그다음으로 요새화를 고려했다. 성벽은 응회암 또는 그 토지에서 채취 가능한 돌을 절단한 석재로 지형선에 딱 맞게 축조했다. 그런데 벽이 반드시 끊어지지 않고 쭉 이어진 것은 아니다. 지형적 특징을 살리기도 했다. 예를 들어 오르테의 도시는 무척 가파른 언덕 꼭대기에 있기 때문에 새삼스럽게 요새를 축조할 필요가 거의 없었다. 도시 계획을 이와 같이 했기 때문에 구불구불한 불규칙한 환상 성벽이 되었고, 나중에 건축된 환상 성벽보다 넓은 지역을 감싸는 경우도 많았다.

그리스는 먼저 도시가 건설되었고 그 후에 벽을 축조했다. 반대로 에트루리아는 벽을 먼저 축조하고 그 안에 도시를 건설하는 순서를 취했다. 이는 각각 도시를 창설한 경위 차이에 원인이 있음을 알 수 있다. 에트루리아는 일반적으로 성벽 형태가 불규칙하여 도로 계획을 할 때도 지형에 따른 조정이 반드시 필요했던 듯하다. 도시 계획과 성벽 축조 계획을 통일하여 진행했다고 생각하기 어렵다.

하지만 그리스든 에트루리아든 도시와 성벽이 함께 계획되지 않았다는 점은 일치한다. 성장 과정은 정반대이나 결과는 유사하다. 그 결과 도시와 성벽은 서로 독립하여 각각 기능하게 된다.

성립 과정에 따라서 벽과 도시의 전후 관계가 결정된다

● 자연환경과 방어 용이성을 보고 선정한다

그리스는 먼저 도시를 건설하고, 벽을 축조했다

● 지형이 불규칙한 경우에는 먼저 벽을 쌓는다

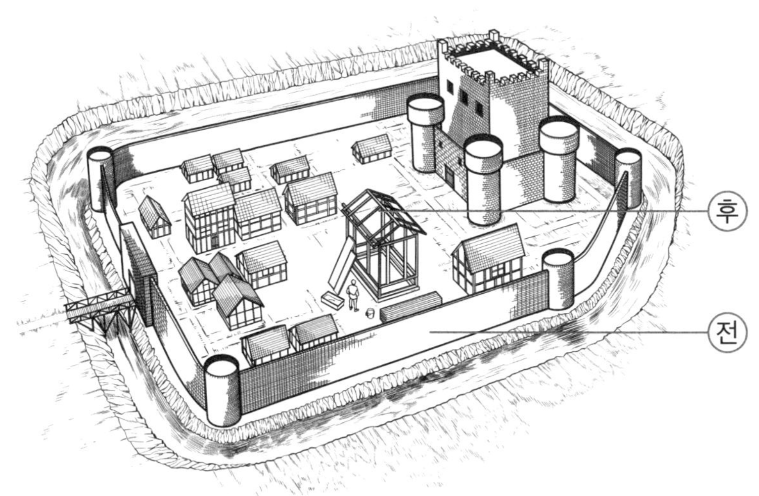

에트루리아는 벽을 먼저 축조하고 도시를 건설했다

관련 항목

● 그리스와 로마 성채 도시의 차이 → No.005

No.022

성채 범위는 너무 넓지 않고, 좁지 않게

새롭게 성채 도시를 건설할 때 규모는 어떻게 정해야 할까? 필요와 장래성 등 계획자는 늘 어려운 결정을 하지 않을 수 없었다.

● 도시 규모는 타협의 산물

성채 도시가 발전되는 방식에는 기본적으로 두 가지가 있다. 하나는 예정된 계획에 따라서 구축되는 경우이고, 다른 하나는 계획 없이 자연적으로 사람이 모여들어 점차로 성장해 나가는 경우이다. 어느 쪽이든 성채 계획은 그 후 도시 발전에 큰 영향을 끼친다. 즉 방어선으로 에워싼 토지가 지나치게 협소하면 도시의 성장 가능성이 저해된다. 반대로 지나치게 넓으면 보루에 배치할 인원이 많이 필요하고 전시에도 이동이 어렵다.

예를 들어 팔마노바는 당초에 2만 명의 주민을 예상하고 계획한 르네상스 시대의 도시이다. 그런데 오늘날에 이르기까지 거주자가 5천 명을 넘은 적이 없다. 도시는 생명체이다. 예상 밖의 도시 팽창에 대처하지 못하거나, 완성 후 십수 년 만에 파기되거나 파괴된 운명을 걸은 성채 도시는 일일이 다 셀 수도 없다.

그만큼 도시 규모를 결정하는 것은 복잡하고 어려운 판단이라 하겠다. 역사가 존재해온 이래 모든 설계자는 이 문제 앞에 번민했다. 결국 그 당시 도시가 필요로 하는 것과 도시의 장래에 대한 기대 사이에서 미묘한 타협안을 채택하는 경우가 많았다. 하지만 물론 늘 올바른 판단을 내리는 것은 아니었다. 예로 든 팔마노바처럼 장래를 낙관시하여 너무 크게 건설한 나머지 일부에만 주민이 거주하는 도시도 수없이 많다.

그 밖에도 고대 그리스처럼 비교적 작은 촌락이 합병하여 하나의 성채 도시를 형성한 예도 있다. 이 경우에는 그때마다 필요에 따라서 성채를 파괴하고 재구축했으므로 너무 넓거나 좁아 문제가 발생하지는 않았을 것이다.

성채 도시의 넓이는 적당한 것이 최고

● 성채 도시가 너무 넓을 경우

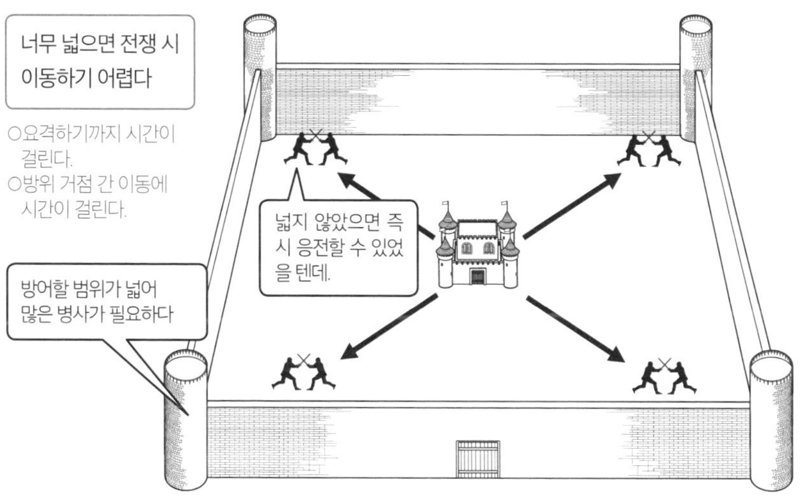

● 성채 도시가 너무 좁을 경우

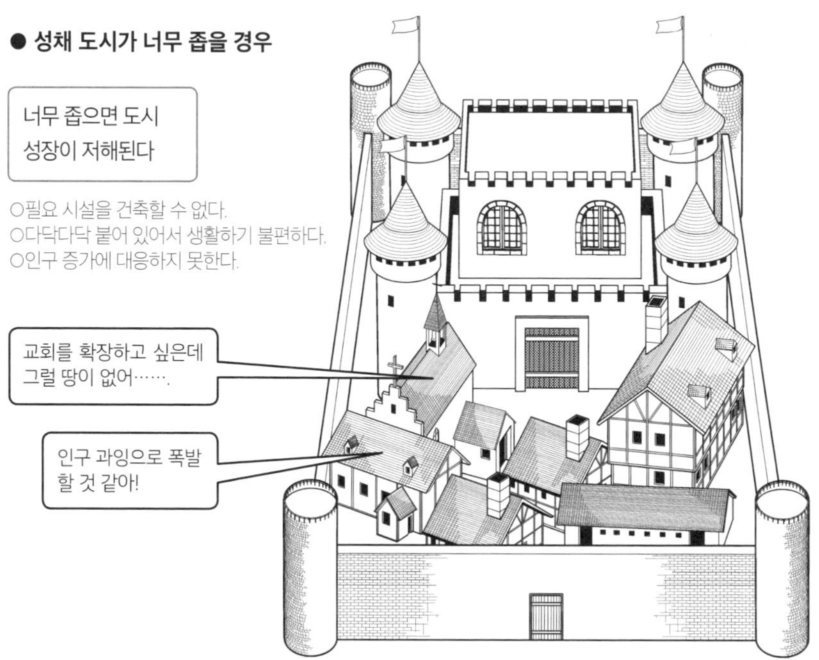

No.023

문의 개수는 최소화한다

성채 도시의 문은 도시의 얼굴임과 동시에 가장 공격받기 쉬운 곳이기도 하다. 따라서 문의 개수와 배치는 세심하게 계획하여 결정해야 한다.

● 문은 도시의 약점

성채 도시 계획자는 언제나 같은 문제에 직면한다. 즉 **도시의 방어력에 중점을 둘 것인가, 아니면 주민의 생활 편리성을 우선할 것인가** 하는 문제이다. 이는 도로 계획과 방어 시설 계획으로 나타난다. 그중에서도 가장 중요한 것은 **문**의 개수와 배치이다. 도시 본체와 무관하게 벽을 두른 듯한, 마치 무계획적으로 건설한 듯한 도시에서조차 문의 개수와 배치는 종종 문제의 씨앗이 된다.

도시의 문은 일반적으로 가장 공격받기 쉬운 장소이다. 소위 약점이다. 그렇다면 문의 개수는 적을수록 좋다고 생각하는 것이 보통일 것이다. 배치도 꼼꼼하고 치밀하게 계획할 필요가 있다. 이리하여 도시로 출입하는 교통로가 자동적으로 제한된다.

문의 개수가 적고 출입도 제한되면 주민 생활이 불편하지 않을까 싶은 생각이 들 것이다. 하지만 처음부터 도로 계획과 요새로서 기능을 함께 고려하여 설계하면 이런 문제를 어느 정도 완화시킬 수 있다. 이와 같은 통합적 계획 유형은 어느 시대의 신민지 건설에서나 관찰되는 유형인데, 르네상스 시대에 특히 유행했다. 하지만 실제로 건설된 사례는 거의 없다. 어디까지나 이론적 연구 대상으로서 도시 역사 분야에서 흥미로운 화제로 다루어졌을 뿐이다.

결국, 방어에 있어서 가장 핵심적으로 고려해야 하는 사항은 상대방이다. 침략자의 공격력이 상승하면 이쪽도 방어력을 강화하여 대비해야 한다. 포위 공격 방법이 변화함에 따라 방어 시설 설계를 변경하여 대응할 필요가 있었다. 도시를 세웠을 당시에는 충분했던 요새도 이윽고 구식이 되어 완전히 파괴되거나 새로운 시대에 적합한 근대적인 것으로 교체된다. 치밀한 계획과 변화에 대응 가능한 유연함은 서로 떼려야 뗄 수 없는 요소이다.

문의 개수와 배치가 방어력을 결정한다

밸런스가 무척 중요하다

문의 개수와 배치가 종종 문제가 된다

치밀한 계획이 필요

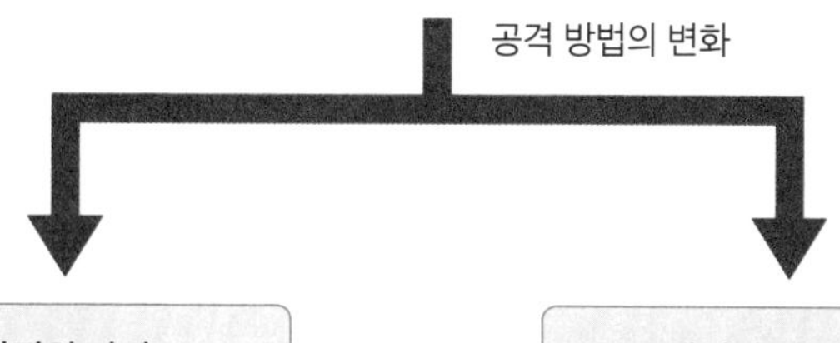

완전히 파괴

근대적인 것으로 전환

시대 변화에 대응 가능한 유연함이 필요

관련 항목

● 성채 도시의 딜레마 → No.006
● 성문 → No.010
● 성채 도시가 문을 지키는 방법 → No.064

No.024

성벽의 종류

다 똑같이 성벽이라고 부르지만, 성벽에는 다양한 형태가 있다. 명칭과 역할도 시대에 따라서 변화했다. 대략적인 변천사를 살펴보도록 하자.

● 문은 도시의 약점

성채는 시대에 따라서 다양하게 변화했고, 명칭과 형태와 역할에 따라서도 다양하게 분류된다. 안산트(enceinte)란 광의의 뜻을 지닌 용어로 성채, 성채 도시, 또는 축성 수도원 등의 방어 진지를 둘러싼 성벽과 성탑을 지칭한다. 반면, 커튼 월은 성탑과 성탑 사이의 성벽 부분, 또는 안산트 성벽을 지칭하는 말이다.

고대의 성벽은 주로 흙이나 나무로 만들어졌으며 유난히 두껍게 만드는 경우가 많았다. 하지만 12세기 말 동방에서 군사 건축 혁신이 일어났고, 13세기에 유럽으로 퍼져 나간다. 마시쿨리라고 불리는 **현안**(돌 떨어트리는 구멍)과 성벽 하부를 바깥쪽으로 기울게 만드는 플린스 등의 기술이 발달했다. 이것들은 목조 망대를 대신하여 화재나 갱도전이 발생했을 때 방어력을 발휘했다.

나아가 13~15세기 고딕 시대에는 안산트의 두께가 더욱 두꺼워졌다. 프랑스에서는 해자의 폭이 12~20m, 깊이가 10m나 되었다. 성의 상부를 흉벽이라고 하는데, 적이 쏜 화살로부터 성의 병사를 지키기 위해 타구(크레노)가 설치되었다. 타구가 있는 **흉벽**에 이윽고 **전안**이 뚫려 적으로부터 몸을 보호하며 사격할 수 있었다. 전안은 사격 범위를 넓히기 위해 단면을 아래로 향한 쐐기 모양으로 만들었다. 흉벽에는 후에 망루가 설치된다. 지붕과 벽을 갖춘 목제 망루 바닥에는 개구부가 있어 벽을 타고 오르는 적병에게 뜨거운 액체를 붓거나 큰 돌을 떨어트릴 수 있었다.

참고로 성탑에는 창문이 없었다. 당시 유리는 무척 고가였기 때문에 특별한 곳에만 쓸 수 있었다. 또 창문은 약점이 되어 성채 전체의 안전을 위협할 수 있었기 때문이다. 주탑처럼 거주 구역이 있는 성탑에만 창문이 달렸다. 예배당에는 스테인드글라스를 사용했지만, 그 밖의 창문은 작았고 철책을 둘러 보호했다.

다양한 성벽의 모양

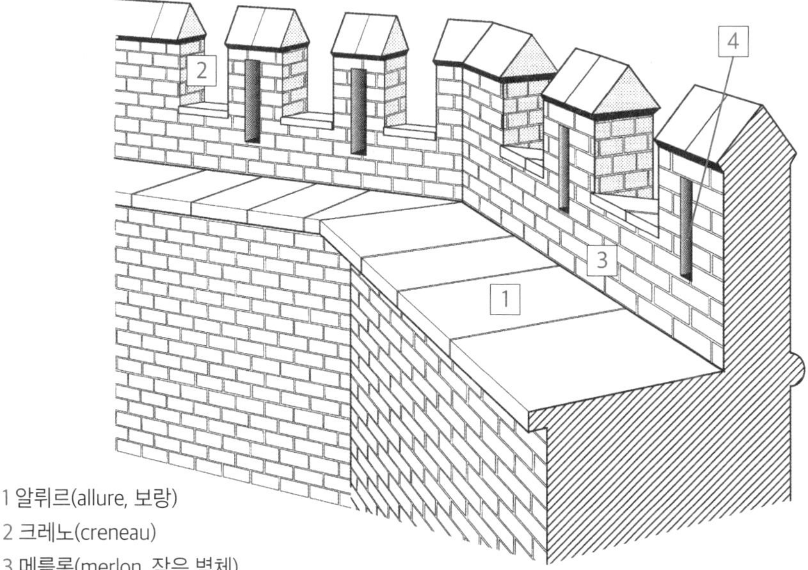

1 알뤼르(allure, 보랑)
2 크레노(creneau)
3 메를롱(merlon, 작은 벽체)
4 전안(활 구멍)

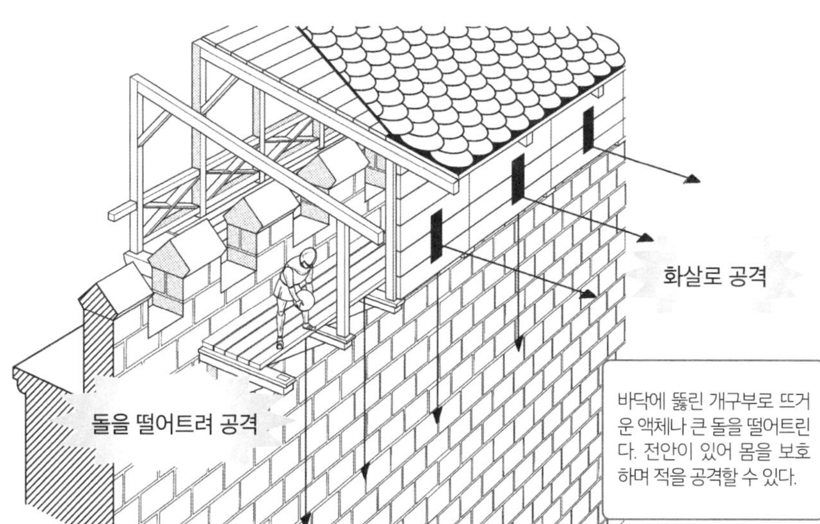

관련 항목

● 전안으로 공격하다 → No.067
● 흉벽 · 머치컬레이션 → No.072
● 현안(외보) · 살인공 → No.075

No.025

돌을 잘라 성벽을 만들다

중세까지는 건설 작업 대부분이 사람의 힘으로 이루어졌다. 건설 재료인 돌을 산에서 채취하여 운반하고 쌓아 올리는 데는 막대한 노동력이 필요했다.

● 많은 노동력과 인력이 필요한 성벽 축조

성벽을 쌓기 위해서는 먼저 재료가 되는 돌이 필요하다. 돌은 근처 산 등에서 채석했다. 채석공이 1톤이 넘는 커다란 돌덩어리를 채굴한 후 소달구지에 실어 절석장으로 운반했다. 이 돌이 석벽의 가장 튼튼한 부분을 지탱하는 재료가 된다. 돌덩어리가 절석장으로 운반되면 절석공이 사람이 옮길 수 있는 크기로 잘랐다. 그러면 인부가 수레에 실어 건설 현장으로 운반했다.

건설 현장을 지휘하는 사람은 석공 우두머리이다. 석공 우두머리의 지휘하에 많은 직인이 운반되어온 돌을 성형했다. 돌 성형에는 정과 디바이더 등의 측정기가 사용되었다. 숙련된 석공(프리메이슨)이 이 작업을 수행했고, 미숙련 석공과 석적공은 성벽을 쌓는 일을 했다.

하지만 돌만으로는 성벽을 축조할 수 없다. 돌 성형 작업이 이루어지는 사이에 토목작업자가 땅을 파 도랑을 만들고, 벽을 보강하기 위해 흙을 높이 쌓아 올렸다. 돌을 고착시키기 위해서는 모르타르와 석회도 필요했다. 그래서 직인은 커다란 가마에서 석회암을 끓이고 물에 몇 개월 동안 담가 양질의 모르타르를 만들 필요가 있었다.

이리하여 준비한 재료를 건축 현장으로 가져갔고, 판자를 깐 경사로를 이용하여 운반해 쌓아 올렸다. 돌을 쌓고 모르타르로 고착시킨 후 흙손으로 깔끔하게 형태를 다듬었다. 석공 우두머리는 끝에 납으로 된 추가 달린 다림줄이라는 도구로 벽이 직각으로 잘 만들어졌는지를 체크했다. 비교적 작은 돌과 벽돌 등은 소쿠리에 담아 도르래로 끌어올리기도 했다.

그 밖에도 목수, 우물 파는 사람, 대장장이, 돌을 운반하는 인부 등 많은 전문 직인이 건축 현장에서 일했다. 이러한 무수한 직인과 인부의 막대한 시간과 노력으로 성벽이 축조된 것이다.

성벽이 만들어지는 과정

● 근처 산에서 채석된 돌은 많은 공정을 거쳐서 성벽이 된다

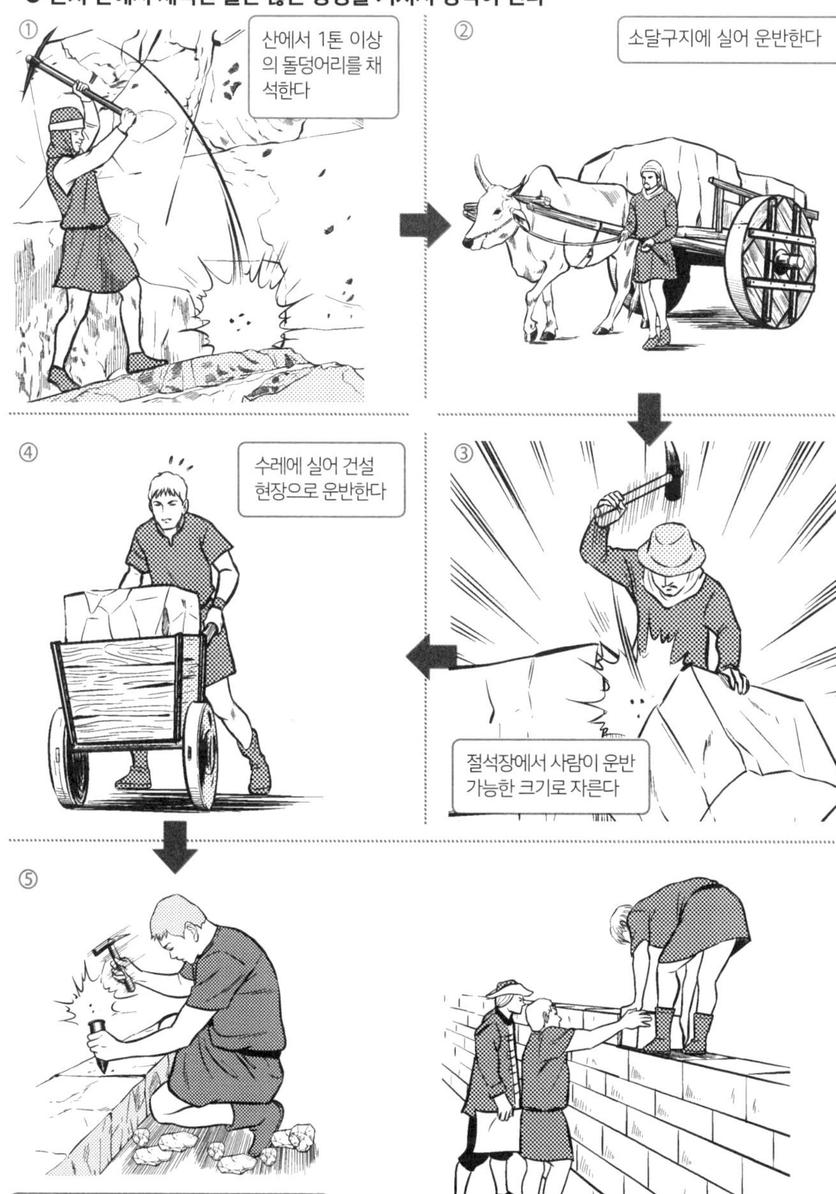

No.026

성문 제작법

성문은 적의 침입을 허용할지 모르는 위험성이 도사리는 공간이다. 이에 방어력을 높이기 위해 성문에 갖가지 장치를 설치했다.

● 약점이 될 수 있는 성문에 다양한 장치를 설치하다

성문은 성채 도시에서 약점이 될 수 있는 중요한 곳이다. 성문을 어떻게 만드느냐가 도시의 방어력을 결정한다고 해도 과언이 아니다. 그렇기 때문에 고대부터 성문에는 특별한 주의를 기울였고, 성문 앞에는 자연히 갖가지 장해물이 설치되었다.

먼저 적의 요구를 쉽사리 받아들이지 않겠다는 의미로 성문을 **도개교** 등의 가동교로 만들었다. 형식면에서는 도개교나 **내리닫이문** 또는 회전문이라 불리는 추를 이용한 문 등을 장치했다.

성문은 더욱 진화하면서 규모도 커졌다. 영국 웨일스의 할레크의 경우에는 성문이 완전히 주탑을 대신하여 성주의 거주 공간으로 이용되었을 정도이다. 할레크 성문에는 내리닫이문이 세 군데 달려 있어 침입을 강행하면 두 개의 문 사이에 갇히게 된다. 또한 각 내리닫이 격자문 사이의 터널 벽면에 전안이 뚫려 있어 침입자는 성병이 쏜 화살을 온몸으로 맞게 된다.

성문을 어디에 배치할까도 세밀하게 검토했다. 성문으로 가는 길과 성문 입구는 외부를 정면으로 향하지 않도록 모퉁이에 설치하는 경우가 많았다. 이렇게 하면 공격 측이 도개교나 성문을 병기로 직접 공격하기 어려워지기 때문이다. 특히 **파성추**를 이용한 공격을 피하기에 유효한 방법이다.

또 성문 외에 포테른누(비밀문)라는 출입구도 있었다. 기마병과 말을 탄 사람이 통과할 수 있는 크기로, 수비군의 출격구 또는 농성전이 벌어졌을 시의 탈출구로 이용되었다. 또 경우에 따라서는 단단하게 방어되는 성벽의 성탑에 설치되기도 했다.

성문 방어에는 특히 많은 주의를 기울였다

● 일반적인 성문의 형태

1 도보문이라 불리는 자그마한 문
2 문의 방어력을 높이기 위한 빗장 거는 구멍

● 성문의 단면도

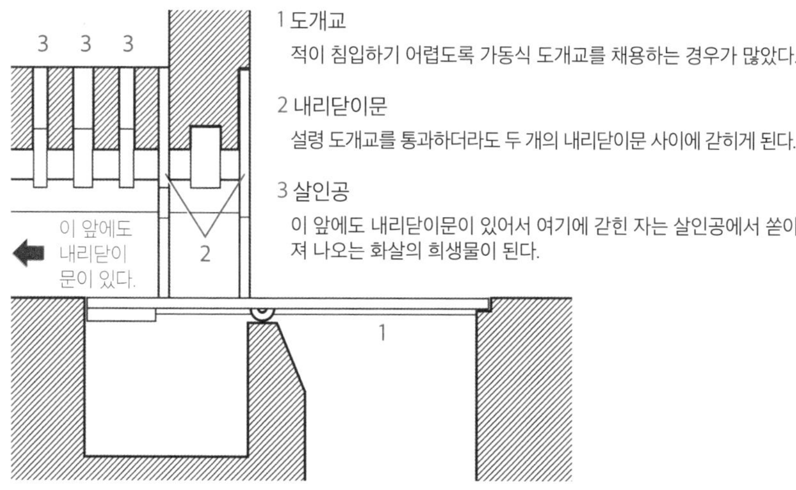

1 도개교

적이 침입하기 어렵도록 가동식 도개교를 채용하는 경우가 많았다.

2 내리닫이문

설령 도개교를 통과하더라도 두 개의 내리닫이문 사이에 갇히게 된다.

3 살인공

이 앞에도 내리닫이문이 있어서 여기에 갇힌 자는 살인공에서 쏟아져 나오는 화살의 희생물이 된다.

관련 항목

● 성문 → No.010
● 내리닫이 격자문 → No.030
● 성채의 안과 밖을 연결하는 도개교 → No.029
● 공성병기2 파성추(충각) → No.054

No.027

고대 로마의 도시 건설 의식

오늘날도 일본에서는 집을 지을 때 상량식을 행하는데, 이와 마찬가지로 고대 로마도 도시를 건설할 때 정해진 의식을 치렀다.

● 로마인이 행한 네 가지 의식

로마는 새롭게 도시를 건설할 때 반드시 의식을 행했다. 이는 로마의 **도시 계획**이 이탈리아의 식민지 양식을 발전시킨 것이며, 적국 내에 강력한 거점을 확립하기 위한 군사적인 것이었기 때문이다. 의식 양식 자체도 에트루리아인의 방식을 채용했다.

도시 건설 의식은 네 단계로 나누어 행했다. 제1 의식은 「개시례」로 앞으로 거주할 도시의 위치를 결정했다. 위치 선정은 점괘에 따라서 결정되었는데, 초기 건설 부지는 대개 방어하기에 용이한 곳으로 결정되었다. 제2 의식은 「정주례」이다. 이는 도시의 경계를 결정하는 의식이다. 지역이 선정되면 가래로 도랑을 파 경계선을 만들었고, 가래를 박아 흙을 그 안에 던져 넣었다. 이는 벽을 상징한다. 한편 가래로 판 도랑은 해자의 끝부분을 표시했다. 또 문이 설치될 장소에 가래를 하늘을 향하게 두었다. 그래서 「운반하다(portare)」는 행위가 「문(porta)」이라는 단어의 어원이 되었다고 한다.

제1과 제2 의식은 주로 군사상 필요성으로 행해졌다. 이것과는 별개로 제3 의식으로 도로망을 배치하고 그 방향을 결정하는 「방위례」가 있고, 마지막 제4 의식으로 마을을 수호신의 보호 아래에 두는 「봉헌례」가 있다.

기원전 273년 에트루리아 영지 내에 로마의 전초 기지로 코사를 건설했을 때도 이 의식들을 행했다. 코사는 대표적인 초기 이탈리아 식민지로, 약 10,000~12,000명의 정주민을 위해 계획된 중간 규모의 도시였다. 로마에서 북쪽으로 150km 떨어진 가파른 해안 단구 꼭대기에 위치하며, 언덕 동쪽으로 펼쳐져 있는 호수는 도시의 항구로 이용되었다.

로마가 도시 건설 의식을 행한 데에는 문화적이며 선전적인 요소도 있었겠으나, 기본적인 목적은 군사적 목적임에 변함이 없다.

로마인이 행했던 도시 건설 의식

1 개시례

먼저 도시 위치를 정하는 개시례를 행한다.
위치 선정은 점괘로 한다

2 정주례

정주례는 도시 둘레를 확정하는 의식이다.
가래로 도랑을 파 경계를 긋는다

3 방위례

다음은 방위례.
도로망을 배치하고 그 방향을 결정한다

4 봉헌례

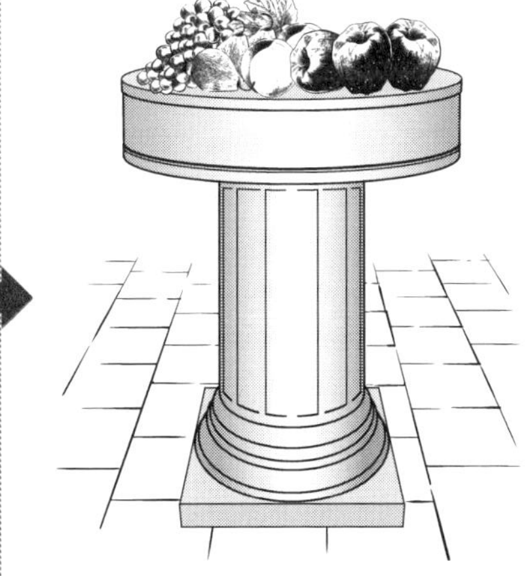

수호신에게 도시를 지켜주길 청하며
음식물 등을 공양하고 기도한다

관련 항목

● 히포다모스의 도시 계획 → No.009

No. 028

시설을 만들어나가는 순서

하나의 성채 도시 안에는 다양한 시설이 있다. 성채 하나를 건설할 때 일반적으로 시설을 건설해 나가는 순서가 있다.

● 무엇보다 화약고와 포병 공창이 최우선

성채 도시 건설은 계획을 세우는 것에서부터 시작된다. 왕 또는 영주에게 의뢰받은 설계사는 「부조도」라고 불리는 나무로 만들어진 겨냥도를 작성한다. 부조도는 작은 창문까지 표현했을 정도로 오늘날의 디오라마처럼 섬세하게 만들었다. 그래서 성채 도시가 완성된 후에도 영주는 요새도를 보며 어떻게 방비할 것인가를 검토할 수 있었다.

계획이 결정 나면 실제 토지에 도시 구획 정리를 한다. 이때 활약하는 사람은 토목공이다. 토목공은 매듭 있는 망을 이용하여 측량하고 앞으로 요새지가 될 땅에 말뚝을 둘렀다. 그리고 설계도대로 구획 정리가 되도록 장소를 정리해 나갔다.

현장 작업이 시작되면 제일 먼저 포병 공창과 화약고, 그리고 기술자의 집과 설계실을 세웠다. 공창이란 군수공장을 말한다. 특히 화약고와 포병 공창은 적이 기습해올 수 있는 곳에서 되도록 멀리 떨어진 곳에 세웠다. 또 화약고 주변에는 도랑을 팠고, 폭발할 때에 대비하여 다른 건물과 거리를 두어 지었다. 창문도 달지 않았고, 볼트도 불꽃이 튀지 않도록 목재를 사용했다.

요새의 규모에 따라서 다르지만 여기까지 작업하는데 2년, 경우에 따라서는 3년가량이 걸린다. 그 후에야 겨우 병영 등의 주거 공간이 건축되기 시작한다. 쓸데없는 낭비를 줄이기 위하여 병영 설계는 일률적으로 정한다. 병사에는 **대포**를 설치했으며 성벽 근처 등 전략적으로 효과적인 장소에 짓는 경우가 많았다.

대충 형태가 갖추어지면 그때부터 상인과 술집과 직공이 거주할 수 있는 도시로 만들어 나갔다. 병사도 전쟁이 없을 때는 도시에서 생활하며 장사나 가내공업을 했다. 교회, 마구간, 음수대, 빨래터 등 생활에 빼놓을 수 없는 시설이 차례로 갖추어져 나갔다. 집은 전쟁 시에는 피난소가 되기도 했다. 이리하여 몇 년이란 세월에 걸쳐서 겨우 하나의 성채 도시가 완성되었다.

계획을 세우고 중요 시설부터 만들어 나간다

● **면밀한 계획하에 지도 모형을 만든다**

● **도시에 필요한 시설을 우선적으로 만든다**

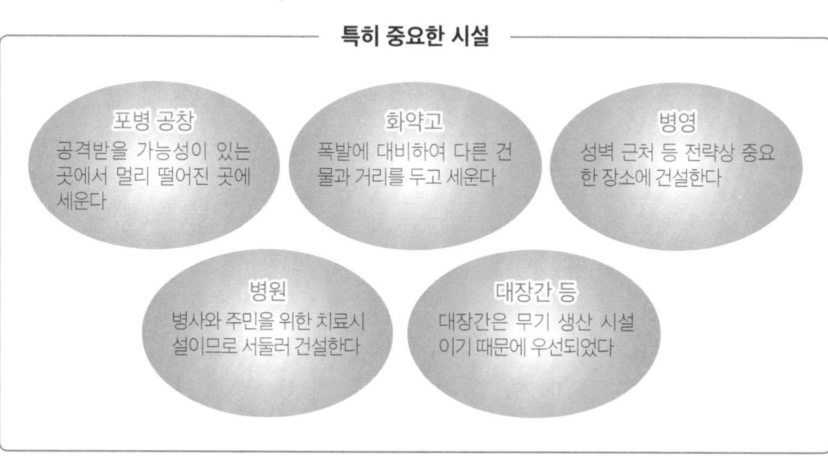

관련 항목

● 공성병기3 대포 · 화포 → No.055

No.029

성채의 안과 밖을 연결하는 도개교

성채의 안과 밖을 연결하는 것은 도개교이다. 방어에 가장 신경 써야 하는 부분인 만큼 다양한 격납식 도개교가 고안되었다.

● 인양교, 평형교, 회전교 등 다양한 도개교의 종류

성채에서 **문**을 비롯한 입구는 자신들의 진입로임과 동시에 외적에게 가장 공격받기 쉬운 장소이다. 그래서 통상적으로 성채 주위를 도랑이나 해자로 에워싸 방어했다. 성채 내부로 들어가기 위해서는 해자를 건널 다리가 필요한데, 다리를 늘 걸어두면 적도 다리를 이용할 위험이 있다. 그래서 나온 해결책이 어떤 기계 장치를 하여 들어 올릴 수 있는 격납식 도개교를 설치하는 것이었다.

도개교를 설치하면 무단 침입을 막을 수 있을 뿐 아니라 문 앞에 방벽을 증축할 필요도 없어진다. 그리하여 성채 도시에 반드시 설치된 도개교는 다양한 형식으로 발전했다. 가장 대표적인 것이 위로 들어올리는 인양식 도개교이다. 단순한 형태일 경우에는 다리의 안쪽 끝부분은 움직일 수 있도록 성문 문턱에 경첩으로 연결되고, 바깥쪽 끝부분은 누문 내부에 있는 권양기에 쇠사슬로 연결되었다. 권양기가 회전하면 쇠사슬이 말리거나 또는 풀리면서 도개교가 상승하거나 하강하는 구조이다. 이 경우 도개교가 위로 잘 올라가도록 다리의 안쪽 끝부분에 추를 달았다.

그 밖에 평형교도 있다. 이는 성문 문턱을 중심으로 시소처럼 오르락내리락하는 도개교이다. 바깥쪽 끝부분은 해자 끝에 걸리고, 추가 달린 안쪽 끝부분은 문의 안쪽 빈 공간에 걸린다. 추가 달린 안쪽 끝부분이 빈 공간으로 하강하면 바깥쪽 끝부분이 위로 상승하여 입구를 막는 구조이다.

똑같은 인양교라도 추의 무게로 움직이는 것도 있고, 아래층에 설치된 도르래에 의해 움직이는 것도 있다. 또 다리 끝에 달린 추로 움직이고, 제 위치로 되돌리면 끝부분이 정해진 홈에 딱 끼워지는 회전교라는 형태도 있다.

적의 이용을 막을 수 있는 격납식 다리가 필요

● 인양교

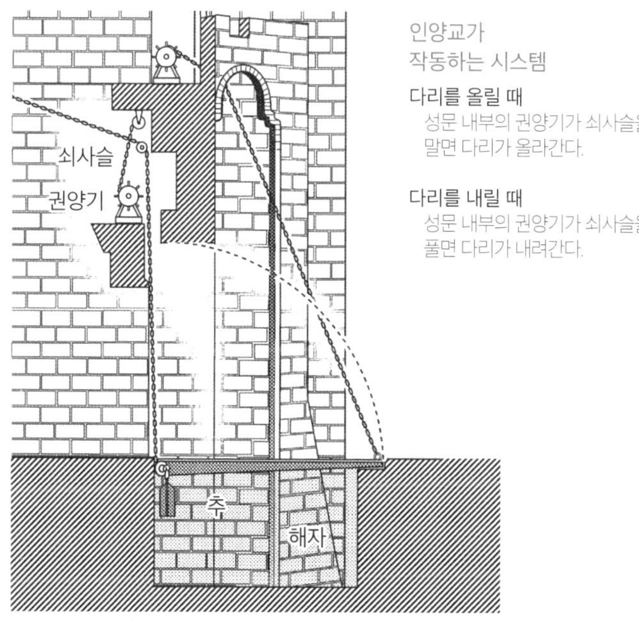

인양교가
작동하는 시스템

다리를 올릴 때
성문 내부의 권양기가 쇠사슬을 말면 다리가 올라간다.

다리를 내릴 때
성문 내부의 권양기가 쇠사슬을 풀면 다리가 내려간다.

● 평형교

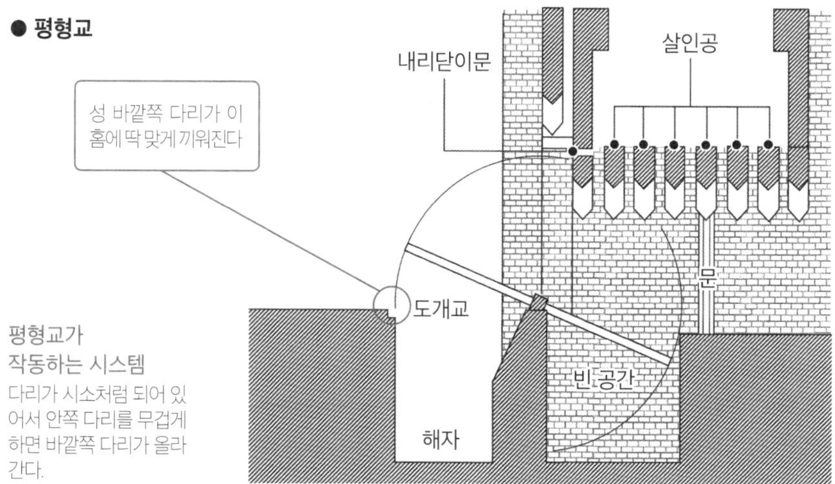

평형교가
작동하는 시스템

다리가 시소처럼 되어 있어서 안쪽 다리를 무겁게 하면 바깥쪽 다리가 올라간다.

관련 항목
● 성문 → No.010
● 성채 도시가 문을 지키는 방법 → No.064

No.030

내리닫이 격자문

성문을 튼튼하게 설치하는 것은 말할 것도 없고 이를 더욱 보강하기 위해 내리닫이 격자문을 달아 성채 입구의 방어에 만전을 기했다.

● 성문을 보강하고 방어하는 내리닫이 격자문

주요한 **성문**, 뒷문, 그 밖의 중요한 출입구에는 대개 내리닫이 격자문을 달아 방어했다. 내리닫이 격자문이란 입구 상부에 달린 수직으로 움직이는 문으로 필요에 따라서 정해진 위치로 내릴 수 있다. 입구 양옆의 석조물에 파놓은 홈을 따라서 내려오는 형식이다. 일반적으로 목재를 써서 격자 모양으로 만들었으며 제일 아래쪽은 날카롭게 삐죽하게 했다. 또 끝부분에는 철을 도포하기도 했다. 내리닫이 격자문은 고대 로마인이 처음으로 사용했는데, 12세기 초엽이 되면 많은 성에서 도입한다.

대부분의 내리닫이 격자문은 건물 내부에 편입되어 끝부분만 조금 돌출되어 있는 형태가 많다. 하지만 개중에는 누문 정면의 오목부 안쪽이 보이도록 매달린 상태에서도 훤히 드러나 있는 게 있다.

도개교 유무와 관계없이 성문을 금속으로 보강하고 중후한 내리닫이 격자문을 설치하는 경우가 많았다. 내리닫이 격자문은 철을 입힌 목재 격자문이 가장 일반적이었으나, 더 견고한 철제 격자문도 있었다.

유명한 **카르카손**의 나르본문에 달린 내리닫이 격자문은 추로 들었다 내렸다 하는 타입이다. 추의 한쪽 끝은 도르래에 달려 있고 다른 한쪽 끝은 권양기에 달려 있으며, 하강시킬 때는 내리닫이 격자문 자체의 무게로 순식간에 떨어트릴 수 있다. 한편, 자유자재로 늘었다 줄었다 하는 수평보 두 개가 뒤쪽 벽면에서 튀어나와 있어 격자문을 원하는 위치에 고정시킬 수 있다. 이때 평형추는 금속봉에 단단히 고정되어 소정의 위치에 매달아둘 수 있게 되어 있다. 또 내리닫이 격자문 꼭대기에 철봉 한 쌍이 있는데 이것을 벽에서 돌출된 철제 핀에 걸어 고정시키면 내리닫이 격자문을 올릴 수 없도록 설계되어 있기도 하다. 이와 같이 최대한 신속하게, 그러면서 동시에 자유자재로 개폐 가능하도록 고안되었다.

내리닫이 격자문으로 입구를 단단히 방어하다

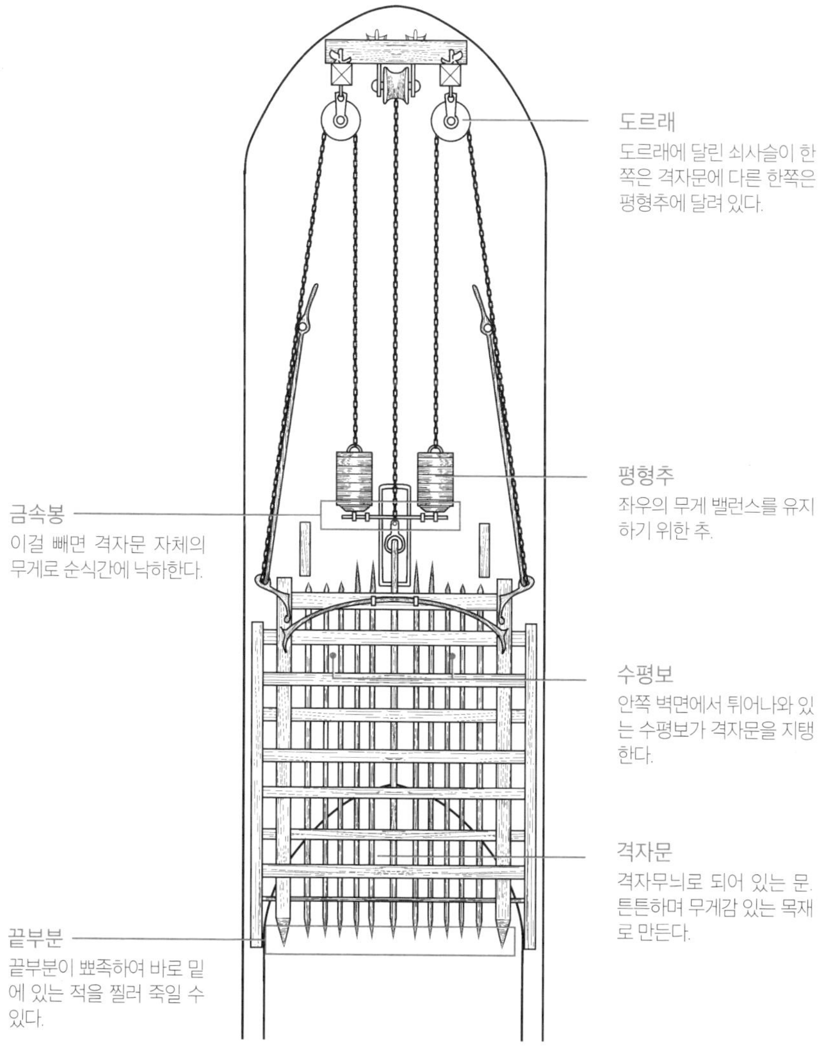

나르본문의 내리닫이 격자문

내리닫이 격자문을 내리고자 할 때는 두 개의 지지보와 평형추를 고정하는 금속봉을 빼면 된다. 그러면 격자문 자체의 무게로 순식간에 낙하한다

관련 항목
● 성채 도시가 문을 지키는 방법 → No.064
● 카르카손(프랑스) → No.082

No.031

문짝은 성채 도시 방어의 핵심

성문의 기본적인 요소인 문짝은 성채 입구 방어의 핵심이다. 견고해야 하는 것은 물론이고 재빠르게 개폐할 수 있느냐가 관건이었다.

● 문짝이야말로 입구 방어의 요체

도개교와 내리닫이 격자문이 입구의 방어력을 높여주었다. 하지만 이것들은 어디까지나 **성문**을 보강해주는 역할을 할 뿐이다. 문짝 자체는 대부분 목재였다. 양쪽으로 열리도록 측면에 경첩이 달려 있고, 입구 통로의 양쪽 벽에 하나씩 달려 있는 경우가 많았다. 하지만 성문에는 그 밖에도 다양한 디자인이 존재했으며 구조도 각각 달랐다.

상부인양문은 도개교의 메커니즘에서 착안한 것이다. 성문의 통로 상부 등에 권양기를 설치하여 제어하는 방식이다. 이 경우 수평인양식이면 문짝의 무게를 이용하여 순식간에 문을 내릴 수 있었다.

비슷한 형태에 중앙인양문이 있다. 역시 도개교의 기술을 응용했으며, 성문 꼭대기 부분에서 문짝 중앙이 선회하는 형식이다. 마찬가지로 문짝 자체의 무게로 순식간에 내릴 수 있는 점이 장점이다.

이와 달리 빗장으로 문짝을 닫는 타입도 있다. 인출식의 경우에는 빗장을 걸 필요가 없을 때는 출입구의 나팔꽃 구멍 한쪽에 마련되어 있는 긴 수납공간에 넣어두면 되고, 문짝을 고정해야 할 때는 즉시 끌어내 문짝을 가로질러 반대편의 빗장용 홈에 끼우면 된다.

동일한 빗장식이라도 선회식의 경우에는 문짝은 돌 테두리에 경첩식으로 고정시켰고, 빗장은 문짝을 고정시키기 위해 한쪽 문에 선회 가능하도록 장치했다. 폐쇄할 때는 빗장의 양쪽 끝을 옆벽에 파인 홈에 끼워 문짝을 고정시킨다.

또 14~15세기 잉글랜드 북부와 스코틀랜드에서는 예트라는 철문이 일반적으로 사용되었다.

문짝은 재빠르게 개폐하고 고정할 수 있어야 한다

상부인양문

지렛대 원리를 이용하여 인력으로 잡아당겨 문을 연다

중앙인양문

권양기로 쇠사슬을 감아 문을 여는 구조이다

빗장(인출식)

평상시에는 벽 속의 구멍 안에 빗장을 수납한다. 적이 습격해오면 이것을 빼내 문이 열리지 않게 한다

빗장(선회식)

문을 열 때는 빗장을 세로로 하고, 문을 잠글 때는 빗장을 가로로 한다

관련 항목

- 성채의 안과 밖을 연결하는 도개교 → No.029
- 성채 도시가 문을 지키는 방법 → No.064

성채 도시 밖에 사는 사람들

13세기 무렵까지 중세 유럽의 성채 도시에는 귀족부터 서민까지 많은 사람이 살았다. 하지만 그 지역에 사는 사람 모두가 거주했는가 하면 그렇지 않았다. 농민 대부분은 자신과 마찬가지로 농작업을 업으로 삼는 사람들과 촌락을 형성하여 성채 도시 밖에서 살았다.

당시 유럽의 토지는 아직 개척이 이루어지지 않아 땅을 개간 또는 간척하여 비옥하게 만드는 것이 농민의 일이었다. 주된 개척지는 산림이었다. 가축을 방목할 수 있고 목재와 장작을 얻을 수 있는 산림은 농민에게 있어서 수입을 올릴 수 있는 중요한 공간이었다.

당시는 「싸우는 자」, 「기도하는 자」, 「경작하는 자」라는 세 가지 신분으로 분류되었다. 싸우는 자는 유사시에 몸 바쳐 싸우는 귀족, 기도하는 자는 그리스도교 성직자, 그리고 경작하는 자는 농민이다. 싸우는 자=귀족은 인구의 겨우 2%에 불과했으며, 그 외 대부분은 경작하는 자=농민이었다. 하지만 귀족과 농민 사이에는 큰 신분 격차가 있었고, 농민을 착취하는 것을 당연하게 생각하는 영주 중에는 산림에서 얻을 수 있는 이익을 독점하려는 자도 있었다.

벌목한 목재를 팔면 수익의 일정 비율을 납부하라고 명했으므로 농민들 입장에서는 유쾌할 리 없었다. 때때로 농민들은 영주와 충돌했다. 1524년에는 독일 농민 전쟁이라는 대규모 싸움으로 발전했다. 그 결과, 반란극에 가담한 많은 농민이 처형된다.

영주에게 착취당하더라도 묵묵히 농업에 종사하는 농민은 산림에서 나갈 기회가 거의 없었다. 하지만 농촌 사람도 가끔이기는 하나 성채 도시를 방문했다. 마을 특산물과 성채 도시에서 파는 물건을 교환하러 가거나, 도시에 사는 영주와 교섭하러 가는 것이 성채 도시로 발걸음하는 주된 이유였다. 그래서 촌락과 성채 도시 사이에 길이라고 부를 법한 것이 존재했고, 성채 도시 주민과 도시 밖에 사는 사람을 연결하는 통로로서 긴밀하게 이용되었다.

이번에는 시대를 조금 거슬러 올라가 10세기 중세 유럽을 살펴보자. 주로 지중해 연안 지역 촌락에서는 인카스텔라멘토라는 양식을 취했다. 이는 높은 곳에 세워진 성 주위에서 농민이 사는 방식이다. 성을 중심으로 원을 그리듯이 집을 지었고, 그 집들을 벽으로 에워싸 방어력을 높였다. 성채 도시와 흡사한 성채 마을이라고 하겠다.

이처럼 「성채 마을」은 해발 고도가 높은 곳이나 절벽 위 등, 마치 새가 둥지를 틀 법한 곳에 자리 잡아 「독수리 둥지 마을」 또는 「매 둥지 마을」이라고 불렸다. 남프랑스 코트다쥐르에는 독수리 둥지 마을이 많으며 지금도 그 모습이 남아 있다. 특히 유명한 곳은 모나코에서 가까운 에즈이다. 마치 미로처럼 복잡하게 얽힌 마을이 아름답게 보존되어 있으며, 중세 분위기를 그대로 느낄 수 있다. 현재는 전 세계 사람들이 방문하는 유명한 관광지이다.

제2장
성채 도시 사람들의 생활

No.032

방어면에서도 중요한 역할을 한 우물

생활에 반드시 필요한 물을 확보하기 위해 성채 내부에는 반드시 우물을 설치했다. 그뿐만 아니라 물은 방어면에서도 무척 중요한 역할을 했다.

● 생활뿐 아니라 방어면에서도 중요했던 물

성채 도시에 사는 사람들에게 물은 필수 불가결한 요소였다. 음료, 빨래, 요리, 양조, 청소 등 일상생활에서 빼놓을 수 없는 만큼 신뢰할 수 있는 물 공급원은 무척 중요했다. 그래서 성채 안에는 반드시 한 개 이상의 우물이 있었다. 안뜰에 있기도 하고, 탑과 같은 튼튼한 시설 내부에 설치하기도 했다. 저수 설비를 설치하는 경우도 있었는데, 비가 좀처럼 내리지 않는 중동 지역에서는 특히 중요한 시설이었다.

또 방어 거점이라는 측면에서도 우물은 중요했다. 물은 수비대의 생사와 관련될 뿐 아니라 공격 측의 공격으로 발생한 **화재**를 진화시킬 때도 사용되었기 때문이다. 그래서 여러 개의 우물과 저수조를 갖추는 것은 군사적인 측면에서 보더라도 반드시 필요했다.

서유럽에서는 우물이 중요한 수원이었다. 대부분 성에서는 단순히 땅에 구멍을 뚫어놓았을 뿐이지만, 물을 떠올리기 위한 권양기를 위쪽에 설치했을 것이다. 우물 구멍도 둘레 벽 없이 그냥 뻥 뚫어 놓은 것도 있고, 석벽으로 가지런하게 두른 것도 있었다. 저수조도 땅속에 구멍을 깊게 파고 통로만 만든 단순한 것부터 직접 들어갈 수 있게 한 노천 저장조까지 다양한 형태가 있었다. 더욱 발전한 형태 중에는 넘치는 물을 배수하는 물관과 여과조 등을 갖춘 뛰어난 시설도 있었다.

사우스요크셔에 있는 코니스버러성의 우물은 큰 탑 안에 마련되어 있다. 우물은 둥근 천장이 달린 지하실 바닥 내부에 설치되어 있으며 2층 높이에서 구멍을 통해 물을 퍼 올려야 한다. 또 건물 내부에 있는 우물 중에는, 물을 퍼 올리기 위한 사전 준비가 필요한 특별한 개인실에 설치되어 있는 경우도 있다. 서식스에 있는 보디엄성은 우물실이 주방 옆의 모퉁이탑(성내 부지 또는 성벽의 네 모퉁이에 위치하는 탑) 지하에 있다.

우물은 성채에서 가장 중요한 설비

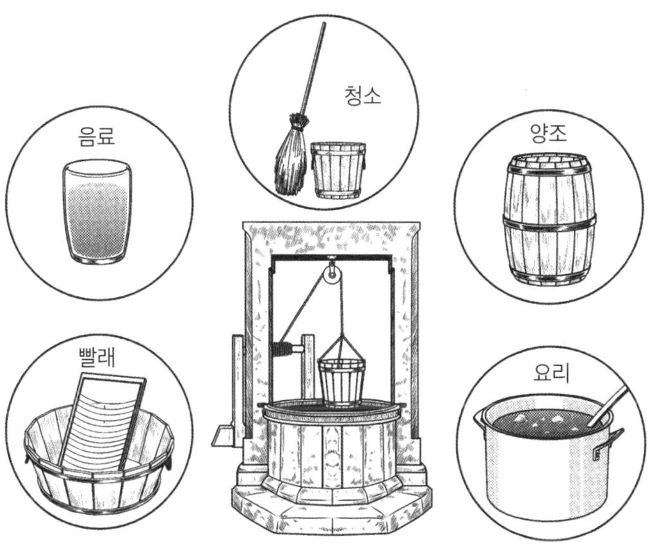

생활용수로서뿐 아니라……

공방전 때 진화하는 데도 사용되었다

관련 항목

● 불을 이용한 공방 → No.060

No.033

화장실 · 배수(변소용 탑)

성채 내부도 생활공간인 만큼 수도가 중요하다. 11세기경부터 많은 성에서 건물 내에 화장실을 설치하기 시작했다.

● 단순한 시설이긴 했으나, 많은 성에 화장실이 있었다

화장실이 처음으로 성채에 설치된 시기는 11세기경이다. 가드로브라고 불리는 성채를 돌출시킨 부분에 사각지대를 만들고 그곳에 동그란 구멍이 뚫린 돌의자를 설치했다. 사용자가 동그란 구멍으로 용무를 보면 배설물이 성채의 성벽 하부나 성채 밑의 해자, 하천, 호수와 늪으로 바로 떨어지는 구조다. 초보적인 하수 처리 시스템이 갖추어진 곳에서는 배설물이 성탑 최하층으로 운반되어 커다란 거름 저장고에 모아졌다. 거름 저장고는 농부들이 일 년에 1~2회 깨끗하게 처리해야 했다. 그 외에도 거주자는 침실용 요강을 사용했고, 내용물은 벽 너머로 쏟아버렸다.

후대가 되면 가드로브와 거름 저장고 또는 해자를 연결하는 관이 설치된다. 스트라이딩 오브요크셔에 있는 레슬성에는 변소용 작은 탑이 세워졌다. 포위형 돌출부라 부르는 구조가 오물을 가두어 보다 효율적으로 배출했다.

물을 사용하는 배수 설비 전반은 역시 성의 건물 내부에 설치되었다. 식사 전에 손을 씻는 것은 중요한 의식이 되었고, 배수구가 달린 수반이 설치되었다. 물을 대량으로 쓰는 주방에는 커다란 설거지대가 마련되었다. 사용한 물은 배수구로 흘러 들어갔고, 배수구는 외벽 위의 토수구로 이어졌다.

소수의 대규모 석조 주탑 중에는 납 파이프로 된 하수 처리 시스템을 갖춘 곳도 있다. 이 기술 자체는 고대 로마 시대부터 있었으나, 납 파이프가 희소하여 일반적으로 설치되지는 않았다. **위생면**은 크게 우선해야 하는 사항으로 생각되지 않아 유력한 영주조차 일 년에 잦아야 2~3회 목욕하는 정도였다.

가드로브(화장실)과 수반

● 가드로브의 구조

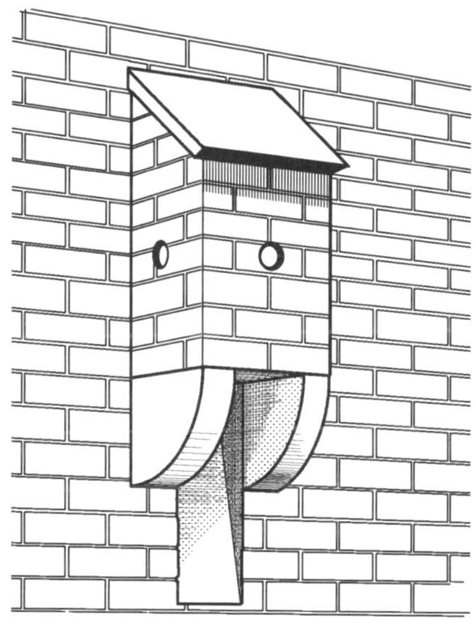

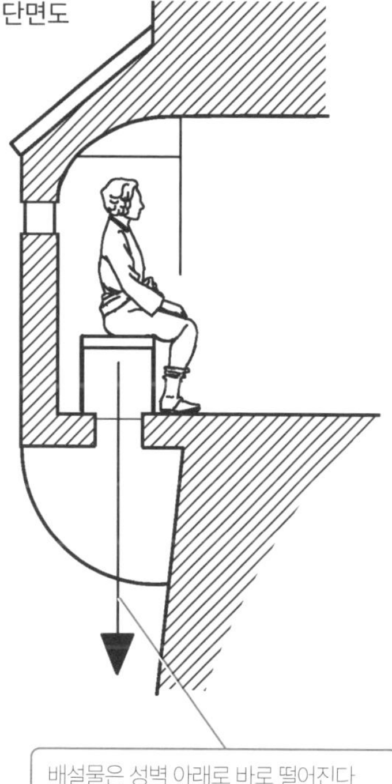

가드로브는 성벽 바깥쪽으로 튀어 나가게 만들었다

배설물은 성벽 아래로 바로 떨어진다

● 수반

식사 전에 손을 닦는 것은 중요한 의식이었다

관련 항목

● 심각한 위생 상태 → No.038

No.034

성채 도시의 농업

근처 밭에서 수확되는 농작물이 성채 도시의 주된 식료원이 되었다. 곡물과 과실, 건초 등이 재배되고 소비되었다.

● 농작물은 주위의 밭에서 가져왔다

성채 도시에서 사는 사람들이 먹는 농작물 대부분은 근처 밭에서 수확하는 것이었다. 밭을 경작하는 농민은 근처 마을에 살았고, 전쟁이 일어나면 **가축**과 함께 성채 안으로 피난하여 재난을 피했다.

중세의 주요 작물은 밀, 보리, 호밀, 오트밀 등의 곡물류였다. 유럽 북부 지방 대부분에서 보리는 밀만큼 중요시되었다. 보리는 추위에 강하고 맥주의 원료가 되기 때문이다. 남쪽에서는 와인을 선호하여 밀을 더 중시했다. 오트밀은 일반적으로 가축의 사료로 쓰였지만, 기근 때는 비축용 식량에 포함시켰다.

과일도 과수원에서 재배되었다. 당시 과일은 귀한 음식이었으며, 대부분 콤포트(설탕 절임)로 만들거나 겨울에 대비하여 건조시켜 비축하는 용도로 쓰였다. 또 과실 와인 및 리큐르의 원료로도 사용되었다. 포도가 가장 많이 재배되었으며, 프랑스, 이탈리아, 스페인에서 와인은 부의 원천이 되어주었다. 사과, 배, 복숭아, 체리 등 오늘날 널리 알려져 있는 품종 대부분이 중세 시대에 품종 개량된 것이다. 감귤류는 지중해 연안 지역 사람만 아는 고가의 과일이었다.

중세 시대 농작업은 엄청난 중노동이었다. 밭을 경작하고 씨를 뿌리고 가을에 작물을 거두어들이기 위해 일 년 내내 쉴 새 없이 일했다. 파종은 목과 허리에 매단 천주머니에 담긴 씨를 손으로 직접 뿌리는 방식으로 이루어졌다. 가래로 땅을 개간할 때는 소를 이용했다. 건초를 베는 것도 중요한 일이었다. 가축의 사료가 되었기 때문이다. 남자들은 큰 낫으로 풀을 베었고, 여자들은 이를 긁어모아 산처럼 쌓았다. 벤 건초는 말이 끄는 건초 마차에 실어 농작물과 함께 성채 안으로 운반했다. 성채 도시 안에도 텃밭이 있었으나 지극히 소규모였다.

근처의 밭이 성채 도시의 식생활을 뒷받침했다

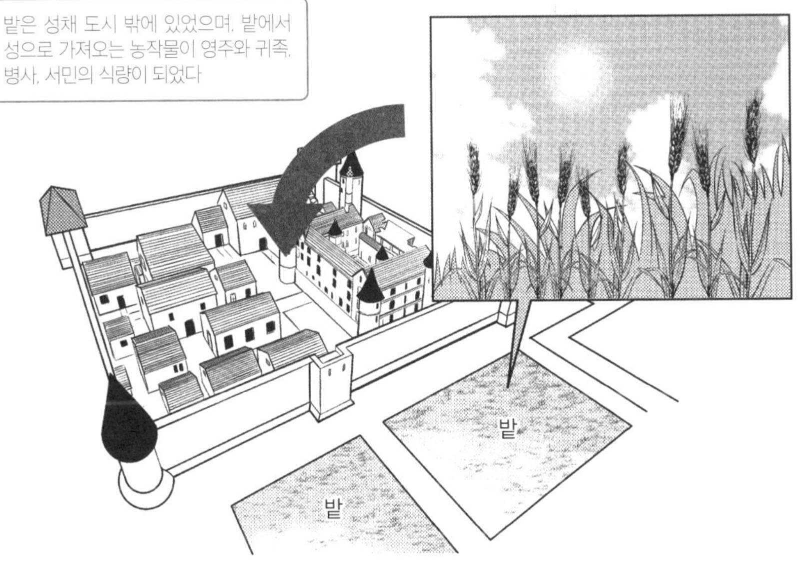

주위 밭에서 수확한 작물을 성채 안으로 운반하여 소비했다

성채 도시에서 소비된 주요 농작물

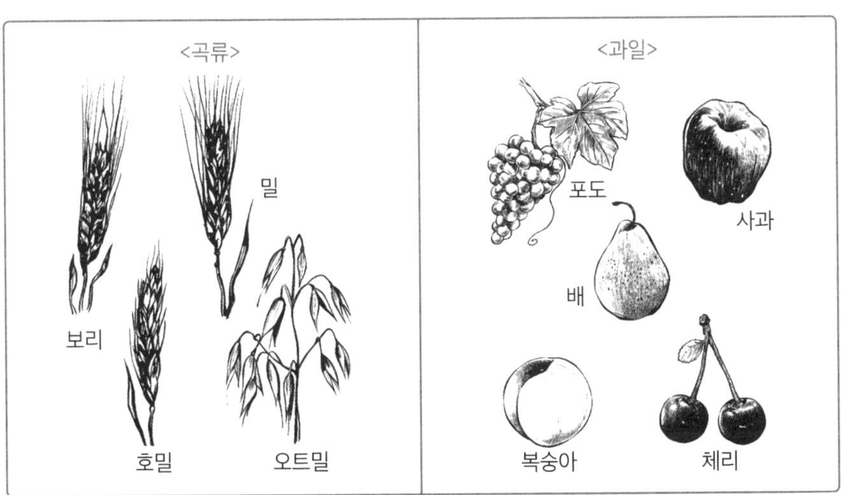

관련 항목

● 성채 도시의 축산업 → No.035
● 성채 도시 주민은 평소에 무엇을 먹었을까? → No.036

No.035

성채 도시의 축산업

성채 도시에서는 다양한 종류의 가축을 사육했다. 고기를 먹기도 하고, 젖을 가공하기도 하고, 모피를 옷 만드는 데 이용하기도 했다.

● 식용, 의류 제작용, 공방전 때는 무기로도 사용된 가축

성채 도시에서 사육한 가축은 주로 식용으로 이용되었다. 성의 안뜰에서 키우거나 밖의 들판에서 방목했고, 밤이 되거나 위험이 닥치면 안으로 들여놓았다. 겨울이 되면 많은 가축이 식육으로 처리되었다. 겨울에는 작물이 수확되지 않아 봄이 되기 전에 사료가 떨어졌기 때문이다. 고기는 소금에 절이거나 훈제하여 저장실에 매달아 보관했다.

식용 가축으로는 닭, 오리, 거위, 공작, 토끼, 돼지 등을 성채 안뜰(베일리) 변두리에서 사육했다. 이런 형식은 프랑스에서 많이 관찰되며, 상기의 동물을 오늘날도 「아니모 드 바스쿠어(animaux de basse-cour)」, 즉 「안뜰 변두리의 동물들」이라고 부르는 것은 이 때문이다. 젖소도 성채 도시 근처에서 사육되었고 우유와 그 부산물을 공급받았다. 부산물은 성채 도시 내부 양조장에서 버터로 만들어졌다.

중세의 동물은 오늘날과 비교하여 체형이 작고 살집이 적었다. 그래서 고기와 젖을 많이 얻을 수 없었다. 예를 들어 양도 오늘날의 종보다 작고 살집이 없었지만, 가죽은 양피지가 되었고 양모는 옷을 만드는 데 반드시 필요했기 때문에 무척 유용하게 쓰였다. 토끼도 식용으로도 먹고 모피도 이용했다. 돼지는 모양새가 멧돼지와 비슷했으며, 오늘날의 돼지처럼 뚱뚱하지 않았다. 그래서 식용으로도 먹었지만, 리트리버처럼 훈련시켜 사냥할 때 사냥개 대신으로 이용하기도 했다.

공방전이 벌어지면 발굽 있는 가축류를 안뜰 내에 수용하다가 필요에 따라서 도살했다. 이는 부패한 가축 사체를 공격에 이용하기 위함이다. 하지만 때때로 농성 측은 사체가 썩기 전에 성채 위로 옮겨 일부러 보란 듯이 고기를 구웠다. 식료가 충분하므로 포위 공격을 해보아야 헛수고임을 적에게 드러내기 위해서였다.

성채에서는 많은 가축을 사육했다

● 아니모 드 바스쿠어

사육장의 동물들

닭, 오리, 거위, 공작, 토끼, 돼지 등

식용 외의 가축 이용법

①도살하여 부패시킨 후 적진에 던지는 공격 방법으로 이용한다

②도살한 고기를 성벽 위에서 구워, 먹거리가 풍부함을 적에게 드러낸다

● 용도가 광범위한 양은 특히 유익한 동물

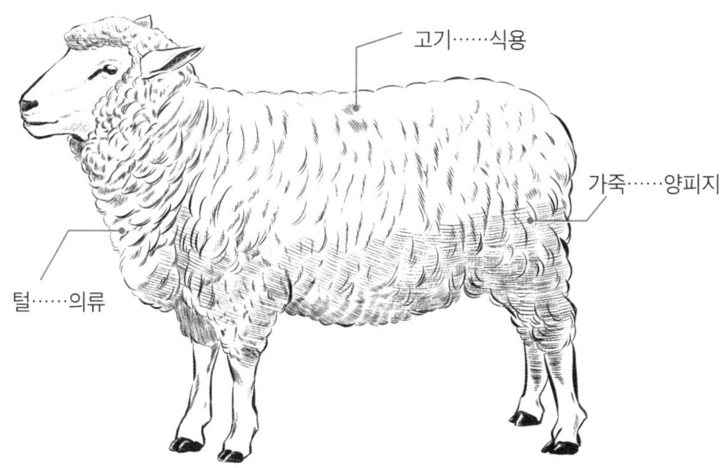

No.036

성채 도시 주민은 평소에 무엇을 먹었을까?

중세 성채 도시 내에서는 유복한 가정과 빈곤한 가정이 먹는 음식이 상당히 달랐다. 가축은 부산물까지 남김없이 모두 이용했다.

● 유복한 집은 매일 고기, 가난한 집은 콩류

유복한 가정만 고기를 상비해두고 먹었다. 주식인 빵을 보충할 음식으로 거의 매일 식탁에 올랐다. 성채 주방에 있는 난로로 소고기, 양고기, 어린 양고기, 사슴고기, 그리고 닭고기 등을 로스트했다. 소 한 마리를 통째로 구울 수 있는 거대한 난로가 적지 않았던 듯하다. 그 밖에 잘게 썰어서 스튜에 넣기도 했다.

농민에게 육류는 좀처럼 먹을 수 없는 귀한 음식이었다. 일반적으로 농민이 수렵하는 것은 금지되었으며, 어디까지나 **영주**와 측근의 유흥으로서만 허락되었다. 그래서 농민은 사슴의 내장 등, 사냥 후 남기고 간 것으로 만족해야 했다.

도시에서는 시민이 부유해짐에 따라서 고기 소비량이 늘어났다. 그중에서도 돼지고기를 소금에 절여 보존하는 경우가 많았고, 깊은 숲으로 뒤덮인 북방·중앙·동방 유럽에서는 훈제하여 보존했다. 피, 내장, 콩팥 등의 부산물은 소시지의 재료가 되었고 비교적 장기간 보존할 수 있었다.

반면, 야채 소비량은 각각의 토지 상황에 따라서 크게 달랐던 듯하다. 오늘날 우리에게도 친숙한 양배추는 옛날부터 여러 곳에서 수확되어 사람들이 하찮게 여겼다. 중앙 및 동유럽에서는 사워크라우트(양배추 초절임)를 통에 넣어 보관했다.

병아리콩, 렌즈콩, 누에콩 등의 콩류는 빈민의 귀중한 단백질원이었다. 콩은 그대로 건조시켜 조리하거나 겨울을 위해 비축해두었다. 콜리플라워와 케일과 같은 녹황색 채소는 그리 일반적이지 않았다. 뿌리채소는 당근, 순무, 비트 등을 먹었다. 채소는 거의 수프와 스튜로 조리했으며, 생야채 샐러드를 먹기 시작한 시기는 르네상스 시대부터이다.

빈부 차가 식탁 위에서 요리로 드러나다

● 영주를 비롯한 부자가 먹은 음식

● 가난한 사람이 먹은 음식

관련 항목

● 영주의 생활상 → No.051

No.037

겨울 및 농성 대비용 비상식

농작물을 수확할 수 없는 겨울과 농성하는 공방전에 대비하여 성채 도시는 비상식을 보존했다. 육류는 물론이고 과일과 어류도 비축했다.

● 겨울과 공방전에 대비하다

성채 도시에서 식량 비축은 중요한 문제였다. 왜냐하면 겨울이 되면 아무것도 수확할 수 없기 때문이다. 돼지고기는 소금에 절였고, 피와 내장, 콩팥 등 부산물은 소시지로 만들어 보존했다. 또 육류는 훈제하기도 했다. 그래도 반쯤 썩는 경우가 많아 역한 냄새를 덮기 위해 허브와 스파이스로 풍미가 강한 소스를 만들어 조리했다.

또 농작물을 수확할 수 없는 겨울에는 사람 먹을 음식뿐 아니라 **가축**에게 줄 사료 확보도 골치 아픈 문제였다. 이에 겨울이 되기 전에 많은 가축을 도축했다.

겨울 시즌뿐 아니라 공방전이 벌어져 성안에서 버텨야 할 때를 위해서도 식량을 비축해야 했다. 그래서 성채 내에는 군수품 보관고 외에 식량 비축고도 마련하는 경우가 많았다.

성채가 공격군에 포위됐을 때 여자의 역할은 전투 중인 병사들에게 식량을 날라다 주는 것이다. 긴급 시에는 여타 주민도 각자의 집에서 식량을 추렴했다. 그리하여 모인 식량은 배급제로 분배되었고 주민은 각자 할당량을 받아먹었다.

또 사순절에는 유럽 전체에서 어류가 대량으로 소비되었는데, 어류는 어디서나 손쉽게 구할 수 있는 식품이 아니었다. 연안 지방에서 수입해야 하므로 소금에 절인 후 통에 담아 내륙으로 운반했다. 어류 무역은 이익이 많이 나는 장사였기 때문에 운송에 드는 통행료와 매출세를 받는 영주와 도시 입장에서도 이익이 쏠쏠했다.

과일도 건조시켜 겨울에 대비하여 비축했다. 건포도, 건살구, 대추야자 등의 건조 과일이 성채 도시 사람들의 식탁에 올랐다.

힘든 시기를 극복하기 위한 비상식

● 비축하는 주요 비상식

돼지고기 소금 절임, 소시지, 훈제육, 건포도, 건살구, 대추야자

농성 때는 식량을 지급하느라 눈코 뜰 새 없이 바쁘다

농성 때의 역할

병사
성벽에서 활 등으로
적을 공격한다

서민
식량이 부족할 시
집에서 식량을 추렴한다

여성
전투 중인 병사에게
식량을 가져다준다

관련 항목

● 성채 도시의 축산업 → No.035

No.038

심각한 위생 상태

중세의 위생 관념은 현대의 위생 관념하고는 전혀 달랐다. 영주조차 일 년에 몇 번밖에 목욕하지 않았고, 청소도 웬만해서는 하지 않는 것이 상식이었다.

● 악취가 나고 기생충이 들끓는 것이 보통

성채 생활은 근처 촌락과 비교하면 호화롭고 쾌적했을 것이다. 하지만 근대 이후의 위생 관념으로는 상상할 수 없는 수준이었다. **가드로브**(화장실)가 성채에 설치된 것은 11세기경. 동그란 구멍 밖으로 배출된 배설물이 그대로 성벽 하부 또는 바로 밑의 해자, 하천, 호수와 늪으로 떨어졌으니 그야말로 지독한 냄새를 풍겼을 것이다.

또 대부분의 성채에는 욕실이 없었다. 성주와 성주 부인이 목욕하겠다고 하면 하인들이 4층이나 5층에 있는 침실까지 욕조를 옮겼다. 그러면 영주는 반신욕을 했다. 그러나 입욕하는 것은 일 년에 한 번, 많아야 두세 번 정도였다. 크리스마스, 부활절, 성령강림절과 같은 중요한 축일, 결혼식 등의 특별한 날에 한정되었다.

상황이 이렇다 보니 최하층에 있는 접시닦이 하녀에서부터 성주에 이르기까지 모든 사람 몸에 기생충이 들끓었다고 해도 이상할 것이 없다. 근처 촌락과 마을에는 돈을 받고 전문적으로 이를 잡는 사람이 있었을 정도이다.

성채 바닥에는 등심초가 깔려 있었는데, 중요한 축하연이 다가올 때만 몇 개월에 한 번 청소했다. 벼룩에게는 이상적인 번식지였다. 또 홀을 돌아다니는 것은 물론이고 영주의 침대에 올라가는 것까지 허락받았던 영주의 사냥개는 우수한 **페스트** 운반자(보균자)였다. 침구에서도 빈대가 끓었는데, 한 달에 한 번밖에 세탁과 건조를 시키지 않았기 때문이다.

더운 여름에는 파리가 주방의 음식물 주변을 날아다녔고, 쓰레기는 바닥에 깔아놓은 등심초 위에 쌓였고, 배설물은 가드로브 아래 축적되어 이리저리로 세균을 퍼트렸다. 하지만 중세 사람들은 세균과 역병의 관계를 몰랐기 때문에 아무렇지 않게 불결한 생활을 했다.

근대 이후의 위생 관념하고는 완전히 달랐다

● **가드로브(화장실)**

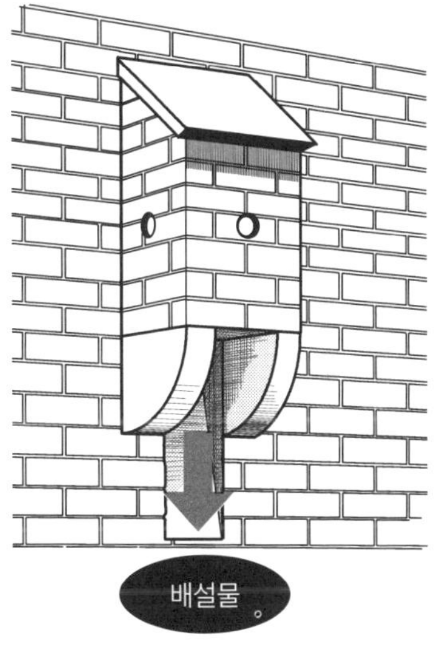

성벽 밑에 배설물이 잔뜩 쌓여 있다

영주조차 일 년에 두세 번 목욕할 뿐

영주의 침대는 사냥개가 기어 올라가 이가 들끓었고, 청소도 몇 개월에 한 번밖에 안 했으며, 악취가 나고 파리가 날아다녔다

비위생적인 환경은 벼룩과 세균의 이상적인 번식지

관련 항목

● 화장실 · 배수(변소용 탑) → No.033
● 흑사병(선페스트)의 만연 → No.039

No.039

흑사병(선페스트)의 만연

14세기 중엽에 갑자기 흑사병의 재난이 유럽 전체를 휩쓸었다. 의사는 무력했고, 인구의 3분의 1이 사망했다.

● 수상한 치료에 의지할 수밖에 없었던 중세의 사람들

14세기 유럽에서는 흑사병(선페스트)이 만연하여 엄청난 수의 사망자가 나왔다. 그중에서도 도시 사망률이 높았는데, 이탈리아 베네치아에서는 60%에 달했을 정도였다. 또 프랑스 아비뇽에서는 6주 사이에 1만 1,000구의 사체가 매장되었다. 주민 모두가 죽거나 달아난 지역도 있었다.

병마의 대유행 앞에 의사는 무력했다. 대부분의 중세 의사는 병의 원인이 전적으로 독성 발산물, 즉 악취에 있다고 생각했다. 그래서 병을 치료하기 위해 향기 나는 가루를 불에 지피고 가느다란 초를 태웠다. 또는 말린 오렌지에 허브와 달콤한 향기가 나는 향낭을 채워 그것을 코에 대라고도 했다. 개중에는 환자를 **하수도**에 앉혀두는 의사도 있었다. 배설물 냄새가 독성 발산물을 쫓아준다고 생각했던 듯하다.

치료약을 처방하는 의사도 있기는 했다. 하지만 운 좋게 그런 의사를 만날 수 있는 사람은 부자뿐이었다. 환약의 형태로 처방된 약의 성분에는 푹 끓인 양파, 10년산 당밀, 박하와 알로에 등의 허브류, 비소 등의 금속제 가루, 여기에 잘게 부순 에메랄드까지 포함되었다. 하지만 이와 같은 고가의 약도 흑사병을 치료하지는 못했다.

사상자가 속출하는 상황에 사람들은 피폐해질 대로 피폐해졌다. 서민은 일을 그만두고 술집을 전전하며 현실에서 도망치듯이 왁자지껄하게 떠들었다. 이방인 때문에 흑사병이 만연하는 것이라 단정하고 고문하거나 나아가서는 학살까지 하는 사례도 적지 않았다.

14세기 중엽에 되면 흑사병의 폭풍이 드디어 유럽을 떠났지만, 당시 유럽 전체 인구의 3분의 1에 달하는 무수한 사망자가 나왔다. 하물며 흑사병은 그 후로도 수차례 사람들을 덮쳤고, 16세기까지 대략 4~12년마다 유행을 반복했다.

중세 시대 의사는 악취가 페스트의 원인이라고 생각했다

● 수상한 의사의 수상한 치료

병의 원인은 독성 발산물(악취)이다

모든 치료법이 효과가 없었고 많은 사람이 사망했다

관련 항목

● 화장실 · 배수(변소용 탑) → No.033

No.040

오락(음유시인 · 스포츠 · 도박)

성채 도시에서는 왕후 귀족부터 서민까지 모두가 다양한 오락을 즐겼다. 음유시인과 예능인, 행상인 등이 최신 화제를 제공했다.

● 축일 오락이라면 사족을 못 썼던 중세 사람들

성채 도시에는 다양한 즐거움이 있었다. 왕과 영주, 귀족은 수렵과 매사냥을 즐겼고, 기사는 마상창 시합으로 강인함을 겨루었다. 그 밖에도 레슬링과 거친 구기 운동 등 위험을 동반하는 스포츠를 즐겼던 듯하다. 또 당시 어른들은 아이들이 하는 놀이도 즐겼다. 예를 들어 술래잡기 등이다. 남녀를 불문하고 다 큰 어른이 술래가 되어 눈을 가리고 다른 사람을 잡으려고 쫓아다녔다.

실내에서 느긋하게 시간을 보낼 때는 보드게임을 하거나, 유랑 연예인을 불러다 놓고 그가 읊는 음악과 이야기에 귀 기울였다. 음유시인은 북과 손풍금 소리에 맞추어 자신도 혼파이프를 불며 시를 읊었다. 롤랑과 같은 전설 속 영웅의 무훈시를 암송하는 자도 있고, 귀부인을 향한 사랑을 노래하는 자도 있었으며, 아서 왕의 기사단과 같은 기사도 이야기도 인기가 있었다. 음유시인과 유랑 연예인이 이런 부류의 오락을 제공했는데, 왕과 귀족 중에는 어릿광대를 데리고 있는 자도 있었다.

또 성스러운 날에는 종교 제의가 행해졌다. 이날은 신분이 낮은 자도 노동에서 해방되는 축일이었다. 신성한 날인 「홀리 데이(holy day)」가 바로 휴일을 뜻하는 「홀리데이(holiday)」의 어원이다.

성스러운 날에는 곧잘 시장이 열렸다. 보부상과 행상인이 성채 도시로 들어와 최신 상품과 화제를 제공했다. 또 격투기, 댄스, 축구, 양궁, 닭싸움, 곰 괴롭히기(개를 자극하여 쇠사슬에 묶인 곰을 공격하도록 하는 놀이) 등의 다양한 오락을 즐겼다. 사람들은 흥겹게 놀이를 즐겼고, 미사에 참석하기보다 술집에 삼삼오오 모였으며, **교회** 입구에서 토론하기도 했다. 하지만 교회는 이와 같은 오락에 비판적이었던 듯하다. 이탈리아 시인 페트라르카에 따르면 교회 관계자가 「사람들이 춤추는 꼬락서니가 지옥이 따로 없다」고 말했다고 한다.

축일에는 시장이 열렸다

● 음악과 이야기를 읊는 유랑 연예인이 인기였다

성스러운 날은 신분 낮은 노동자도 쉬는 날이었다. 성채 도시 안에서는 시장도 열렸다. 또 많은 오락으로 분위기가 달아올랐는데, 교회 관계자는 이에 대해 비판적이었다.

관련 항목

● 예배와 교회 → No.043

No.041

성채 도시에서 지켜야 하는 규율

중세 사회는 엄격한 봉건 제도하에 유지되었다. 성채 도시에서도 뿌리 깊게 남존여비 사상을 교육했으며, 범죄자는 잔혹하게 처벌했다.

● 남존여비의 봉건 제도와 잔혹한 형벌

중세 서유럽은 봉건 제도 체제가 사회의 기반을 이루었다. 봉건사회의 최고위에는 영주가 있었다. 귀족은 병력이 되는 대신에 **영주**로부터 토지를 받았고, 농민은 노동력을 제공하는 대신에 토지 일부를 빌려 썼다. 하지만 많은 농민은 귀족의 개인 소유물이었기 때문에 거의 아무런 권리도 부여받지 못했던 것이 현실이다.

남존여비 사고방식도 일반적이었다. 로마 가톨릭교회의 영향이 강한 사회에서 정치와 권력을 움켜쥐었던 사람은 늘 남성이었다. 여성은 밖에서는 웃어서도 안 되었고 얼굴도 가려야 했다. 걸을 때는 똑바로 앞만 보며 걸으라고 가르쳤다. 여성의 중요한 의무는 출산뿐이라고 생각했기 때문이다.

당시 생활에서 빈곤과 흉악 범죄는 흔한 일이었다. 도시에는 수많은 사건 기록이 남겨져 있다. 런던의 소매상 윌리엄 드 그림즈비 사건을 예로 들겠다. 1322년 1월 어느 화요일 밤, 그림즈비는 조궁장 레지널드 드 프리스톤을 때려죽였다. 조궁장의 시끄러운 노랫소리와 고함소리 때문에 잠을 잘 수 없었다는 것이 이유였다. 그림즈비는 벌로 재산을 몰수당했는데, 작은 돼지 두 마리와 망가진 테이블, 오래된 모시 시트와 담요 한 장이 전부였다는 기록이 남아 있다.

당시에 심문할 때는 고문을 하는 것이 보통이었다. 형벌도 잔혹했으며, 민중이 보는 앞에서 집행했다. 1317년에 길버트 미들턴 경은 매복하고 있다가 주교에게 강도 행각을 벌였다. 체포되어 유죄 판결이 내려졌고, 그는 시가지를 거쳐서 교수대까지 질질 끌려갔다. 또 목매달린 후 아직 살아 있는 상태로 끌어내려져 참수되었다. 그리고 몸통에서 머리와 사지를 잘라내어 각지로 보내 본보기로 보였다.

엄격한 신분제와 잔학한 죄와 벌

● 봉건 제도 체계가 사회의 기반

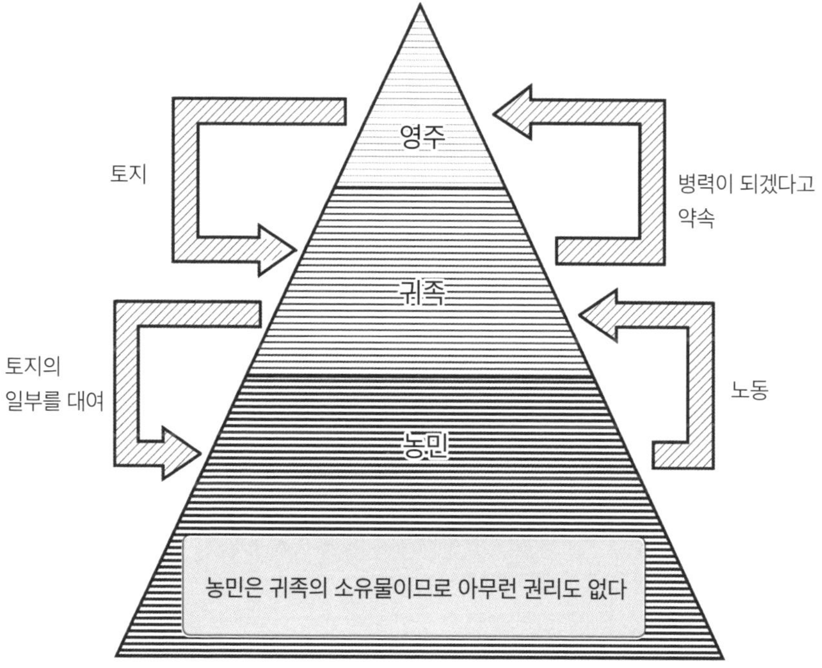

잔학한 중세 사회

빈곤은 일상이고, 흉악 범죄는 만연했다.
고문은 당연하게 여겨졌으며, 죄인은 민중 앞에서 교수형에 처해지는 잔혹한 시대였다.

● 남존여비 사고방식이 일반적

여성은 차별받았다

정치에 참여할 수 없고 권력이 없다	밖에서 웃어선 안 된다	중요한 의무는 출산뿐

관련 항목

● 영주의 생활상 → No.051

No.042

학교 등의 교육 기관

14세기경 도시에서는 교육 기관이 급속하게 발전했다. 유복한 가정의 자녀는 대학에도 갔으나, 잔학한 폭력 사건이 끊임없이 발생했다.

● 급속하게 교육이 보급된 한편, 한쪽에서는 폭력사태도……

14세기 무렵부터 **영주**의 자녀는 수도원부속학교(남성 전용)에서 교육받거나, 귀족의 집에서 기사 견습생이 되었다. 유복한 집안의 딸도 수도원부속학교(여성 전용)에 보내거나 혹은 전속 가정교사를 붙여 집에서 교육시켰다.

한편 유복하지 않은 어린이는 프랑스와 독일에서는 「리틀 스쿨」에 다니는 것이 보통이었다. 리틀 스쿨에서는 남녀가 함께 종교, 예절, 노래, 계산, 그리고 라틴어를 조금씩 공부했다. 그 밖에도 수도사가 수도원 성벽 밖에 있는 건물에 학교를 세웠고, 수도사나 수녀와 마찬가지로 어린이를 교육하기도 했다.

이윽고 도시가 커지고 무역이 발달하자 상인들은 자식들에게 더 많은 교육을 하길 원했다. 그래서 만들어진 것이 독일에서는 「슈타트슈렌(국립 학교)」이고, 영국에서는 「그래머스쿨(전통적 교육 기관)」이다. 모든 남학교는 수업료가 없었다. 하지만 당시에는 책과 종이, 잉크 등이 무척 고가였기 때문에 교육 그 자체에 돈이 들었다.

흑사병의 재앙이 지나간 후 여러 대학과 칼리지가 창립되었다. 많은 지식인 남성이 죽었기 때문이다. 1348년에 창립된 프라하대학, 1379년에 창립된 옥스퍼드의 뉴 칼리지 등이 유명하다.

대학 생활은 결코 쾌적하지 못했던 듯하다. 학생 대부분이 성직자였음에도 불구하고 일반인과 마찬가지로 폭력적이었으며 예의를 몰랐기 때문이다. 옥스퍼드에서는 학생이 노상강도 짓을 했고, 파리에서는 학생이 밤마다 강당에 여자를 끌어들였다. 대학이 학생들에게 「어려운 문제를 낸 시험관을 찔러 죽이는 것을 금한다」고 선언했을 정도로 분위기가 험악했다.

학교는 늘었지만 학생은 불량했다

● **유복한 가정의 교육**

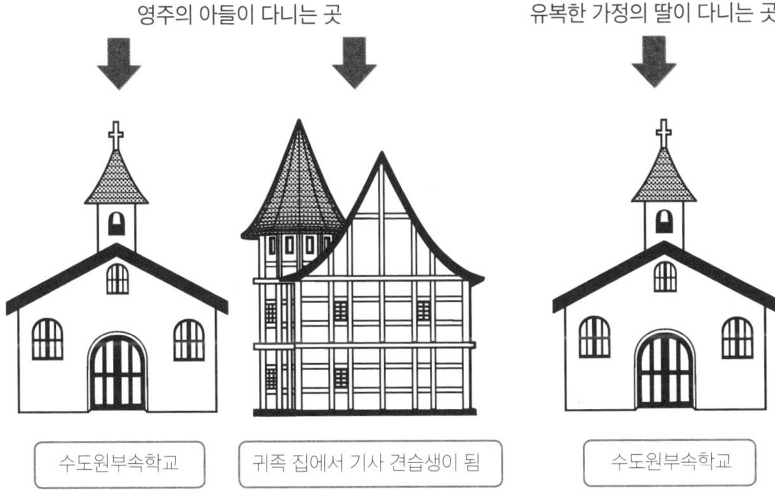

● **유복하지 않은 가정의 교육**

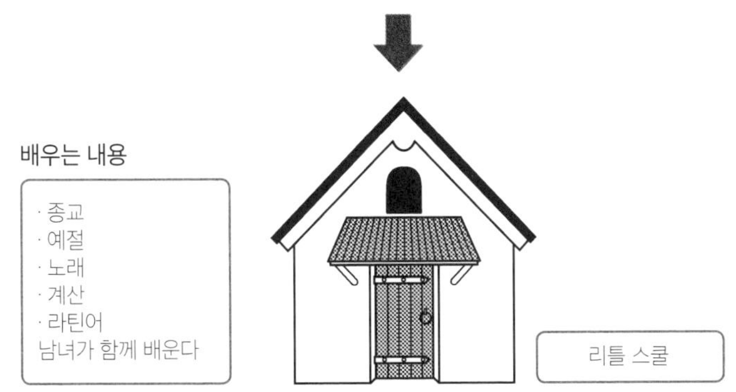

흑사병이 휩쓸고 간 후 대학이 차례로 창립되었지만, 면학에 힘써야 하는 학생이 강도질, 음행, 폭행, 살인 등을 일삼았다.

관련 항목

● 영주의 생활상 → No.051

No.043

예배와 교회

신앙심 두터운 중세 사람들에게 교회 예배는 중요한 생활의 일부였다. 하지만 부유해진 교회는 점차로 부패해갔다.

● 돈과 권력에 빠져 부패한 교회

중세 유럽 사람들은 신앙심이 두터웠다. 태어나면 교회에서 세례를 받았고, 죽으면 교회 묘지에 매장되었다. 이 세상에서는 신에게 버림받을까 봐 두려워했고, 저 세상에서는 지옥에 떨어질까 봐 겁먹었다. 귀족과 유복한 상인은 죽은 후 자신을 위해 미사를 올려달라며 사제에게 거액의 돈을 남겼다.

교회는 사회에서 중요한 역할을 담당했다. 수도원장과 주교는 지도자에게 조언하는 역할을 했고, 성직자는 정부와 귀족을 대신하여 편지를 대필하거나 기록하는 일을 했다. 수도원에서 간호 담당자는 병으로 일할 수 없게 된 지역 사람을 간호했고, 자선 담당자는 가난한 사람들에게 은혜를 베풀었다. 또 환대 담당자는 여행자를 돌보았다. 이러한 봉사에 대한 대가로 왕과 귀족들은 교회에 토지와 돈을 건넸다. 나아가 교회는 농민의 생산물과 상인이 벌어들이는 매출의 10분의 1을 세금으로 거두어들였다.

그 결과, 교회는 부를 축적했고 동시에 권력을 가지게 되었다. 군대를 거느리고 말달려 전장으로 달려가는 주교의 모습은 군주와 다를 것이 없었다. 교회의 가르침에 거역한 것으로 의심되는 자는 이단자라 부르며 화형에 처했다. 돈과 폭력을 뜻대로 쥐고 흔드는 교회는 부패했고, 추기경끼리 싸우는 일도 적잖이 발생했다.

대성당은 도시 중앙에 세워졌고 사치스러운 장식과 스테인드글라스로 장식되었다. 사제는 목제 제단 건너편에서 라틴어로 예배식을 올렸다. 대부분 사람들에게 예배는 지루하고 의미 없는 것이었는지, 신도들은 예배 중에 잡담을 하거나 싸움을 했고 몸싸움을 시작하는 자도 있었다. 이윽고 사람들은 사치와 권력에 빠진 교회를 증오하게 되었다. 1347년에 이탈리아 가에타 사람들은 법왕의 징세원(세금을 징수하는 사람)을 붙들어 **감옥**에 넣고 세금으로 뜯겼던 돈을 다시 빼앗았다.

사치스럽게 장식된 교회

● 사람들의 생활에 반드시 필요했던 교회의 역할

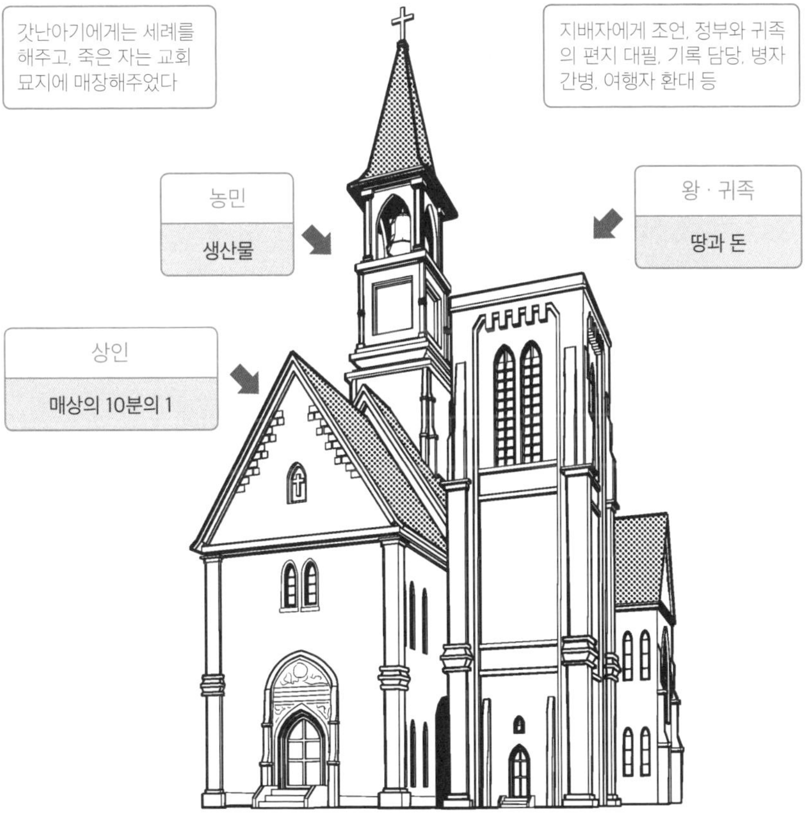

갓난아기에게는 세례를 해주고, 죽은 자는 교회 묘지에 매장해주었다

지배자에게 조언, 정부와 귀족의 편지 대필, 기록 담당, 병자 간병, 여행자 환대 등

농민
생산물

왕 · 귀족
땅과 돈

상인
매상의 10분의 1

봉사에 대한 보상으로 교회는 부를 축적해갔다

그 결과……

주교는 군대를 소유하게 되었고, 이단자는 화형에 처했으며, 추기경끼리 권력 싸움을 벌였다

관련 항목

● 죄인은 어디에 수용했을까? → No.045

No.044

성채 도시의 하루

많은 성채 도시가 소규모였는데, 낮은 상인들로 북적였지만, 해가 지면 사람들은 창문을 닫아걸고 집 밖으로 나오지 않았다.

● 종소리와 사람들 싸움 소리로 가득했던 성채 도시

성채 도시의 하루는 종소리로 구분되었다. 아니, 구분되었다기보다 쉴 새 없이 울렸다. 종소리로 문이 열릴 때, 시장·예배·시의회가 시작될 때 등을 알렸기 때문이다. 또 왕비가 탄생했을 때도 울렸다. 또 피렌체에서는 노동종이 근무 시작 시각과 종료 시각을 알려주었다.

많은 성채 도시는 규모가 작았다. 인구가 2,000명이 안 되는 곳이 대부분이었다. 피렌체와 파리와 같은 큰 도시의 인구조차 20만 명이 안 되었을 정도이다.

인구는 적었으나 성벽으로 둘러싸인 좁은 스페이스는 사람들이 복작거리는 떠들썩한 공간이었다. 수레와 말은 동그란 돌이 깔린 좁은 도로 위를 덜컹덜컹 큰 소리를 내며 오갔고, 포고 사항을 알리는 관원은 정기 시장 열리는 날짜, 집 매물 정보, 결혼식 일정 등을 큰소리로 알리며 돌아다녔다. 또 "향신료 사십쇼! 후추 사십쇼!", "소갈비살도 있고, 파이도 많습니다!"라며 상품을 권하는 행상인과 소매업자의 목소리가 여기저기서 터져 나왔고, 거지가 구걸하는 부르짖음까지 한 데 섞여 그야말로 떠들썩했을 것이다.

한편, **불결함**도 성채 도시가 안고 있던 큰 문제 중의 하나였다. 시의회는 작업원을 돈 주고 고용하여 쓰레기 청소를 시켰지만, 거리가 더럽다는 항의가 끊이질 않았다. 사람들이 모두 쓰레기와 배설물을 길과 하천에 버렸기 때문이다. 도시가 지독한 악취로 가득하여 외국 상인들이 냄새가 없어질 때까지 방문하지 않겠다고 통보했을 정도다. 깨끗한 물을 살 여유가 없는 사람들은 도시에 있는 하천과 뒤뜰에 있는 **우물**, 또는 강에서 물을 퍼 와야 했다.

불빛 한 줄기 없는 밤에는 도둑들이 활개를 쳤다. 해가 지면 성문을 닫고 소등종을 울렸다. 종소리가 울려 퍼지면 주민들은 쇠살문을 닫고 문에 빗장을 걸고 잠자리에 들었다.

매우 떠들썩했던 성채 도시

● 종소리와 사람 소리로 가득한 낮

성문 앞

아침을 알리는 종소리가 울리면 성문이 열린다

거리

짐을 실은 마차가 거리를 오간다

시장

도시 상인과 행상인이 목소리를 높여 여러 가지 물건을 판다

광장 등

관리가 종을 울리며 결혼식 일정 등을 알린다

● 시민들의 하루

종소리와 함께 노동 시작	식사는 포장마차 거리에서	일이 끝나면
상인은 옷 등을 거래한다. 농민이 도시로 나와 가축과 농작물을 팔기도 했다	독신 남성이 많은 도시에서는 포장마차에서 식사하는 것이 보통이었다. 타르트와 파이 등을 팔았다	빵집 겸 술집에서 술 마시는 사람도 있었으나, 안전을 생각하여 서둘러 귀가했다

문을 닫아건 밤

깜깜한 밤은 도둑들의 시간.
사냥감을 찾아 배회한다

그래서 시민들은 쇠살문을 닫고
문에 빗장을 걸었다

관련 항목

● 방어면에서도 중요한 역할을 한 우물 → No.032
● 심각한 위생 상태 → No.038

No.045

죄인은 어디에 수용했을까?

포획한 죄인이나 포로는 성의 어디에서 수용했을까? 성채 도시에서의 죄수 취급 방식은 중세와 중세 이후가 다르다.

● 초기에는 성탑 최상층에, 르네상스 이후로는 지하 감옥에

성채 도시 안에서도 특히 견고한 성은 죄인을 가두어두기에 최적이다. 하지만 실제로 성이 죄인을 가두어두는 감옥으로 사용된 것은 중세 이후이다. 그 이전에는 늘 즉결 재판으로 벌금이나 수족 절단, 또는 사형이 집행되었기 때문에 죄인은 장기간 수용할 필요가 없었다. 성에 유폐되거나 고문당하거나 처형되는 장면이 나오는 이야기는 거의 17~18세기 이후에 쓰인 것이다.

그렇다면 죄인은 대체 성 어디에서 수용했을까? 성 아래층이나 지하에 갇혔을 거로 생각하겠지만, 그렇지 않다. 사실 일반적으로 죄인은 탈옥하기 힘든 성탑 꼭대기에 감금되었다. 예를 들어 웨일스 공 그리피드는 아버지에게 반항하고 잉글랜드의 왕이자 명장인 윌리엄 마셜을 공격했다가 반대로 붙들려 투옥된다. 그리고 도망치려다 런던탑에서 추락했다는 이야기가 있다. 보통 성채에서 가장 높은 곳은 주탑, 즉 프랑스어로 말하자면 「돈존」이다. 그래서 「던전」이라는 단어가 감옥과 동의어가 된 것이다. 그 후 르네상스 시대에 감옥이 지하에 설치되자 성채의 이곳을 던전이라고 부르게 된다.

하지만 「지하 감옥」이라고 불렸던 방 대부분이 술과 식량 저장고로 쓰였고, 접근하기 힘든 방만 감옥으로 사용되었다. 그런 방을 「우블리에트(비밀 감옥)」라고 불렀는데, 프랑스어로 죄수를 잊고 방치한다는 뜻이다. 지하 감옥에 수용한 죄인의 목에는 칼을 채웠고, 도망치지 못하도록 벽이나 기둥에 쇠사슬로 묶어놓았다. 존왕의 성 지하실에는 지금도 기둥에 쇠고랑이 연결되어 있다. 단, 지위가 높은 귀족 등은 이와 같은 취급을 받지 않았다.

감옥은 성탑 최상층에서 지하실로

● 감옥이 있는 주탑

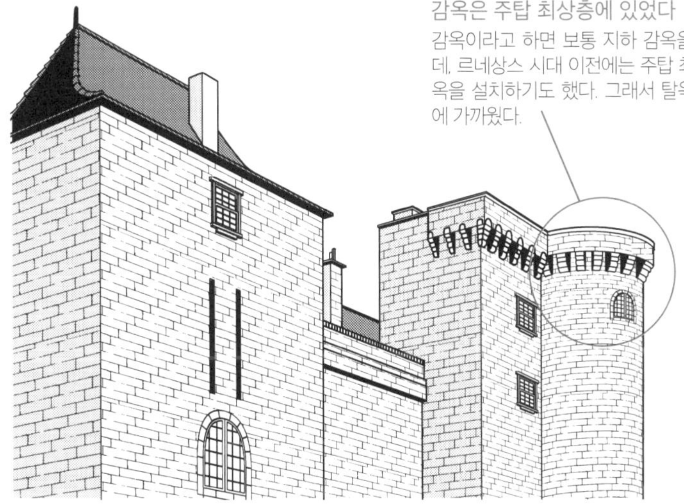

초기에는 감옥을 주탑(돈전)에 설치했다

후에 죄수를 지하실에서 수용하면서 던전(돈존)이 감옥이라는 뜻이 된다

지하 감옥에 수용된 죄수는 목에 칼을 차고 있었는데, 지위가 높은 자는 특별 취급을 받았다

No.046

전투 시 서민의 역할

성채 도시를 적이 공격해오면 일반 시민도 그저 도망치거나 숨지 않고, 남녀 모두 병사와 함께 적에 대항했다.

● 전투 시에는 일반 시민도 중요한 역할을 했다

적이 공격해오면 성채 도시에 경계종이 울렸다. 그러면 사령관의 명령에 따라 병사들은 즉시 전투태세를 갖추었다. 이때 성채 주변에 사는 농민 등은 가축과 함께 성채 내부로 피난했다.

전투가 시작되면 일반 시민도 방어에 참여했다. 성채 도시에서 공방전이 발생했을 때 시민의 역할은 병사의 역할만큼이나 중요했다. 일반 시민은 크게 두 집단으로 나뉘었다. 한 집단은 힘이 센 사람과 무기를 쓸 수 있는 사람으로 구성되었고, 다른 집단에는 가족을 부양하는 가장, 노인, 그리고 전투 경험이 없는 사람 등이 포함되었다. 남은 집단 사람들은 성벽 방어와 주야 순찰을 담당했다.

여자들의 역할은 전투 중인 사람들에게 식량을 운반해주는 일이었다. 식사 준비도 여자들의 일이었다. 아이를 업은 채 쉴 새 없이 양동이로 물을 가득 퍼 나르는 일은 엄청난 중노동이었을 것이다. 물은 식수로서뿐 아니라 적의 공격으로 발생한 화재를 진화하는 데도 쓰였다. 또 여성들은 부상자도 치료했다. 부상자가 나오면 마을의 집으로 옮겼다. 집은 탄환과 화재에 견딜 수 있도록 둥근 석조 천장으로 되어 있고 튼튼하게 지어져서 전쟁 시 임시 병원으로 사용하기에 부족함이 없었다.

전쟁 중에는 식량과 물을 엄격하게 할당하여 배급했다. 이는 병사든 시민이든 똑같았다. 세밀하게 할당량을 관리하면 만일 전쟁이 길어져 **농성전**이 되더라도 충분히 버틸 수 있기 때문이다.

공방전이 장기화되어 상황이 어려워지면 모든 주민은 자신들의 식량을 군대용 상점에 상납해야 했다. 그리고 각자 상점에서 그날의 할당량을 배급받았다. 이처럼 전쟁이 발생하면 자신들의 성채 도시를 지키기 위해 병사와 일반 시민이 하나가 되어 싸웠다.

전투 시에는 역할을 분담하여 효율적으로 움직였다

● 전투가 시작되면 시민은 두 집단으로 나뉘었다

힘센 사람, 무기를 쓸 수 있는 사람

➡ 전투 전방으로

가족을 부양하는 가장,
노인, 전투 경험이 없는 사람들

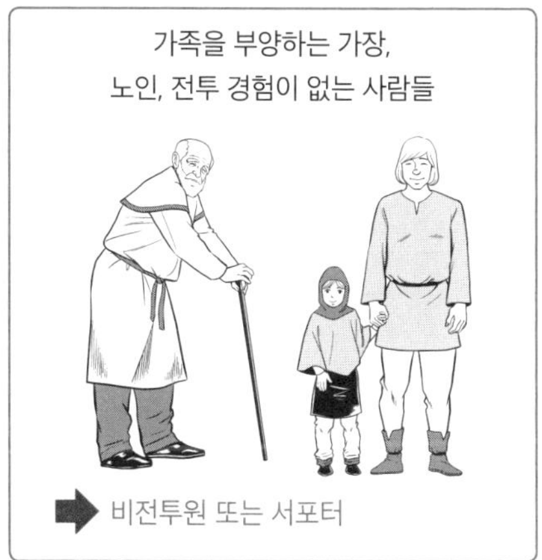

➡ 비전투원 또는 서포터

남은 집단 사람들은 성벽 방어와 순찰을 담당했다

● 여성도 다양한 역할을 수행했다

· 전투 중인 사람들에게 식량을 운반한다
· 식사 준비
· 물을 양동이로 퍼 나른다
· 부상자 치료 등

● 공방전이 장기화되면……

모든 주민

⬇ 식량을 모두 상납한다

군대용 상점

⬇ 주민A ⬇ 주민B ⬇ 주민C ⬇ 주민D ⬇ 주민E

모은 식량을 균등하게 재분배한다

관련 항목

● 겨울 및 농성 대비용 비상식 → No.037

No.047

밀리샤(민병 조직)

초기에 한정된 수의 기사로 구성되었던 군대는 이윽고 밀리샤라고 불리는 민병 조직으로 된 대규모 부대로 교체되었다.

● 민병 조직에 시민 대부분이 참여

성채 도시 수비대는 성에 주둔하며 방어하는 임무를 수행했다. 그들은 생계를 해결하는 대가로 영주를 위해 싸우며 성을 수비했다. 이윽고 기사는 자신의 땅에 집을 짓고 교대로 성을 경비하기 시작했다. 또 전시뿐 아니라 영주가 외출할 때 경호하는 것 또한 기사의 임무였다. 성채는 평소에 소수의 수비대밖에는 보유하지 않았으며, 전시 때도 수백 또는 수천 명 규모가 보통이었다.

하지만 공격 측일 경우 대규모 부대를 동원하면 우위에 설 수 있다. 이를 보여주는 것이 밀라노 공방전이다. 1158년에 프리드리히 바르바로사(붉은 수염)는 약 1만 5,000명의 기병과 5만 명이 조금 안 되는 보병으로 밀라노를 포위 공격했다. 병사 대부분은 이탈리아 출신이었다. 그리고 1개월 후 4만 밀라노 주민이 **항복**했다.

이 포위전에서 큰 전력이 된 것은 밀리샤(민병대)였다. 밀리샤는 인구가 많은 도시 등에서 시민에 의해 조직된 집단이다. 그들은 당시 가장 유력한 군인이었다. 왜냐하면 시민 대부분이 밀리샤에 참가했기 때문이다. 밀리샤 병사는 평상시에는 보통의 시민으로 장사나 가내공업을 하며 생활했다.

그 밖에도 이탈리아반도에는 군을 초집하기 위한 많은 수단이 있었다. 12세기 말에 프리드리히 바르바로사가 제3차 십자군을 위해 3만 명이 넘는 군인을 동원할 수 있었던 것은 보병 대부분이 동맹국에서 온 파병군이었기 때문이다. 전원지대의 경우에는 동원할 때 봉건적인 관계에 의존할 수도 있었다.

대규모 부대를 동원하는 이러한 전투 방식이 공방전 방식까지 바꾸어 놓았다. 이전에는 개개의 요새를 목표로 했는데, 이후로는 제 도시 전체를 포위 공격하기 시작했다. 이로 인해 축성 디자인도 혁신된다.

밀리샤의 등장으로 공방전의 형태가 바뀌었다

전쟁이 나면 기사가 싸우는 것이 당연한 시대였다

그런데 밀라노 포위전의 승리로 혁신이 일어남

1만 5,000명의 기병과 약 5만 명의 보병으로 밀라노를 포위 공격

프리드리히 바르바로사(붉은 수염)가 이끄는 대규모 부대에 포위된 4만 밀라노 주민이 항복했다. 큰 전력이 되어 전쟁을 승리로 이끈 것은 민병대(밀리샤)였다

밀리샤

평상시		전투시
장사나 가내공업 등을 하며 일반 시민으로 생활		무기를 들고 기사의 지휘하에 전쟁에 참여한다

이를 계기로 부대도 대규모화되고 축성 디자인도 혁신된다.

관련 항목

● 항복 → No.100

No.048

반란과 진압

중세의 엄격한 봉건 제도에 의문을 품는 자는 없었다. 하지만 흑사병으로 노동자가 부족해지자 사람들의 의식에 변화가 생겼다.

● 흑사병이 노동자의 권리 의식을 일깨우다

중세는 봉건 제도를 철저하게 지켰으며 귀족과 서민의 신분 차는 엄격했다. 하지만 사람들의 의식이 변화한 것은 **흑사병**이 유행하면서부터이다. 병으로 사람들이 차례로 죽어가자 노동력이 부족해졌다. 그러자 노동자들은 자신들의 발언권이 세졌음을 문뜩 깨닫는다.

1349년 6월 프랑스 도시 아미앵에서 흑사병이 대유행한다. 이때 목소리를 높인 것이 무두장이들이었다. 그들은 「커다란 노동력 손실을 메우기 위해」라며 높은 임금을 요구했다. 노동자의 임금이 올라가면 물가도 올라간다. 부자 계급들은 생활 수준을 유지하기 위해 더 많은 돈이 필요해졌다. 그러자 무려 정부가 나서서 노동자가 더 많은 임금을 받는 것과 사치스러운 생활을 하는 것을 금하는 법률을 발했다.

이와 같은 규제에 노동자는 사납게 분노한다. 1358년 프랑스에서 「자크리(농민들이 입었던 솜을 넣은 자켓)」라는 농민 봉기가 일어났다. 몇 개의 성이 불탔고 피살된 귀족도 있었다.

또 1381년 헨트에서는 방직공들이 플랑드르 백작을 상대로 반란을 일으켰다. 잉글랜드에서는 2만 명의 농민으로 이루어진 「격노한 군중」이 와트 타일러라는 노병을 선두로 런던을 행진하며 큰 소리로 「영주도 우리와 마찬가지로 주군이 아니어야 한다!」라고 외쳤다. 프랑스에서는 「마이오탱(경비용 작은 망치. 그들이 약 3,000개를 빼앗아서 이와 같이 이름 붙임)」이라 불린 반역자가 파리와 루앙에서 유대인과 부유한 사람들을 살해하는 사건이 발생했다.

하지만 모든 반란은 곧 진압되었다. 말을 탄 기사가 상대인 만큼 처음부터 농민에게는 승산이 없었다. 귀족은 인정사정없이 반란을 진압했고 발견하는 즉시 반란자를 때려잡았다.

귀족과의 격차에 서민의 분노가 폭발

● **계기는 흑사병 대유행**

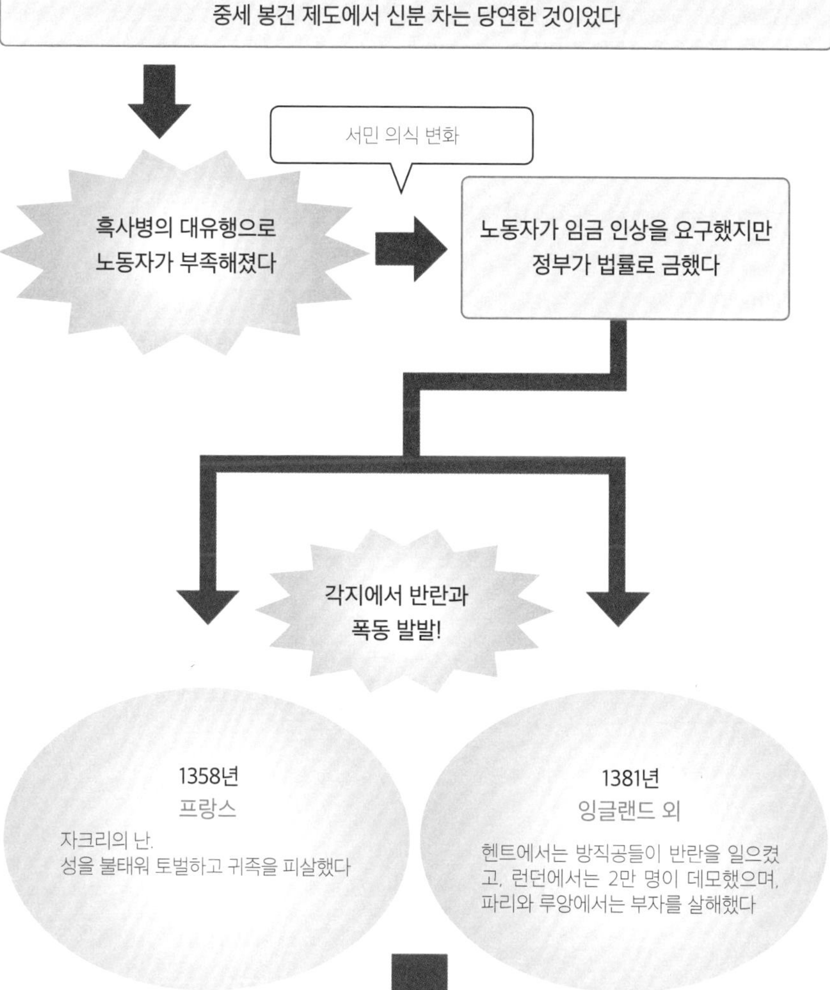

관련 항목

● 흑사병(선페스트)의 만연 → No.039

No.049

도시에서 장사할 수 있는 사람은 길드 회원뿐

도시 상인과 직인은 길드를 결성하는 것이 일반적이었다. 길드 회원이 아니면 도시에서 장사할 수 없었다.

● 동업자는 서로 도우며 제품의 시장 가치를 지킨다

길드란 동업자조합이다. 성채 도시 시내에서는 길드 회원만 장사하는 것이 허용되었다. 또 회원이라도 밤에 장사하거나 멋대로 가격을 인하하여 판매해선 안 된다는 규칙이 있었다. 한편 길드는 제품 품질에도 신경을 썼다. 품질을 높은 수준으로 유지하지 못하는 회원이 있으면 벌금을 부과하거나 길드에서 추방했다.

여성이 길드 정회원이 되는 일은 좀처럼 없었다. 부유한 상인 집안에서 태어났고 **교육**도 받은 남자는 어릴 때부터 장사에 뛰어들었다. 그래서 어린이가 길드에 등록되기도 했다. 그다지 유복하지 않은 상인의 자식은 직인 우두머리에게 돈을 지불하고 견습으로 일하며 장사를 배웠다. 견습생은 수행 기간을 마치고 각지에서 경험을 쌓음으로써 어엿한 한 명의 직인이 되었다.

또 길드는 현대와 마찬가지로 복지 제도도 실시했다. 런던 직물상 길드는 회원한테서 매주 6페니를 걷었다. 모인 돈은 가난한 회원을 서포트하는 데 사용했다. 유복한 길드가 되면 학교를 개설하거나 양로원을 운영했다. 또 가난한 회원의 장례식비를 대주기도 하고, 축일에는 오락 거리를 준비하는 등 복리 후생에 힘썼다.

길드 중에는 막대한 영향력을 가진 길드도 있었다. 도시의 유력한 상인들로 결성된 상인 길드는 국왕이 내린 특허장을 받아 도시 정권을 움켜쥐기에 이른다. 이처럼 길드는 동업자끼리 서로 협력함과 동시에 시장 내 제품 가치를 유지했고 지위를 향상시키는 역할도 했다.

상인과 직인의 삶을 뒷받침하는 동업자조합

길드 규칙

· 성채 도시에서는 길드 회원만 장사할 수 있다
· 밤에 장사하거나, 멋대로 가격을 인하해서는 안 된다
· 제품의 품질을 일정 수준으로 유지해야 한다

지키지 않을 시에는 벌금 또는 길드에서 추방

● 길드의 복리후생

①

길드 회원으로부터 매주 6페니를 걷는다.

런던의 직물상 길드

모은 돈 가운데 일부로 가난한 회원을 서포트했다.

②회원한테서 걷은 돈은 생활 향상에 이용했다.

학교 개설	양로원 운영
가난한 회원의 장례식비 지원	주일에 오락거리 준비

등

● 길드 회원이 될 수 있는 사람은?

기본적으로 남성만 가능
여성은 다음과 같은 일에 종사했다.

정육점, 철물점, 구둣가게, 반찬가게, 제본소, 자수사, 금속세공사 등

관련 항목

● 학교 등의 교육 기관 → No.042

No.050

성채 도시의 세금과 난민 수용

성채 도시는 영주의 땅이기 때문에 주민은 세금을 내야 했다. 난민을 수용하는 것 또한 도시 발전 단계에서는 필요한 일이었다.

● 도시로 사람이 모여드는 다양한 이유

성채 도시가 세워진 땅은 본래 그 고장 영주의 소유지였다. 이에 도시 주민은 영주에게 세금을 지불하고 그 고장 사람과 마찬가지로 그 땅에서 일해야 했다.

이 대원칙은 **중세 도시가 발달한 이유**와 관련이 있다. 예를 들어 큰 수도원이나 성 주변에서 발달한 도시가 있다고 하자. 사람들은 그곳이라면 침략을 안 받지 않을까 하는 바람을 품고 몰려든다. 또는 그 고장 농민들이 모여 농작물을 팔던 큰 마을들이 시장 도시로 발달하는 경우도 있다. 항구와 강의 합류 지점, 왕래가 많은 교차로 등 무역 거점이 되는 곳이 도시로 성장하기도 한다. 이와 같이 발전한 도시에는 다양한 사람들이 모여든다. 경작 노동의 고통과 영주의 박해를 견디지 못한 많은 농민이 피난 장소를 찾아 도시로 도망쳤다. 그들은 만약 일 년간 잡히지 않으면 자유의 몸이 될 수 있었다.

또 도시가 발전하는 데 빼놓을 수 없는 요소가 있었다. 그것은 국왕 또는 지역 귀족한테서 특허장의 형태로 승낙받는 것이다. 특허장으로 승낙받으면 도시는 자치 도시가 될 수 있었다. 또 독자적으로 법률을 만들거나 자체적으로 재판을 할 수 있게 된다.

성채 도시를 둘러싼 튼튼한 성벽이 외부의 침략을 막아주었다. 사람들은 안전하고 싶어서 또는 장사를 하려고 다양한 지역에서 몰려들었다. 이리하여 도시가 점점 발전해 나갔다.

사람이 모여들어 성채 도시가 발전해 나간다

큰 수도원이나 성 주변에서 도시 발달

농작물을 판매하는 큰 마을들이 모여 시장 도시로 발전

돈을 벌고 안전을 확보하기 위해 사람들이 모여든다

항구나 강이 합류하는 지점, 왕래가 많은 교차로 등의 무역 거점

영주의 박해를 받고 도망친 농민이 자유를 찾기 위해 유입

※1년간 잡히지 않으면 자유의 몸이 된다

다양한 이유로 도시가 발전하고 대규모화되었다

성채 도시의 세금

● **대원칙……성채 도시는 영주의 소유지**

· 주민에게 부과된 의무
· 납세의 의무
· 노동의 의무

자치 도시가 되면서 자유 시민(브루주아)이 주도권을 잡았다

국왕 등으로부터 특허장을 받으면 자유 시민이 될 수 있다

관련 항목

● 성채 도시는 왜 생겨났는가? → No.003

No.051

영주의 생활상

성채 도시를 포함한 토지 전부를 소유하는 영주는 사치스러운 생활을 했다. 의식주 전부가 자신의 부를 과시하는 데 이용되었다.

● 프라이버시 확보, 호화로운 의식주

영주는 성의 주인이다. 신분은 소제후부터 왕까지 다양했다. 유력한 영주의 커다란 성은 안락한 거주지로서는 물론이고 행정청사의 역할도 수행했다. 또 영주라는 것은 자신의 방을 가지고 프라이버시를 확보할 수 있다는 것을 의미했다. 왕과 대영주는 여러 개의 크고 작은 성을 소유했으며, 부하를 성 대리로 임명하여 성을 대신 지키게 했다.

식탁도 서민하고는 전혀 달랐다. 부자는 식사에 많은 재산을 썼다. 요리사를 존중했고, 급료도 거하게 지불했다. 또 식자재도 엄선하여 골랐으며 구입에 시간과 수고를 아끼지 않았다. 겨우 두 마리의 연어를 구하기 위해 웨스트민스터에서 113km나 떨어진 런던까지 말을 보냈다는 이야기가 있을 정도이다.

요리는 고기가 메인이었다. 까치, 다람쥐, 영양, 가마우지, 쥐돌고래, 고래, 바다표범, 백조의 뇌 등 온갖 고기 요리를 먹었다. 고기는 소금에 절여 보관했지만 그래도 반쯤 썩는 경우가 많아 악취를 없애기 위해 허브와 스파이스를 넣은 풍미가 강한 소스로 양념했다. 한편 채소는 양파 외에는 쓰지 않았다. 채소는 가난한 사람이나 먹는 음식으로 생각했기 때문이다.

이와 같은 사치스러운 생활에 열중하는 한편 영주는 일상적으로 행하는 단련도 게을리 하지 않았다. 영주는 동시에 기사였고, 필요에 따라서 국왕을 위해 싸울 것이 요구되었기 때문이다. 많은 영주가 마상 시합에 참가하여 무술을 연마했다.

커다란 성의 영주는 호화로운 의복으로 권위를 과시하는 데도 열심이었다. 연회나 왕을 맞이하는 공식 석상에서는 특히 신경을 썼다. 은으로 된 호화로운 벨트 장식에는 도금을 했고, 섬세한 조각이 세공된 것도 몸에 걸쳤다. 영주끼리 또는 일족이나 가신에게도 습관적으로 자신의 부를 과시했다.

권력을 과시하기 위해 사치 경쟁을 하다

● 쾌적한 주거

자신의 방을 갖고 프라이버시를 확보. 여러 개의 크고 작은 성을 소유했으며, 성을 지키는 일은 부하에게 맡겼다

● 호화로운 식사

고기 요리가 메인. 까치, 다람쥐, 영양, 가마우지, 쥐돌고래, 고래, 바다표범, 백조의 뇌 등

●권력을 과시하기 위한 의복

15세기의 정장용 가운, 우플랑드. 연회 때와 왕을 맞이할 때는 특히 신경을 썼다

관련 항목

● 성채 도시 주민은 평소에 무엇을 먹었을까? → No.036

암스테르담의 물의 장벽

대항해 시대에 해양의 주역이었던 네덜란드. 그러한 네덜란드의 수도 암스테르담에 국토 면적의 약 4분의 1이 해수면보다 낮은 네덜란드다운 방어 시설이 1883년부터 1920년까지 건설되었다.

그 방어 시설이 바로 세계 유산에 등록된 암스테르담 방어선(바리케이드 선이라고도 부른다)이다. 유럽의 많은 도시가 돌이나 벽돌로 쌓은 성벽으로 방어한 것과 달리 암스테르담이 이용한 것은 제방이었다. 그렇다고 제방 자체가 방어력의 핵심이었던 것은 아니다. 놀랍게도 도로를 침수시키는 방법으로 방어력을 높였다.

암스테르담 주변 도로를 자유자재로 침수시킬 수 있는 기능을 갖춘 제방으로 도시를 감쌌다. 전체 길이는 135km에 달한다. 유사시에는 불과 48시간 만에 도로와 간척지를 0.5~1.5m 수위의 물로 채워 적의 침략을 저지할 수 있다.

별 대단한 수위가 아니라고 생각할지도 모르나 그것이 바로 이 방어선의 노림수이다. 0.5~1.5m라는 수위는 보병이나 포병대가 걷기에는 너무 깊고, 그렇다고 배로 건너기에는 너무 낮은 수위이다. 그래서 한번 침수시켜버리면 침략 측은 공격 수단이 한정되어버린다.

"물의 장벽"만 갖춘 것이 아니라 암스테르담을 중심으로 15km 권내에 무려 45개의 요새를 건축하고 각각에 대포를 설치했다. 물론 모든 요새는 수몰의 영향을 받지 않는 곳에 위치하기 때문에 방어선의 병사는 신속하게 이동할 수 있다. 물로 인해 기동력을 잃은 다수의 침략 측 병사를 대포의 희생물로 만드는 전법이다. 또 각 요새는 식량 창고, 무기고, 그리고 통신실 기능을 보유하며 만전의 방어 태세를 갖추고 있다.

암스테르담 방어선이 최종적으로 완성된 것은 1920년이지만, 실전 투입 가능해진 시기는 1914년이다. 1914년은 다들 아는 바와 같이 제1차 세계대전이 개전된 해이다. 방어선이 암스테르담 도시를 구할 영웅처럼 활약했을 거로 예상하겠지만, 실은 한 번도 군사적으로 이용된 적이 없다.

왜 그랬을까? 세계의 군사 주력 무기가 육전병기에서 항공병기로 변했기 때문이다. 도로를 침수시킨들 막을 수 있는 것은 지상 부대의 행군뿐이다. 암스테르담 상공으로 날아드는 공군 부대에는 그 어떤 방어력도 가지질 못했다.

가령 완성된 시대가 중세였더라면 방어선은 크게 활약했을 것이다. 활을 든 보병과 기사를 태운 말이 물에 발목 잡혀 오도 가도 못 한 채 대포 공격에 파멸적인 대미지를 입는 그런 풍경이 펼쳐졌을 것이다.

그 후 방어선은 제2차 세계대전까지 실전에 대비하여 지속적으로 관리되었으나, 결국 실력 발휘할 기회는 도래하지 않았고, 시대에 뒤처졌다는 낙인이 찍힌 채 1960년에 사실상 해체되었다.

제3장
성채 도시의 공방

No.052

에스컬레이드(성벽을 기어오르다)

축성 기술과 공방전 기술은 함께 발전해 나갔다. 먼저 공격하는 측, 즉 포위 공격 기술의 기본적인 수법인 에스컬레이드부터 살펴보자.

● 성채를 습격하는 가장 단순한 방법

성채는 공방전에서 도시를 보호하기 위해 발전해 나아갔다. 말할 것도 없이 공격 측도 마찬가지로 다양한 방법을 강구했다. 공방전 기술은 축성 기술과 마찬가지로 오래전부터 존재했다.

통상적으로 공격군은 성벽 앞에 도달하려면 먼저 **해자**를 넘어야 한다. 소규모의 해자라면 과감히 점프하거나 또는 통나무나 두꺼운 판자를 걸치고 넘으면 된다. 하지만 너무 깊거나 넓거나 혹은 해자가 공성 기계의 전진을 막을 때는 해자를 메워야 한다. 이때 물로 채워진 해자일 경우에는 먼저 해자에서 물을 뺀다. 그 후 토사, 암석, 목재, 거목의 나뭇가지 다발 등으로 매립한다.

이리하여 해자를 넘었으면, 성채를 습격하는 가장 단순한 방법은 「에스컬레이드(성벽 등반)」라고 불리는 방법이다. 사다리를 이용하여 성벽이나 성탑을 기어오르는 것이다. 당연히 사다리는 **흉벽**에 닿을 만큼 충분히 길어야 한다. 하지만 이때 공성 측은 지극히 불리한 입장에 서게 된다. 사다리를 타고 올라가는 공성병은 표적이 되기 쉽기 때문이다. 몸을 보호해주는 것은 자신의 갑주뿐이다. 그 외에 의지할 것이라고는 아군 궁병의 엄호 사격뿐이다.

또 공격 목표인 성벽이 **망루**를 갖추고 있는 경우에는 오르기 전에 파괴해두어야 한다. 그렇지 않으면 공성 측이 누의 지붕에 서게 되어서 근처 성탑에 있는 궁병의 좋은 표적이 되기 때문이다.

에스컬레이드는 **충각**으로 충격을 주는 방법보다 훨씬 신속한 공격 수단이다. 그래서 기본적인 포위 공격 기술로 널리 이용되었으나, 단독으로는 결정력을 지닐 만큼의 위력이 없어서 보통은 여타 작전과 동시에 쓰는 경우가 많았다.

사다리로 성벽을 기어오르다

사다리를 타고 올라가는 병사는 성벽 상부에 있는 적군의 타깃이 될 수 있다. 궁병 등이 에스컬레이드를 엄호 사격한다

관련 항목

- 공성병기2 파성추(충각) → No.054
- 도랑과 해자의 중요성 → No.070
- 흉벽 · 머치컬레이션 → No.072
- 망루에서 큰 돌과 뜨거운 물로 공격 → No.074

No.053

공성병기1 벨프리(가동식 공성탑)

에스컬레이드하기 힘든 성채를 공격할 때 이용한 것이 벨프리였다. 가동식 목조탑은 충격을 주는 데는 효과적이었으나, 이동에 어려움이 있었다.

● 성벽에 붙이면 각 층에 배치된 병사가 돌격

견고하게 수호 중인 성채를 **에스컬레이드**하는 행위는 자살 행위가 될 수 있다. 이럴 때 해결책이 되는 것이 벨프리(공성탑)였다. 벨프리는 바퀴 달린 목조탑이며, 아시리아의 자료에도 그려져 있는 고대부터 존재해온 공성병기이다.

벨프리는 다층 구조로 되어 있어서 각 층에 공성병이 탈 수 있다. 몇 층이 되는가는 벨프리 높이로 정해졌으며, 벨프리 높이는 성벽 높이에 맞추었다.

벨프리의 옥상 또는 옥상 근처에는 목조 도개교를 설치했다. **흉벽** 근처에 충분히 접근하면 즉시 다리를 놓기 위함이다. 그러면 벨프리에 배치되어 있던 병사들이 적의 흉벽 위로 돌격하는 전법이다. 더 복잡한 구조의 벨프리에는 추가로 궁병용 층을 마련하여 위에서 아래로 적을 향해 활을 쏠 수 있도록 했다. 또 개중에는 하부층에 **충각**을 달아 성벽에 타격을 줄 수 있게 만든 것도 있었다.

벨프리는 운송하기가 상당히 어렵다. 잉글랜드의 리처드 1세(리처드 사자심왕)는 키프로스에서 만든 벨프리 부품을 본토로 운송한 다음 아크레 공방전 전에 조립하는 등의 방법을 취했다.

하지만 더 어려운 것은 공격 직전에 이 대규모 구축물을 해자 건너편으로 운반하여 성벽에 접근시키는 것이었다. 하지만 벨프리는 대규모 구축물이라서 **해자**를 건너 성벽에 접근시키는 것 자체가 상당히 어렵다. 이를 위해서는 먼저 해자를 횡단하는 견고한 둑을 쌓아 성탑이 자체 높이와 중량으로 뒤집어지지 않도록 해야 했다. 겨우 해자를 건너더라도 결코 평평하지 않는 지형에서 탑이 기울지 않을 장소로 진중하게 이동시켜야 했다. 또 성채에서 원거리 병기가 빗발처럼 쏟아지는 상황에서 작전을 펼쳐야 했기 때문에 결코 쉬운 일이 아니었다.

여러 층에 많은 사람을 싣고 한 번에 쳐들어간다

● 벨프리의 단면도

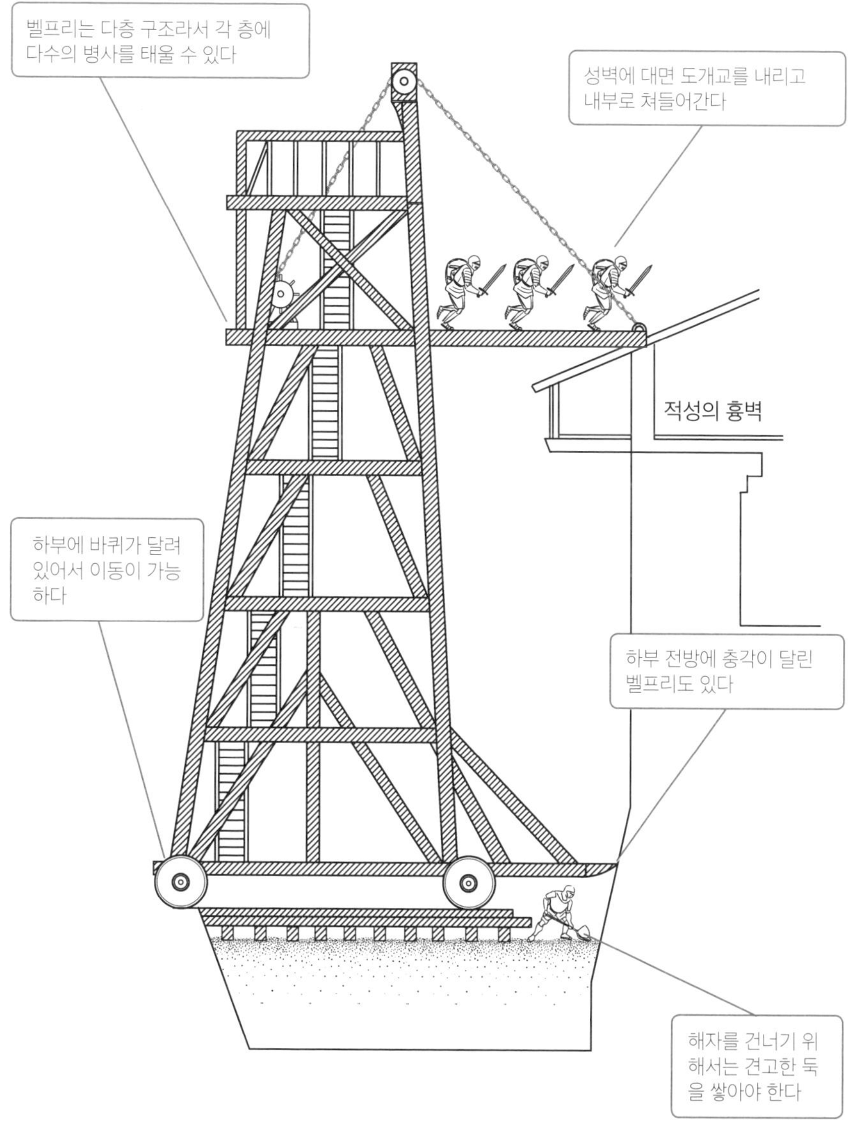

관련 항목

- ● 에스컬레이드(성벽을 기어오르다) → No.052
- ● 공성병기2 파성추(충각) → No.054
- ● 도랑과 해자의 중요성 → No.070
- ● 흉벽 · 머치컬레이션 → No.072

No.054

공성병기2 파성추(충각)

파성추(충각)는 공성병기 중에서도 가장 오래된 형태의 것이다. 통나무를 진자처럼 흔들어 타격하는 공격은 목제 성문을 격파하는 데 대단히 효과적이었다.

● 통나무로 후려쳐 성문을 파괴하다

파성추(충각)는 가장 오래된 형태의 공성병기이다. 나무로 된 외부 문과 내부 문을 격파하는 데 사용되며, 소규모 성문이라면 소부대 병력으로 운반할 수 있는 묵직한 통나무로도 충분한 타격을 줄 수 있다.

하지만 이보다 큰 대규모 성문이나 성벽 본체로 향할 때는 충각을 전용 가대에 실어 운반했다. 더 발전한 형태 중에는 바퀴가 달린 가대에 나무줄기나 커다란 통나무를 매단 것도 있었다. 틀에 매달린 버팀목으로 인해 파성추는 전보다 훨씬 강력하고 큰 힘으로 타격할 수 있었다.

하물며 노동력을 절약하며 반복적으로 앞뒤로 움직여 장해물을 때릴 수 있다는 이점도 있었다. 또 성문이나 성벽을 타격했을 때의 충격으로부터 본체를 보호하기 위해 통나무 앞부분에는 철제 덮개를 씌웠다.

파성추를 실은 가대에는 흉벽에서 쏟아져 내리는 가연성 물질로부터 보호하기 위해 수분을 함유한 피복재 지붕을 씌우기도 했다. 이와 같은 움직이는 방공호를 충각의 유무와 상관없이 「고양이」라고 불렀다. 충각을 탑재하지 않은 고양이는 성벽 아래에서 진행하는 작전 및 해자 메꾸기 등, 타격 이외의 작전에 참여한 공병을 보호하는 역할을 했다.

그 밖에도 통나무 대신에 앞이 뾰족한 철 막대기를 단 작은 「고양이」도 있었다. 성벽 하부의 석재 블록 이음매에 철 막대기 앞부분을 박아넣는 용도로 사용되었다. 이 장치는 「고양이」 외에도 다양한 명칭으로 불렸다. 예를 들어 쥐, 족제비, 암퇘지 등이 있으며 암퇘지는 일반적으로 널리 쓰인 명칭이다.

충각을 탑재한 「고양이」는 13세기 말까지 주력 공성병기였던 것으로 추정된다. 비교적 운반하기 쉽고 파괴력도 충분했으므로 퍼포먼스가 뛰어난 병기였을 것이다.

진자 운동으로 위력을 높여 노동력을 절약한다

● 파성추

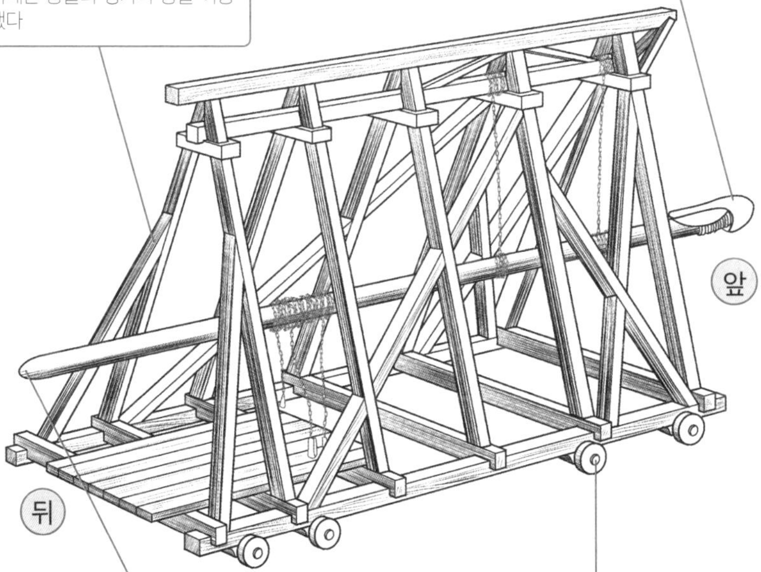

적의 불화살 등으로부터 보호하기 위해 커버를 씌우기도 했다. 이때는 동물의 생가죽 등을 이용했다

통나무 앞부분에는 철제 덮개를 씌운다

앞

뒤

틀에 매달려 있는 버팀목을 이용하여 기세 좋게 큰 힘으로 벽을 때릴 수 있다

바퀴가 달려 이동시키기 편하며 성문까지 원활하게 접근시킬 수 있다

전용 가대에 실어 이동시킬 수 있다.
틀 표면에 축축한 피복재를 씌워 가연성 발사체로부터 보호하기도 했다.

통나무 대신 철 막대기를 단「고양이」

성벽 하부의 석재 블록 이음매에
철 막대기 앞부분으로 대미지를 준다!

관련 항목

● 불로부터 병기를 보호하다 → No.078

No.055

공성병기3 대포 · 화포

대포와 화포는 공방전 방식을 일변시켰다. 중세 말에 등장한 공성병기의 무시무시한 소리와 파괴력은 방어 측의 사기를 크게 떨어트렸다.

● 대포의 위력이 성채의 설계를 바꾸다

대포는 중세 병기 체계에 마지막으로 추가된 공성병기이다. 14세기 초에는 이미 대포가 사용되었으나, 소형 구경의 대인용 무기에 불과했으며 성에 큰 대미지를 줄 만한 위력은 없었다. 하지만 15세기를 거치면서 비교적 약체인 성에는 서서히 효과를 발휘하게 되었다. 구경을 늘려 파괴력을 높임에 따라서 대규모 총포가 공방전 결과에 눈에 띌 정도로 결정적인 영향을 끼치기 시작했다.

이와 같은 대포의 진화는 동시에 축성 방식도 변화시켰다. 중세 후기에는 포술이 발달함에 따라서 성의 설계에 변화가 생기기 시작했다. 15세기에는 대포의 위협에 대항하기 위해 오래된 방벽 주위에 외루 또는 보루를 서둘러 축조했다. 이 시대의 새로운 요새 건축가들은 방호용 그리고 적에 대한 반격용으로 설계 단계에서부터 대포를 고려하기 시작했다. 프랑스 남서부에 위치하는 보나길성은 화약 시대에 적응하기 위해 16세기 초에 대규모 증개축을 했다. 끝으로 갈수록 점점 뾰족해지는 다각형으로 재건된 돈존은 내각의 동측을 이루었고, 모퉁이탑이 동쪽과 서쪽에 추가되었다. 그리고 중심부 주위에 능보, 사격 구멍, 포대를 갖춘 제2의 낮은 벽이 건축되었다.

하지만 실제로 대포가 본래의 힘을 발휘하게 된 시기는 16세기 이후이다. 대포는 넓은 범위를 강력한 파괴 능력으로 공격할 수 있는데, 다른 공방병기보다 뛰어난 점은 그뿐만이 아니었다. 본인은 멀리 떨어진 안전한 곳에 있으면서 성채에 실질적인 손상을 입힐 수 있다는 점이 상대에게 정신적인 대미지를 주었다. **캐터펄트**와 트레뷰셋 중에는 대포보다 사정거리가 긴 것도 있었다. 하지만 화포가 내는 어마어마한 굉음과 연기가 병사의 마음에 공포를 각인시켜 방어 측의 사기를 떨어트리는 데는 더 효과적이었다.

대포의 소리와 연기가 방어 측의 사기를 떨어트린다

● 이탈리아에서 사용된 초기의 대포

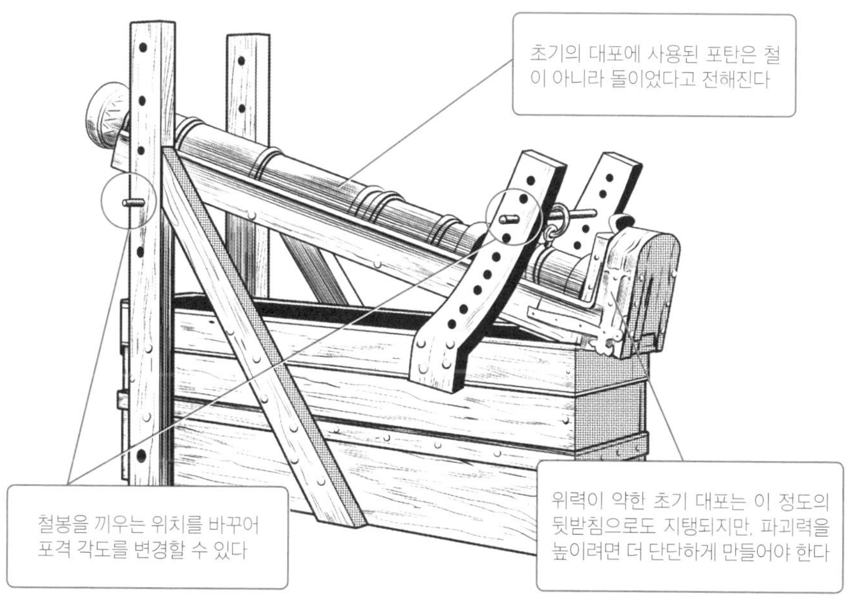

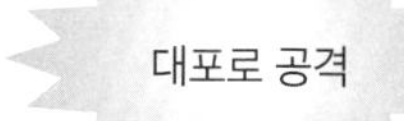

원거리에서 안전하게 대미지를 줄 수 있다!
연기와 굉음으로 적군 병사의 전의를 상실시킨다!

● 포격 요새의 평면도

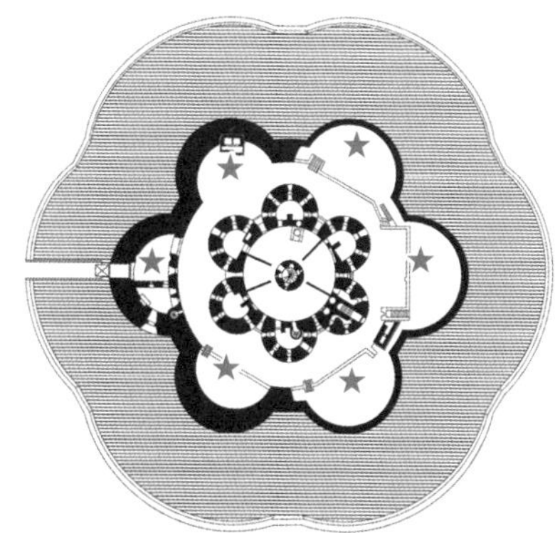

★ 표시한 장소가 대포를 설치하는 공간

대포의 출현이 축성 방식을 변화시켰다. 이들 성에는 작고 낮으며 원을 기본으로 하는 대형 포상용 능보가 설치되었다

●포상이란?
대포 또는 포좌(대포를 설치하는 받침대)를 설치하기 위한 공간.

관련 항목

● 공성병기4 투석기·캐터펄트 → No.056

No.056

공성병기4 투석기 · 캐터펄트

떨어진 거리에서 적에게 직접적으로 대미지를 줄 수 있는 포격 무기이다. 고대부터 이용된 공성병기로 다양한 구조로 만들어졌다.

● 묵직한 돌을 날려 성벽과 건축물을 파괴

성벽을 약체화시키기 위해 쓰는 것이 다양한 포격 무기이다. 「망고노」라 불리는 투석기(캐터펄트)는 고대부터 사용된 밧줄의 복원력을 이용한 병기이다. 일반적으로 장대 끝에 발사체를 담을 용기를 달고, 바퀴 달린 가대와 일체화하여 만든다.

발차할 때는 권양기로 장대를 수평 위치까지 말고, 발사하면 직각 위치까지 튀어오르며, 가로대에 도달하면 정지하도록 되어 있다. 이때의 기세로 용기에 든 돌 등의 발사체를 전방으로 날리는 구조이다.

12세기에는 이와 같은 투석기를 동시에 여러 대 사용하여 성체 본체를 효과적으로 집중 공격했다. 하지만 이들 캐터펄트는 탄속이 느리고, 지나치게 크고 무거운 발사체는 발사할 수 없기 때문에 결과가 성공적일 때도 있지만 그렇지 않을 때도 있었다. 최대 사정거리는 약 500m이며 적군 궁병의 사정거리 밖에서 사격할 수 있었다.

한편, 트레뷰셋은 13세기에 대유행한 사격병기이다. 기다란 장대 한쪽 끝에 발사체를 단 길게 늘어트린 끈을 설치하고, 다른 한쪽 끝에는 무게추를 단다. 다양한 크기가 있는데, 장대의 길이와 무게추의 중량에 따라서 40~150kg의 발사체를 발사할 수 있다. 트레뷰셋이 투척하는 무거운 발사체는 높은 탄도를 그리며 낙하하여 석조 또는 목조 건축물을 파괴했다. 마찬가지로 탄속은 느리지만, 중력을 이용한 파괴력으로 효과적인 대미지를 주었다. 사정거리도 캐터펄트보다 근소하나마 조금 더 길다.

그 밖에 「피에리에」라는 단순한 병기도 있었다. 동방의 아라비아인이 썼던 것으로, 끈을 매단 장대가 있다는 점에서 트레뷰셋하고 흡사하다. 하지만 무게추에 의해 기동하지 않고 인력이나 동물의 힘으로 발사하는 구조였다.

멀리 떨어진 곳에서 성벽과 성채 내부를 공격

● 다양한 형태의 투석기(캐터펄트)

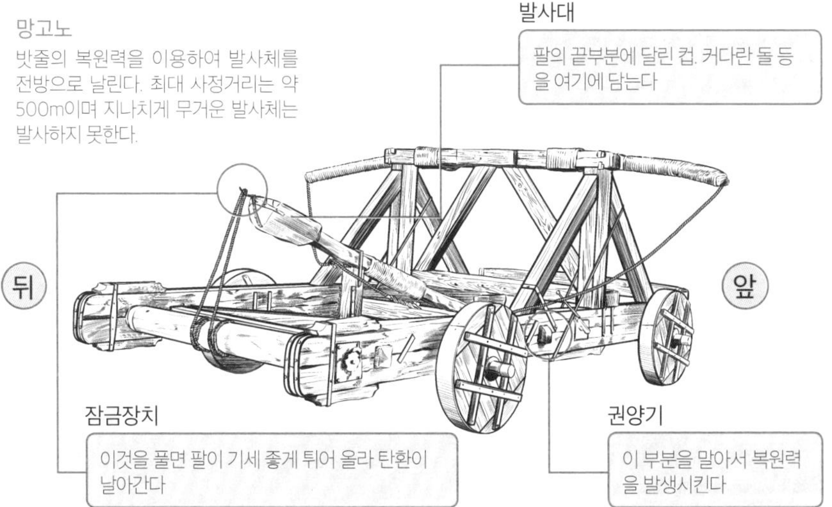

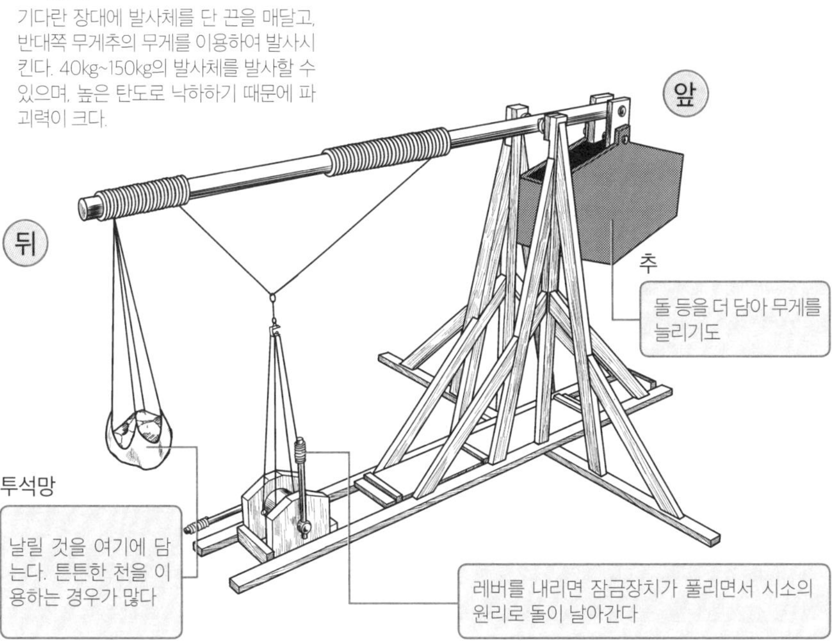

No.057

대호 파기

공방전이 벌어지면 화살과 투석기 등의 공격을 피하며 성벽을 넘어 쳐들어가야 한다. 이를 위한 접근 전술 중의 하나가 대호(對壕) 파기이다.

● 방어 측의 공격으로부터 몸을 보호하며 공격한다

공방전이 시작되면 적군과 아군이 사격병기로 발사한 발사체가 빗발치듯 쏟아져 내린다. 공격 측은 그 가운데를 재빨리 빠져나가 성벽에 매달려야 한다. 이를 위해 「고양이」와 커다란 방패로 몸을 보호하며 접근하는 것이 하나의 방법이지만, 그 밖에도 방어 측의 공격으로부터 몸을 지키기 위해 차폐물인 참호라는 방공호를 파기도 했다.

공격 측이 참호를 파는 목적은 두 가지이다. 하나는 갱도병이 공격으로부터 몸을 피하며 갱도를 파 들어가기 위함이다. 다른 하나는 방어 측의 참호에 대항하기 위해서 파는 경우이다. 이를 대호 파기(대호 전술)이라고 한다.

대호 파기는 위험이 동반된다. 참호를 파나갈 경우에는 방어 측 대항 참호에서 방해를 해오기도 한다. 불을 질러 연기를 피우기도 하고, 소규모 부대로 추격하기도 하며, 갱도를 파괴하기도 한다. 작업 중에 함몰될 위험이 있는 어려운 작업임에도 불구하고 대호를 파는 병사는 별로 존경받지 못했다.

대호 전술로 눈부신 승리를 거둔 예가 살라딘이 이끈 야곱 여울 전투이다. 1179년에 야곱 여울에 도착한 살라딘은 요새를 향해 활을 쏘라고 부대에 명한다. 그리하여 궁병이 요새 내의 병사를 혼란에 빠트린 틈에 돌과 철로 축조한 성벽을 파괴하기 위해 갱도를 파 들어갔다. 이는 공성전 때 쓰는 대호 전술의 하나로 **성벽의 바로 밑까지 파 들어간 후 갱도의 버팀목을 불태워 성벽이 자체의 무게로 지하에서부터 붕괴되도록 하는 작전**이다. 처음에는 실패했지만, 결국 성벽을 붕괴시키는 데 성공했다. 포위한 지 6일 만에 살라딘군은 샤스텔레트를 점거했다.

참호는 화기가 보급됨에 따라서 공성 측이 방어 측의 사격을 피하기 위해 이용했고, 근대까지 계속 쓰였다.

중노동이자 동시에 위험도 동반되는 대호 파기

● 공방전 대호 전술의 기본

① 성벽과 평행하게 참호를 판다.

이점

좌우로 이동할 수 있어 부대 전개의 폭이 넓어진다

② 성을 향해 지그재그로 파나간다.

이점

지그재그로 파면 똑바로 날아오는 화살과 대포를 덜 맞는다

③ 추가로 안쪽에 제2, 제3의 참호를 판다.

이점

원거리 공격으로부터 몸을 보호하며 적군의 성에 접근할 수 있다

관련 항목

● 공성병기2 파성추(충각) → No.054

● 땅을 파고 전진하여 성벽을 공격하는 갱도전→No.058

No. 058

땅을 파고 전진하여 성벽을 공격하는 갱도전

땅속에 굴을 파고 숨어들어 적의 사격을 피하며 성벽에 접근하여 대미지를 주는 갱도전은 고대부터 내려온 성채 도시를 공략하는 상투 수단이다.

● 갱도를 통해 직접 성내에 침입하는 것도 가능

공방전이 벌어지면 공격 측은 **화포**와 사석포 등의 사격병기뿐 아니라 온갖 수단으로 성벽에 대미지를 주고자 한다.

그 대표적인 것 가운데 하나가 갱도전이다. 지면에 굴을 파고 그 속으로 전진하여 방어 측의 사격병기로부터 몸을 보호하며 공격 목표인 성벽 또는 성채 도시 내부에 도달하기 위한 작전이다.

이와 같은 작전 전반을 갱도전이라고 부르는데, 그 수법이 다양하다. 고대부터 이용된 수법은, 먼저 비교적 얕은 **참호**를 파고 완성된 루트를 방패와 나무판 등의 차폐물로 몸을 보호하며 성벽에 접근한다. 그 후 곡괭이 등의 앞이 뾰족한 도구로 성벽의 기초부를 반복적으로 찔러 성벽을 뚫는 방법이었다.

성벽 아래쪽 기초 부분을 공격하여 막대한 대미지를 주고자 할 경우에는 더욱 굴을 깊게 팔 필요가 있다. 다수의 인원을 할애하여 먼저 아래로 깊게 세로굴을 판 다음 옆으로 가로굴을 파 들어간다. 성벽 바로 밑까지 파 들어갔으면 기초 부분을 목제 버팀목으로 지탱시키고 가연물을 추가한 후 불을 붙인다. 버팀목을 불태워 바로 위에 있는 성벽을 파괴하는 작전이다.

또 가로굴을 파 들어가다가 성벽 기초 부분에서 멈추지 않고 그대로 성채 도시 내부로 쳐들어가 백병전을 벌이거나 안쪽에서 성문을 여는 경우도 적지 않았다.

물론 방어 측도 갱도전에 대비하여 대책을 강구했다. 성채 안쪽에서도 마찬가지로 굴을 파 요격하거나, 불로 연기를 피워 적군을 쫓아내거나, 갱도를 붕괴시켜버리는 등의 방법으로 대항했다. 그러기 위해서는 공격 측이 어디로 갱도를 파 들어오는지 재빨리 알아채야 한다. 대개는 물을 채운 물통을 성벽에 두고 수면의 움직임을 관측했다. 때로는 북의 가죽, 서민의 식탁에 쌓여 있는 완두콩이 어떻게 흔들리는가도 이를 알아내는 데 일조했다고 전해진다.

갱도전의 공방

● 성벽의 기초를 불태운다

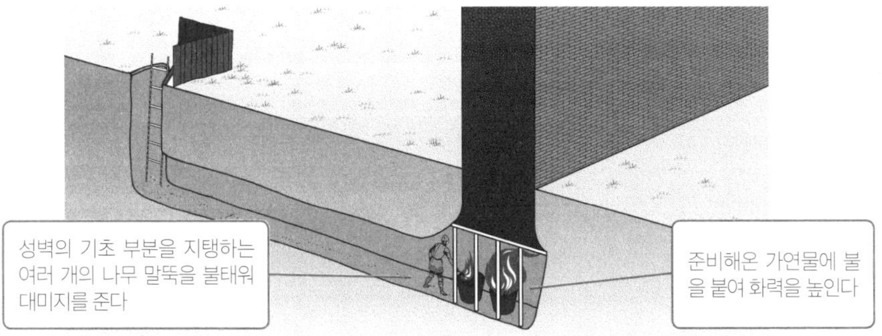

● 직접 성내에 침입한다

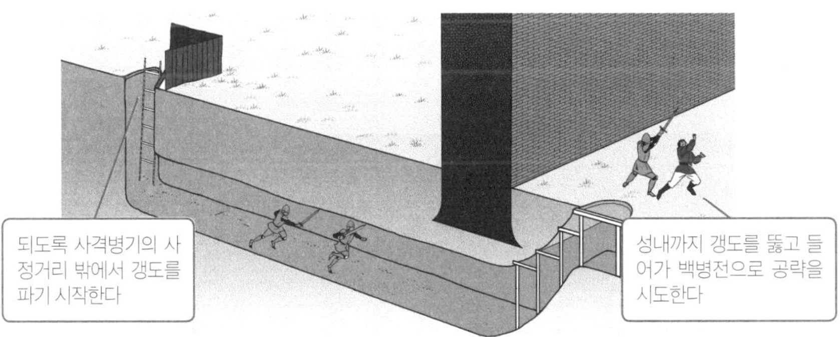

● 수비 측이 갱도 내에서 요격

관련 항목

● 공성병기3 대포 · 화포 → No.055
● 대호 파기 → No.057

No.059

식량 보급로 차단

성을 함락시키기 위한 오래된 전법 중 하나에 식량 보급로 차단이 있다. 공격 대상이 성채 도시일 경우 도시 전체를 벽으로 둘러싼다.

● 마을 전체를 벽으로 둘러싸 가둔다

공방전에는 무기를 쓰지 않는 공격 방법도 있다. 이른바 식량 보급로 차단이다. 이 전술은 주위에 포위벽을 축조하여 표적 도시를 외부 세계로부터 완전히 차단함으로써 굶주리게 만들어 **항복**하지 않을 수 없게 하는 방법이다.

414년에 아테네인은 시라쿠사 주위에 견고한 벽을 쌓았다. 그러자 시라쿠사인도 질세라 아테네 진영을 대항벽으로 에워싸려 했지만 즉시 파괴되었고, 한 걸음 더 나아가 아테네인은 시칠리아 방어 요새 주변에 이중 포위벽을 축조하여 시라쿠사를 완전히 고립시켰다.

로마군이 누만티아를 함락시켰을 때는 더욱 대규모 포위 전술을 펼쳤다. 이베리아의 마을 누만티아는 깎아지른 듯한 지대에 위치하는 산중 요새였고, 아래쪽은 도루강 급류의 보호를 받았다. 이와 같은 복잡한 지형을 살려 거듭되는 로마군의 공격에도 19년 동안 저항한 난공불락의 산중 요새였다.

수많은 침략자가 애먹는 가운데 누만티아 함락에 나선 것이 카르타고의 정복자 스키피오 아프리카누스였다. 스키피오는 전임자들이 썼던 육탄전에 나서지 않고 실행 불가능할 것으로 여겨졌던 포위벽 전술을 펼쳤다. 포위벽의 길이가 무려 9km에 달했으며, 벽 높이 3m 이상, 벽 폭은 하부가 4m이고 상부가 2.5m인 전대미문의 규모였다. 게다가 관류하는 도루강의 급류는 거셌고, 누만티아군도 끊임없이 공격해왔다. 하지만 스키피오의 지휘하에 끝내 포위벽을 완성해냈다. 누만티아는 완벽하게 외부와 연락이 차단되었다.

누만티아인은 **기아 상태**에 빠졌지만 어떻게든 버티려 했다. 가죽을 먹었고, 나중에는 시체까지 먹었다고 한다. 하지만 결국에는 항복했다. 이리하여 로마군은 공성병기를 쓰지 않고 난공불락의 누만티아를 함락시킨다.

누만티아를 식량 보급로 차단으로 공략

누만티아는 난공불락의 성채 도시

깎아지른 듯한 형세 | 육탄전으로는 함락이 어려움 | 도로강의 급류

누만티아의 식량 보급로를 차단하라!

스키피오 아프리카누스

누만티아 도시 전체를 벽으로 완벽하게 포위

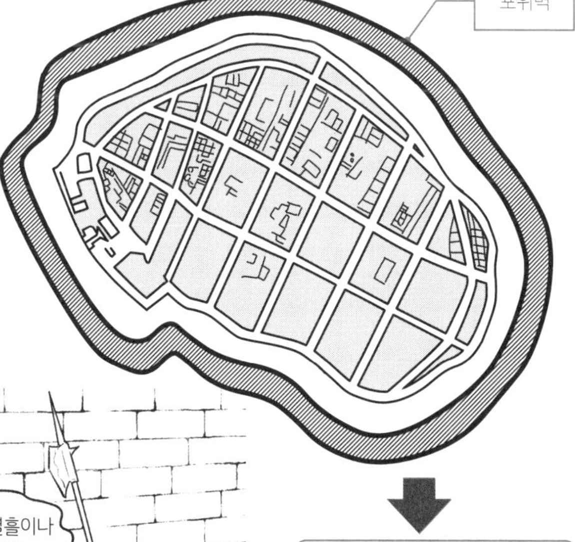

전체 길이 9km, 높이 3m, 하부 폭 4m의 견고한 벽으로 누만티아를 에워싸 외부 세계로부터 완전히 차단했다

벌써 열흘이나 굶었어.

누만티아 사람들은 시체를 먹었다고 전해질 정도로 기아 상태에 빠졌고 완전히 전의를 상실했다

결국 누만티아는 항복한다. 일설에 따르면 항복을 거부하고 집단 자결했다고도 한다.

관련 항목

● 겨울 및 농성 대비용 비상식 → No.037
● 항복 → No.100

No.060

불을 이용한 공방

중세 공방전에서는 불을 무기로 적극 활용했다. 그중에는 현대의 네이팜탄에 필적하는 강력한 화기도 있었다.

● 적과 아군, 양쪽에서 불꽃이 난무하는 전장

공방전에서는 공격 측과 방어 측 모두 불을 이용한 병기를 왕성하게 사용했다. 공격 측은 먼저 성벽 기초 부분에 불을 질렀다. 이리하여 성벽을 약하게 만든 다음에 **파성추** 또는 **캐터펄트** 등의 무기로 벽을 허물어트렸다. 또 타르통이라는 것도 마찬가지 방법으로 쓰였다. 타르통이란 문자 그대로 타르를 담은 통이다. 이것에 불을 붙여 투사병기로서 성벽이나 성채 내부에 날려 불 공격을 했다. 타르는 계속 불타기 때문에 장시간에 걸쳐서 대미지를 줄 수 있다.

한편 방어 측에도 불을 이용한 대항 수단이 있었다. 「그리스의 불」은 암흑시대에 비잔틴 제국의 어느 그리스인이 발명한 소이성 병기이다. 정확한 화학 성분 정보는 남아 있지 않으나, 기록에 따르면 그 위력은 현대의 네이팜탄과 비등했다고 한다. 이에 해전에서 자주 사용되었으며, 공방전에서도 불화살보다 효과적인 격퇴 수단으로 이용된다. 투사 장치로 날리는 그리스의 불은 몸을 보호할 것이 차폐물과 목제 장치밖에 없는 공격군을 공포에 떨게 한 살인병기였다.

또 방어 측은 가열한 액체를 **흉벽** 밖으로, 또는 **망루**나 마시쿨리가 있는 흉벽의 개구부로 부어 공격군의 발을 묶었다. 이처럼 전장에서는 늘 화기가 이리저리 날아다니기 때문에 피복재로 시설과 무기, 병사 등을 보호하는 것도 중요했다. 성채의 망루와 공성탑, 「고양이」와 같은 가연성 구축물을 피복제로 보호했다. 또 노인과 동물의 오줌이 불을 끄거나 연소를 늦추는 데 무척 효과적이어서 공방전이 시작되기 전에 이들의 오줌을 대량으로 모아 성채의 성벽 내부에 저장했다. 그리고 전투가 시작되면 보호 피복재 위에 오줌을 부었다.

공포의 병기, 그리스의 불

수수께끼에 둘러싸인 병기, 그리스의 불
그리스의 불을 썼다는 문헌과 그림이 남아 있으나, 상세한 설명 및 제조법, 구조에 관해서는 아직 알려진 바가 없다

● 그 밖의 불을 이용한 공성병기

타르통
타르를 담은 나무통에 불을 붙여 투석기 등으로 발사한다

성벽 기초부를 태운다
성벽 기초부에 불을 날려 성벽의 강도를 낮춘다

물론 방어 측도 대책을 마련했다

병사와 무기에는 피복재를 씌웠고, 성벽은 오줌으로 적셨다

관련 항목
- 공성병기2 파성추(충각) → No.054
- 공성병기4 투석기 · 캐터펄트 → No.056
- 흉벽 · 머치컬레이션 → No.072
- 망루에서 큰 돌과 뜨거운 물로 공격 → No.074

No.061

사람의 머리와 동물의 사체를 던진다

과격한 공방전 중에는 때때로 적의 머리를 던지는 무척이나 잔혹한 공격이 행해지기도 했다.

● 적에게 자군의 기세가 등등함을 과시한다

성채를 공격하려는 측은 먼저 성을 포위하고 상대의 **식량 보급로를 차단**하고자 한다. 하지만 차단에 실패하면 공격군은 실력 행사에 나선다. 성벽 밑에 갱도를 파 붕괴시키거나, 갱도를 통해 성내로 침입하여 싸운다. 반면 수비 측은 공터 이곳저곳에 물그릇을 놓고 물의 흔들림으로 적군이 갱도를 파 들어오는 위치를 특정하여 대항한다. 때로는 **대갱도**를 파 지하에서 격렬한 전투를 벌이기도 한다.

한편 지상에서는 캐터펄트나 트레뷰셋과 같은 **투석기**로 성벽과 적의 병기를 파괴하고자 한다. 이때 전투 의욕을 과시하기 위해 잘라낸 적군의 목을 날려 보내기도 한다. 또 전투 중에 평화 교섭을 하기 위해 성주가 사자를 보내기도 했는데, 교섭이 결렬되면 사자를 단단하게 결박한 후 성내로 날려 보내기도 했다.

이러한 행위가 현대인의 감각으로는 잔인하게 느껴지겠지만, 중세 이전에는 일반적이었다. 그 증거로 투석기로 날린 것은 머리뿐이 아니었다. 똥과 동물 시체를 쏘아 보내기도 했다. 성채에 **역병**을 퍼트려 적의 전투 능력을 약화시킬 목적이었다.

그 사이 성벽을 **파성추**로 파괴하려는 시도가 이루어졌고, 대항하는 수비 측은 갈고리 장대를 늘어트려 파성추를 붙잡으려 했다. 또 공격 측은 사다리로 성벽을 오르고, 수비 측은 성벽에 걸쳐진 사다리를 포크 모양 장대로 밀어내는 등, 엄청난 공방이 전개되었다. 이윽고 포위된 수비 측은 물론이고 공격 측도 보급선 상황이 좋지 못하면 식량이 부족해진다. 이와 같은 한계 상황에서 잘라낸 머리를 쏘아 보내는 시위 행위는 생각보다도 적에게 훨씬 큰 대미지를 주었을 것이다. 이런 상황에서 역병까지 퍼지면 끝내 사기를 상실하게 되는 것도 무리가 아니다.

적의 머리를 투석기로 던진다

● 전투 의욕을 과시하는 행위

관련 항목

● 흑사병(선페스트)의 만연 → No.039
● 공성병기4 투석기 · 캐터펄트 → No.056
● 식량 보급로 차단 → No.059
● 공성병기2 파성추(충각) → No.054
● 땅을파고전진하여성벽을공격하는갱도전→No.058

No.062

높게 우뚝 솟은 성벽의 종말

그때까지 더 높게 더 두껍게 발전해온 성벽이 대포의 발전과 함께 사라졌다. 중투사병기가 성채의 설계를 바꾼 것이다.

● 대포의 출현으로 무력화된 성채 도시

중세 대부분의 기간 동안 높은 성벽은 소수의 병사로 지킬 수 있었고, **캐터펄트** 등 고대부터 사용된 병기의 공격에도 충분히 버틸 수 있었다. 이윽고 중투사병기 트레뷰셋이 출연하자 높은 커튼 월과 성탑의 **흉벽**이 간단히 부서지게 된다. 갱도전에 대응하기 위해 13세기 무렵의 성벽은 중후하고 두꺼워진 상태였다.

하지만 중후하고 높은 성벽에는 단점도 있었다. 성벽이 과도하게 높으면 성벽이 무너졌을 때 와륵 더미가 산처럼 쌓인다는 점이다. 공격 측은 와륵 더미로 된 산 위로 손쉽게 올라갈 수 있었고, 와륵 위에 진지도 설치할 수 있었다. 적을 내려다보는 형국이 되어 우위에 설 수 있었다. 이러한 사태에 대한 방어 측의 해결책은 내성벽으로 방어선을 구축하고 커튼 월의 높이를 낮추는 것이었다. 이리하여 형성된 것이 **다중 환상 성벽**이다.

중세의 높은 성벽이 사라져 갔는데, 이는 단순히 투사병기에 취약했기 때문만은 아니다. 16세기에 등장한 대포 등의 대규모 투사병기를 전략적으로 배치할 수 없었기 때문이다. 성벽이 높아지면 높아질수록 기초 부분을 아무리 두껍게 축조하더라도 흉벽이 있는 층에 **대포를 설치할 공간**이 없어진다. 반대로 성벽이 낮을수록 총포를 배치할 공간이 넓어진다. 나아가 높은 곳에서는 화포의 사정거리가 짧아지지만, 낮은 곳에서는 땅과 평행하게 날아가는 탄도로 넓은 범위를 조준할 수 있다.

이러한 변화가 서서히 나타났는데, 특히 시대 전환점의 상징이 된 사건이 1492년에 비잔티온(콘스탄티노폴리스의 옛 이름)이 터키군의 공격으로 함락된 전투이다. 콘스탄티노폴리스의 중세 성벽이 터키군의 새로운 공격 전술과 거대한 대포 앞에 굴복한 순간, 성벽을 높게 쌓는 중세의 축성 방식이 더는 도움이 안 된다는 것이 드러났다.

성벽의 높이와 공성병기의 변천

● 중세 후기까지 성벽은 더 높게 더 두껍게

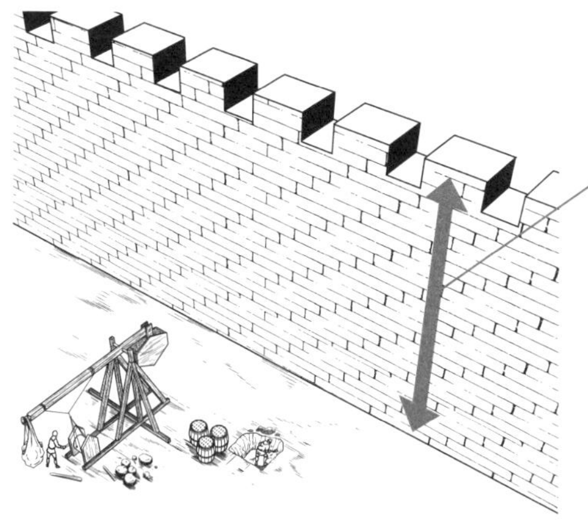

성벽 높음

성벽이 높으면 그만큼 벽돌 및 석재가 많이 들어간다. 이것이 무너지면 이를 발판 삼아 적이 침략해 들어온다

중투사병기 및 갱도전에 대응하기 위해 높은 성벽이 필요했다

한편, 무너졌을 때 안전을 확보하기 어렵다는 단점도 있었다

대포의 출현으로 상황이 일변!

● 대포의 출현 이후로는 낮은 성벽이 기본

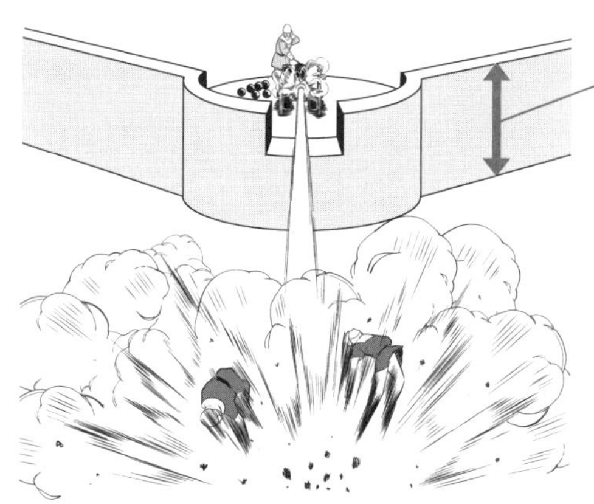

성벽 낮음

방어 측은 성벽이 낮으면 적의 공격을 받기 쉬워지지만, 대포의 화력을 최대한으로 유효 활용할 수 있다

낮은 탄도로 보다 넓은 범위를 겨냥할 수 있다

대포를 설치할 공간을 확보

관련 항목

● 능보를 갖춘 성채 → No.017
● 공성병기4 투석기 · 캐터펄트 → No.056
● 흉벽 · 머치컬레이션 → No.072
● 이중 · 삼중의 환상 벽 → No.079

No.063

공성전 시 병사의 장비

캐터펄트나 트레뷰셋과 같은 특별한 병기를 다루는 자 이외의 병사는 주로 석궁 등의 투석병기를 가지고 다니며 전투했다.

● 강력하지만 위험한 석궁, 수비대는 강철로 몸을 보호하다

중세 유럽에서 일반 병사가 휴대한 무기로는 석궁(크로스보)을 들 수 있다. 석궁은 화살을 활시위걸이에 물리고 활대로 팽팽하게 잡아당겨진 활시위를 해방시키는 힘으로 투사하는 병기이다. 허리에 찬 활통에 예비 화살을 넣어 휴대했다. 무척 강력한 무기지만 발사 준비에 다소 시간이 걸렸다. 또 석궁의 활시위는 무척 탄탄하여 당기려면 윈치가 필요했다. 줄 끝에 달린 훅을 활시위에 걸고 핸들을 돌려서 마는 구조이다. 이때 수직으로 당겨지도록 석궁 앞에 달린 등자를 발로 밟아 고정시키고 작업해야 했다.

이처럼 준비 작업에 시간이 걸리는 석궁은 공격 측보다 수비 측이 쓰기에 유용한 무기이다. 화살을 시위에 거는 동안 수비 측은 **흉벽** 등으로 몸을 보호할 수 있기 때문이다. 궁병이 타깃을 정하는 동안 조수가 별도의 석궁으로 발사 준비를 해둘 수도 있다. 이렇게 하면 짧은 간격을 두고 연속하여 발사할 수 있다.

한편 공격 측 궁병은 몸을 보호하기 위해 커다란 방패를 휴대하지 않으면 안 되었다. 무방비 상태가 되는 화살을 시위에 거는 시간 동안 큰 방패 뒤에 몸을 숨기기 위해서이다. 어느 쪽이든 간에 숙련된 궁술가가 되는 것은 어려운 일이므로 평소에 매일같이 훈련해야 한다.

또 성에 상주하는 수비대는 방호구로 몸을 지켰다. 바시네트라는 투구를 쓰고, 쇠사슬 갑옷을 써서 두부와 목 주변을 보호했다. 몸통에 입는 쥐퐁이라는 퀼트제 혹은 피륙제 옷 밑에 금속판 갑옷도 받쳐 입었다. 또 손에는 강철제 손 보호대를 꼈고, 반대쪽 팔에는 방패를 장착하기도 했다.

전신을 강철로 둘러 몸을 보호할 수 있는 것은 기사를 비롯한 일부뿐이었다. 그 외 대부분의 병사는 천이나 가죽으로 된 평범한 옷과 구두를 착용했다.

석궁(크로스보)은 강력한 휴대 무기

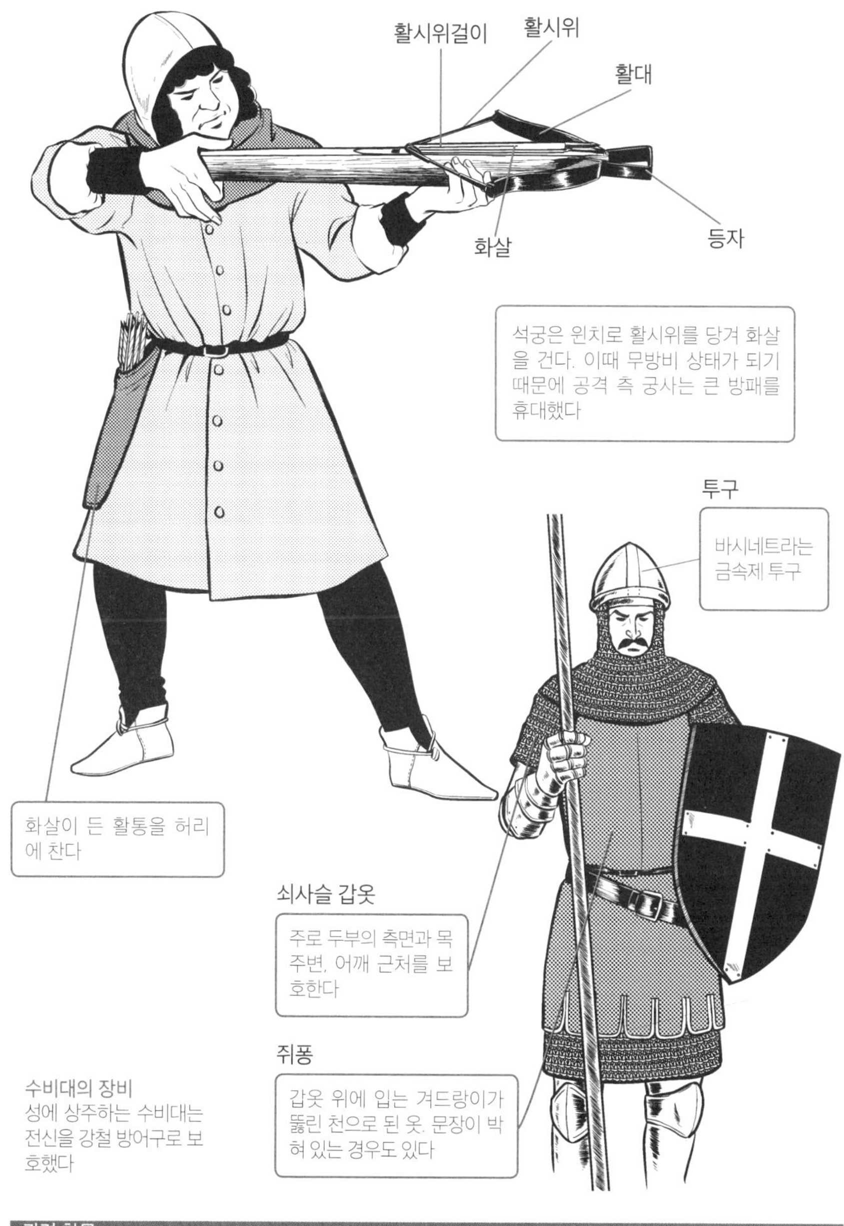

수비대의 장비
성에 상주하는 수비대는 전신을 강철 방어구로 보호했다

관련 항목

● 흉벽 · 머치컬레이션 → No.072

No.064

성채 도시가 문을 지키는 방법

성문은 성채 도시로 들어가는 진입로이기 때문에 방어에 특히 주의를 기울였다. 온갖 장치를 설치하고 적병의 침입을 막기 위해 노력했다.

● 성내로의 진입을 막는 다양한 장치

성채 도시에서 성문은 방어의 핵심이다. 실제로 성벽을 축조할 때 가장 처음에 설치한 것 또한 성문이다. **모트 앤드 베일리**형 성채에서 가장 먼저 돌로 축조한 것도 성문과 주탑이었다.

주요한 성문은 대개 탑에 설치했다. 한 개의 탑 내부에 편입시키거나, 한두 개의 탑 사이에 배치시켰다. 성문은 불 공격에 약했기 때문에 통로는 대개 석조 둥근 천장으로 만들었다.

하지만 가장 좋은 것은 애초에 성문으로 침입하지 못하게 하는 것이다. 그래서 성문 외부는 해자로 방어했고, 가동식 도개교를 설치했다. 기계 장치로 끌어올리는 도개교로 적의 침입을 막았다. 그래서 문 앞에는 방벽을 증축할 필요도 없었다.

이렇게 해도 적병은 성문으로 침입해 들어왔다. 이때는 **살인공**이 도움이 된다. 살인공은 성문 통로의 둥근 천장 및 높은 곳에 설치된 개구부이다. 이 구멍으로 무기를 쏘거나 던져서 침입자를 공격할 수 있다.

또 내리닫이 격자문이 침입자를 기다렸다. 입구 상부에 달린 수직 문으로 침입자를 가두어 버리려는 작전이다. 권양기로 조작하는 내리닫이 격자문은 침입자를 막는 역할도 했다. 또 바닥에 장치된 트랩 도어가 열리면 침입자는 함정으로 떨어져 그 밑에 빼곡하게 세워진 날카로운 쇠침에 찔리게 된다.

이처럼 성문에는 적병의 침입을 막기 위한 다양한 장치를 설치했다. 또 대부분의 경우, 주요한 문 외에도 작은 입구인 뒷문을 두었다. 이는 성내 거주자가 공격 측 몰래 출격하는 통로로, 공격적 방어 수단으로 쓰였다.

성문에는 이중, 삼중으로 장해물을 설치하여 수비하다

제 1 장치	성문에 도개교를 설치하여 침입을 막는다

성문 외부를 해자로 방어하고, 가동식 도개교를 설치하여 적병의 침입을 막는다.

제 2 장치	살인공을 통해 공격한다

둥근 천장이나 높은 곳에 설치된 개구부를 통해 사격무기로 공격하거나 뛰어 내려와 습격한다.

제 3 장치	내리닫이 격자문으로 가둔다

권양기로 올려두었던 수직 문을 떨어트려 적병을 성문 내에 가둔다.

제 4 장치	함정에 빠트린다

바닥에 장치된 트랩 도어가 열리면 함정 바닥에 세워진 날카로운 쇠침이 침입자를 기다린다.

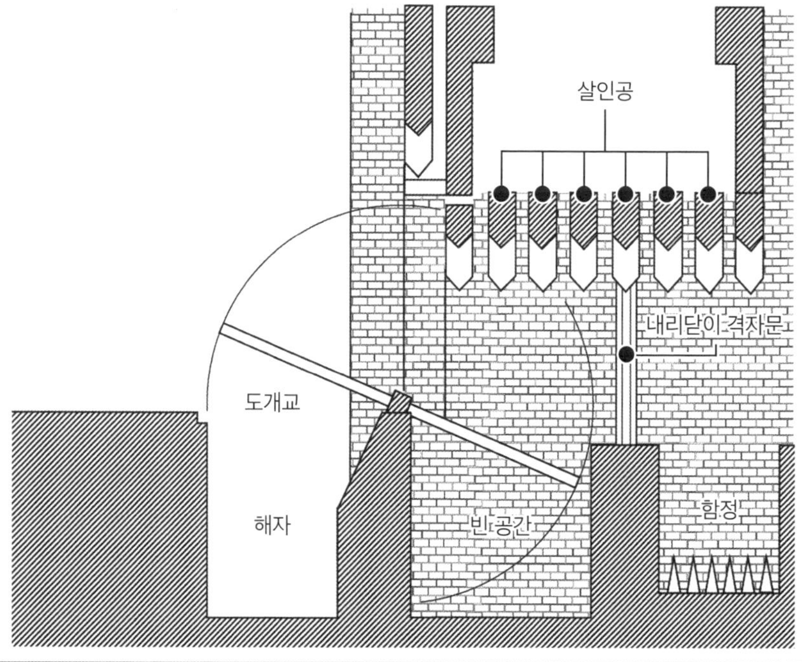

관련 항목

● 모트 앤드 베일리 → No.015
● 현안(외보) · 살인공 → No.075

No.065

전시와 비전시의 수비대

성채 도시에는 비전시에도 성에 주둔하는 수비대가 있었다. 그들 대부분은 기사였는데, 머지않아 자신의 소유지에 집을 지었다.

● 성에 주둔하는 수비대는 지극히 소수

수비대란 성에 주둔하며 방어 임무를 수행하는 부대이다. 중세 암흑시대에는 기사가 성에 상주하는 것이 일반적이었다. 그들은 의식주를 해결하는 대가로 영주를 위해 싸우며 성을 지켰다.

하지만 전쟁이 없는 기간, 즉 비전시에는 소수의 수비대만을 배치하는 것이 보통이었다. 전시에도 수백 또는 수십 명밖에 배치하지 않는 곳이 적지 않았다.

수비대는 기사, 중장 병사, **민병**으로 편성되었으며, 언제든 영주의 요구에 부응할 준비를 하고 있었다. 또 무장병이 필요한 것은 전시만이 아니다. 영주가 외출할 때 경호하는 것도 그들의 임무였다. 특히 숲속에서 습격해오는 도적 패거리에 대비하기 위함이다.

한편, 일단 전쟁이 벌어져 성이 포위되면 수비대는 그야말로 믿고 의지해야 할 존재가 된다. 마을 여성들도 수비대가 잘 싸울 수 있도록 협조했다. 성은 방어 능력을 갖춘 주거지로서뿐 아니라 주변 지역을 지배하는 군사 기지로서의 성격도 지녔다. 따라서 침략자는 성을 점령하지 않는 한 자군의 보급선이 끊길 위험을 가지게 된다. 반대로 습격당한 측은 성을 지키는 것이 무엇보다 중요했다.

기사는 초기에는 성에서 생계를 해결했으나, 시간이 지남에 따라서 자신의 소유지에 집을 짓고 교대로 성을 경비하기 시작했다. 한 기사가 일정 기간 성에 머물고, 다음에는 다른 기사와 교대하는 식이었다.

또 14~15세기에는 용병에게 성을 수호케 하는 제도가 일반화된다. 성주가 거처하는 공간을 문 위로 옮긴 것도 용병의 배신을 경계했기 때문이다. 실력 좋은 용병은 우리 측 수비대일 때는 믿음직하나, 배신하면 즉시 위험한 존재가 되는 양날의 검이었다.

중세 암흑시대란?

서유럽 제국 멸망 → 르네상스 전

약 800~900년간을 유럽의 암흑시대라 부른다.

● **이 시대에 수비대는……**

의식주를 해결하는 대신에 영주를 위해 싸우며 성을 수호한다.

● **수비대의 상황**

	전시	비전시
편성	기사 · 중장병 · 민병	
성에 배치하는 수비대 수	수백 명 또는 수십 명가량	소수
주요 임무	영주의 요구에 부응하기 위해 전투태세로 적의 공격에 대비한다	출타 시 영주의 신변을 보호한다
전투 내용	성을 포위한 적군과 교전을 벌인다	행로에 악당이 습격해오면 퇴치한다

용병은 장단점이 있는 존재

14~15세기에는 돈을 지불하고 용병에게 성의 수비를 맡기는 것이 일반적이었다.

장점

돈만 있으면 손쉽게 용맹한 자를 우리 측 진영으로 끌어들일 수 있다

장점이 있는 한편 단점도 있었다!

단점

결국은 오로지 돈으로 이어진 관계. 언제 배신할지 모른다

관련 항목

● 밀리샤(민병 조직) → No.047

No.066

방어 측에 유리한 나선 계단

중세의 성은 나선 계단이 일반적이었다. 나선 계단은 시계방향으로 만들어졌기 때문에 방어 측이 무기를 사용하기에 유리했다.

● 나선 계단은 빠른 이동 속도와 검을 휘두르기 편하다는 것이 장점

중세의 성에서는 나선 계단이 일반적이었다. 두꺼운 판으로 된 한쪽이 둥근 부채꼴 석계를 차곡차곡 쌓아 올리므로 필연적으로 계단 중앙에 축이 되는 둥근 기둥이 생긴다. 구조가 이와 같기 때문에 나선 계단으로 만들면 공간을 적게 차지하고 경제적이며 유연한 특성을 가지는 이점이 생긴다.

성내의 나선 계단은 통상적으로 시계방향으로 설계한다. 방어 측(내려오는 측)은 검을 드는 오른팔이 자유로워 편안하게 검을 휘두를 수 있기 때문이다. 반대로 공격 측(올라가는 측)은 오른손에 든 무기가 자꾸 중심 기둥에 부딪히게 된다.

11~12세기의 나선 계단은 모르타르 조합 또는 석재로 둥근 천장을 만들었다. 최초의 계단은 나선 볼트 꼭대기에 설치된 후속 계단과 함께 튼튼한 기반 위에 건축되었다. 볼트란 곡면 천장을 말한다. 또 중앙의 큰 기둥과 계단의 통층 벽은 둥근 천장용 아치대(아치의 양 끝을 지탱하는 대)의 역할을 했다.

12세기 말 무렵에는 디딤돌 한 장을 채용한 것이 등장하여 나선 계단 건축에 혁명을 일으켰다. 한 장의 두껍고 평평한 돌에서 잘라낸 각 계단은 큰 기둥의 단면과 일체화되었다. 건설이 대단히 간소화되었으며, 둥근 천장을 만들 필요도 없어졌다.

또 14세기 잉글랜드 북부에서는 우산형 볼트가 유행했다. 계단의 큰 기둥으로 지탱된 돌지붕은 평평한 것도 많으나, 노섬벌랜드에 있는 워크워스성처럼 우아한 곡선의 둥근 천장으로 만든 것도 관찰된다.

게다가 나선 계단은 이동 속도가 빠르다는 장점도 있다. 직선적인 계단과 달리 층계참에서 방향을 바꿀 필요가 없기 때문에 일정한 페이스로 달려 내려올 수 있다.

콤팩트하며 전략적인 나선 계단

방어 측 병사
오른쪽에 공간이 있어 오른팔에 든 검을 휘두르기 편하다

무기가 기둥에 부딪혀서 싸우기 힘들어!

공격 측 병사
오른쪽의 중심 기둥 때문에 검을 든 오른팔을 자유롭게 움직일 수 없다

계단
당시 나선 계단은 시계 방향으로 올라가는 것이 일반적이었다

중심 기둥
나선 계단의 중심이 되는 기둥. 중세에는 대부분 석조였다

나선 계단의 또 하나의 이점

일반적인 계단의 경우 층계참에서 방향을 바꿀 때 시간이 소요되지만,
나선 계단에는 층계참이 없어 이동 속도가 빠르고 또 일정하다

No.067

전안으로 공격하다

성의 흉벽에는 방어 측 궁병이 이용하는 전안이라는 개구부가 있었다. 여기에서 몸을 보호하며 적에게 활을 쏘았다.

● 적의 공격으로부터 몸을 지키며 활을 쏘는 개구부

흉벽이란 축성의 상부를 말한다. 통상적으로 흉벽에는 적의 투사무기로부터 성병을 보호하기 위해 크레노(개구부)를 설치했다. 또 크레노가 있는 흉벽은 임브레이저라고 불리는 개구부와 메를롱이라고 불리는 작은 벽체의 연속으로 이루어진다.

12세기 이후에 석조로 성을 축조하는 경향이 커져 석공 기술이 발달함에 따라 타구가 설치된 흉벽도 보다 복잡해졌다. 그런 가운데 몇몇 지방에서 타구에 전안(활 구멍)이라 불리는 사출구를 뚫기 시작했다. 전안이 있으면 사수는 적의 공격에 노출되지 않은 상태로 활을 쏠 수 있다.

전안의 단면은 안쪽으로 들어갈수록 점점 넓어지는 나팔꽃 형태로 되어 있었으며, 벽 속은 넓은 공간으로 되어 있었다. 사수는 한쪽 벽에 몸을 붙이고 구멍으로 내다보며 적이 사정거리에 들어올 때까지 기다린다. 그리고 기회를 봐서 잽싸게 공간 중앙으로 이동하여 표적에 화살을 날린다.

웨일스의 카나번성에는 타(垜)와 성벽에 한 단계 더 발전된 형태의 전안이 달려 있는데, 두 개의 타구를 지닌 오목한 쐐기형으로 되어 있다. 이리하면 사수가 두 방향으로 사출할 수 있어서 여러 각도로 활을 쏠 수 있다.

그 밖에도 벨기에의 부용성에서는 세 개의 전안이 달린 동종의 개구부를 만들어 사수가 더 광범위하게 활을 쏘며 더욱 유연하게 공격을 할 수 있도록 했다.

이처럼 전안은 성병에게 유리하도록 궁리 · 고안되었다. 공격 측도 활의 명수이고 또 근거리라면 타구 안으로 활을 쏘아 넣을 수 있었을지도 모르겠다.

흉벽을 방패 삼아 사출구에서 적을 노린다

● 다양한 전안(타구)

A 화살용 타구(전안)

B 석궁용 타구

C 휴대포용 포문

D 화포용 결합 포문

관련 항목

● 흉벽 · 머치컬레이션 → No.072

No.068

충각 대처법

성벽은 방어의 요체이다. 그러한 성벽을 파괴하려는 충각 병기 공격에 방어 측은 모든 수단을 동원하여 대처하려 했다.

● 갈고리로 잡아당겨 충각을 전복시키다

충각(파성추)은 단순하지만 강력한 병기이다. 공격군이 충각으로 성벽에 한 번 구멍을 뚫으면 전황이 크게 달라진다. 방어 측 입장에서 이는 어떻게 해서라도 반드시 막아야 하는 사태이다.

이에 충각으로부터 성벽을 보호하기 위해 다양한 수단을 강구했다. 예를 들어 융단 등의 직물을 성벽에서 내려트려 충각에 의한 충격을 완화시키는 방법이다. 소극적인 대처법으로 보이나, 적이 충각을 이동시키더라도 즉시 대응할 수 있다는 점에서 기동성이 뛰어나다. 또 융단 직물과 같은 얇고 부드러운 것으로 효과가 있을까 하는 의문이 들 수 있는데, 충각 타격과 같은 충격은 의외로 흡수가 된다.

적극적인 수단으로 충각 자체를 쓸 수 없게 만드는 방법도 있었다. 예를 들어 무게가 나가는 발사체를 쓰거나, 위에서 장대를 흔들어 충각을 파괴하는 방법이다. 또 동방의 이슬람교는 충각에 대응하는 더 효과적인 방법을 고안해냈다. 긴 막대기 끝에 매단 갈고리로 잡아당겨 충각을 전복시키는 방법이다. 실제로 이 방법은 무척 효과적이어서 십자군도 즉시 채용했고 유럽에 돌아온 후로도 계속 사용했다.

한편, 충각의 타격으로 성벽이 이미 파손된 경우에는 구멍을 메워 파손된 성벽을 복구하고자 애썼다. 적병이 밀어닥치고 화기 등의 발사체가 빗발치며 날아오는 가운데 진행되는 복구 작업에는 상당한 위험이 동반되었다. 그래도 공병들은 성을 지키기 위해 최선을 다해 성벽 복구에 힘썼다.

충각에 대처하는 세 가지 패턴

A 소극적 대처법……융단을 늘어트려 충격을 흡수시킨다.

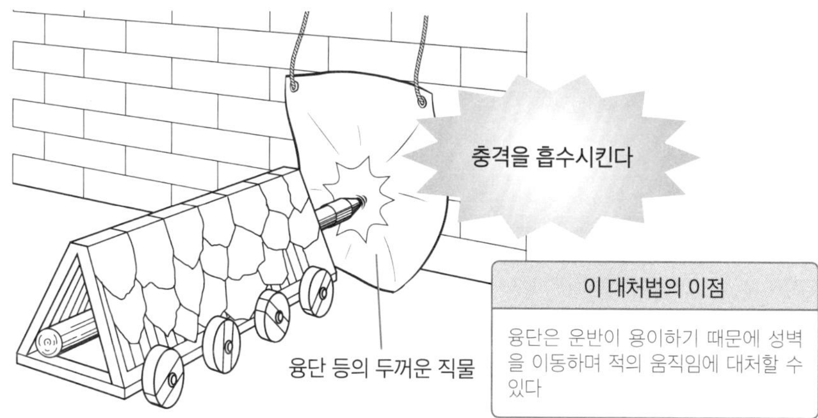

B 적극적 대처법……충각을 전복시킨다.

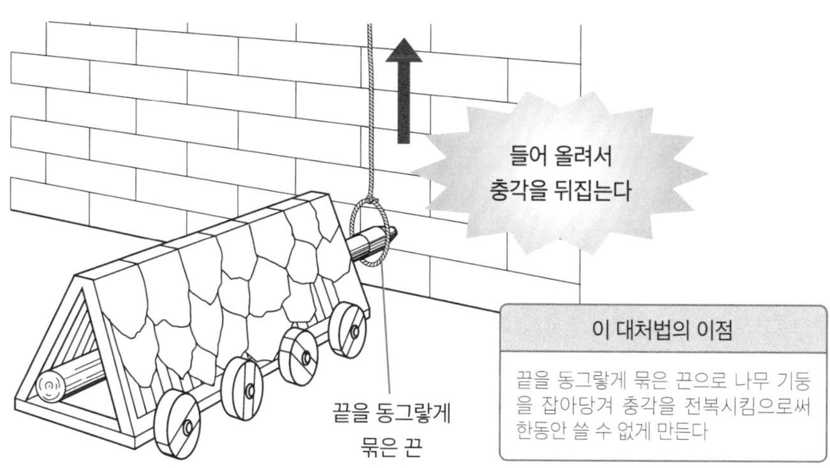

C 임시방편……파손된 성벽을 복구한다.

벽이 뚫리면 메워서 복구한다. 적병이 밀려드는 가운데 진행되는 복구 작업에는 큰 위험이 동반되었다

관련 항목

● 공성병기2 파성추(충각) → No.054
● 불을 이용한 공방 → No.060

No.069

크사르는 요새 겸 곡물 창고

도시를 방어하기 위해서는 식량 비축도 빼놓을 수 없다. 튀니지 남부에는 크사르라는 요새 겸 곡물 창고가 건축되었다.

● 무장병이 지키는 비축 식량 창고

크사르란 튀니지 남부에서 많이 볼 수 있는 곡물 창고이다. 준유목민 베르베르족의 전형적인 건축물인 크사르는 통상적으로 오아시스 근처에 건축되는 요새로 그 지역 마을을 지키는 것이 목적이었다. 기원은 15세기까지 거슬러 올라가며 당시 생활 양식을 잘 보여준다.

크사르란 일반적으로 고르파 집합체를 가리킨다. 고르파란 가로와 세로로 다닥다닥 붙어 있는 작은 건물이다. 주로 곡물을 보존하는 창고로 쓰였지만, 주민 거주용으로도 이용되었다. 또 무장하여 작은 요새로 사용했다고도 전해진다.

과거 지중해의 항구 가베스와 사하라의 오아시스 도시 가다메스를 잇던 길목에 오늘날에도 크사르가 남아 있다. 이들은 18~19세기의 것으로 추정된다. 2~4층짜리 곡물 창고가 늘어서 있으며 그 중앙에는 안뜰이 있다. 이 지방에는 비가 거의 내리지 않기 때문에 지붕은 점토로 만들어진 반원통 볼트식 천장을 채용했다. 목재를 구하기 힘든 땅에서는 이런 형태의 지붕밖에 만들 수 없었던 듯하다.

지붕 조직과 발판 없는 천장을 지탱시키기 위해 건축할 때 에스파스토(갈대와 비슷한 풀의 일종)로 만든 흙 부대를 사용했으며 천장이 마르면 흙 부대를 치웠다. 부족이 가축을 데리고 먼 곳에 나가 유목하는 동안 무장한 위병이 이들 곡물 창고 고르파 꼭대기에서 경비를 섰다.

또 곡물 창고 입구에는 손 형상이 그려져 있는데 이는 「수호의 손」을 상징한다. 볼트식 천장이 달린 여러 층의 곡물 창고에는 계단이 있어 안에서 오르락내리락할 수 있었다.

그 밖에도 카라반이 오가는 길가 바위산 위에 축조된 크사르 무라비틴이라는 곡물 창고가 있었는데, 현재는 남아 있지 않다.

식량 비축도 성채 방어에서 빼놓을 수 없는 부분이다

● 튀니지 남부에서 관찰되는 크사르(곡물 창고)

비가 거의 내리지 않기 때문에 지붕을 점토로 만들었다. 약탈자로부터 비축 식량을 지키기 위해 무장 설비를 갖추어 놓았다. 부족이 멀리 나가 유목하는 사이에 무장한 위병이 고르파 꼭대기에서 경비를 섰다

No.070

도랑과 해자의 중요성

문서 기록이 생기기 훨씬 전부터 성을 도랑과 해자로 에워싸는 것이 방어 양식의 기본이었다. 각 지역은 지형적 특징을 살려 도랑을 만들었다.

● 성채를 도랑으로 에워싸는 것은 방어의 기본

성채를 보호하기 위해서는 주위에 방어선을 쳐 외적이 침입하지 못하도록 하는 것이 상책이다. 도랑과 흙둔덕을 둘러 바리케이트를 치는 방법은 가장 오래된 방어 양식 중의 하나이다. 그 기원은 문서 기록 시대 이전으로까지 거슬러 올라간다.

초기의 성 대부분은 흙둔덕과 도랑으로 에워쌌다. 도랑에서 파낸 흙으로 주위에 흙둔덕을 쌓고 포위지의 토대를 만들었다. 이렇게 함으로써 방어 측 사람이 성문이 아니라 벽으로 접근하는 자를 위에서 내려다볼 수 있었고, 군사면에서 우위에 설 수 있었다. 또 도랑은 공방전용 병기의 접근도 막아주었다.

성채 주변에 확실한 수원이 있는 경우에는 도랑에 물을 대어 장해물을 새롭게 추가했다. 12세기 타르투스성에서는 시리아 연안부라는 지형적 이점을 살려 이중 도랑을 언제나 바닷물로 채워두었다. 한편 내륙부에서는 수원으로 대개 샘물과 작은 강을 이용했다. 프랑스 남서부 지롱드 생메다르앙잘에 있는 요새형 **매너 하우스**는 강의 오른쪽 벼랑에 세워져 있는데 그 주위 해자에 강물을 끌어들였다.

그 밖에도 지형을 살린 다양한 방어 방식을 취했다. 곶에 세워진 성의 경우에는 진입로 전체에 도랑을 파는 것이 유효하다. 이와 같은 방법의 극단적인 예로 시리아의 살라딘성을 들 수 있다. 놀랍게도 성이 서 있는 토대 부분만을 남기고 주위를 빙 돌라 깎아냈다. 도랑 중앙에 남은 것은 기둥 모양 토대 위에 우두커니 홀로 세워진 성뿐이다. 폭 18m에 달하는 도랑을 건너기 위해서는 다리를 놓아야 했다.

이와 같이 만들어진 초기의 성에서 볼 수 있는 도랑과 토루는 일반적으로 무척 견고하여 성이 존속하는 동안 계속 유지되었다.

외적의 접근을 막는 도랑과 해자

성 주변에 해자를 파고 물을 채우면 적이 침입하기 어렵다

해자의 물을, 내륙부는 샘이나 강에서, 연안부는 바다에서 끌어왔다. 그 밖에 곶에 위치하는 성채는 주위의 바위를 깎아 육지 위의 외딴 섬처럼 도랑을 팠다.

● 공격 측의 대항책은?

해자를 메운다	해자를 흙으로 메우면 다수의 병사가 성벽에 접근할 수 있다. 하지만 해자 메우기는 적의 공격에 노출된 상태로 진행해야 하는 무척 위험한 작전이다
다리로 돌진한다	있는 힘껏 다리를 건너 돌격한다. 이 또한 성문이 열릴 때까지 적의 화살 공격에 노출되는 방법으로, 솔직히 말해 어리석은 방책이다

관련 항목

● 요새화한 저택, 매너 하우스 → No.099

No.071

성벽 위의 방어전

많은 성채의 성벽에는 보랑이 설치되어 있었다. 보랑에서 주위를 감시했고, 적병이 공격해왔을 시에는 흉벽의 전안으로 반격하기도 했다.

● 성벽 위 보랑에서 감시하고 병사를 배치한다

성채 방어에 관한 대부분의 지시는 성벽 위에서 이루어졌다. 성벽 위는 전략상 방위 측이 대단히 유리한 장소이기 때문이다. 그리고 성벽 위 중에서도 방어의 대동맥이라고 할 수 있는 곳이 보랑이다. 보랑이란 성벽 꼭대기에 설치된 통로를 말한다. 보랑은 대개 한쪽 면을 타구 있는 흉벽으로 만들어 수비를 굳건히 했다. 통로에는 일정한 모양의 포석을 깔고, 타(垜)에는 대개 전안을 뚫었다. 중세 후기의 커튼 월 중에는 외측과 마찬가지로 내측에도 흉벽이 있는 것도 있다.

흉벽으로 보호되는 보랑은 방어 측이 병사를 배치하고 물자를 공급하는 데 반드시 필요한 경로이기도 하다. 또 멀리까지 잘 내다보여서 주변 지역 동향을 감시하는 장소로서도 기능했다.

프랑스 남부에 있는 카르카손에도 마찬가지로 성벽 위에 위병이 순찰할 때 다니는 **보랑**(머치컬레이션)이 설치되어 있다. 이 보랑은 커튼 월의 양측에서 돌출된 부분이 있고, 다른 데보다 조금 넓은 공간으로 이루어진 성벽 소탑을 통과한다. 이 공간은 위병 대기소로 사용되었는데, 소탑 내벽에는 난로 설비가 있고 상부에는 석조 덮개가 있다. 지붕이 있고 문도 달려 있었던 것으로 밝혀졌다. 추운 계절에 위병이 외벽에 뚫린 전안으로 망을 보다가 비바람도 피하고 몸도 녹일 수 있도록 마련해둔 것이다.

똑같은 프랑스 남부지만 타라스콩성은 분위기가 좀 다르다. 14세기 후기에 성곽 설계의 기술 혁신이 일어났고, 연속된 보랑을 설치하기 위해 같은 높이의 탑과 커튼 월을 건설했다. 론강의 둑 위에 세워진 타라스콩성은 1400년에 건설되기 시작했으며, 지금도 현존한다. 보랑이 쭉 이어져 있어서 방위상 이점이 있을 것으로 추정되며, 미의식의 변화도 설계에 반영된 듯하다.

성벽 위 보랑은 방어의 대동맥

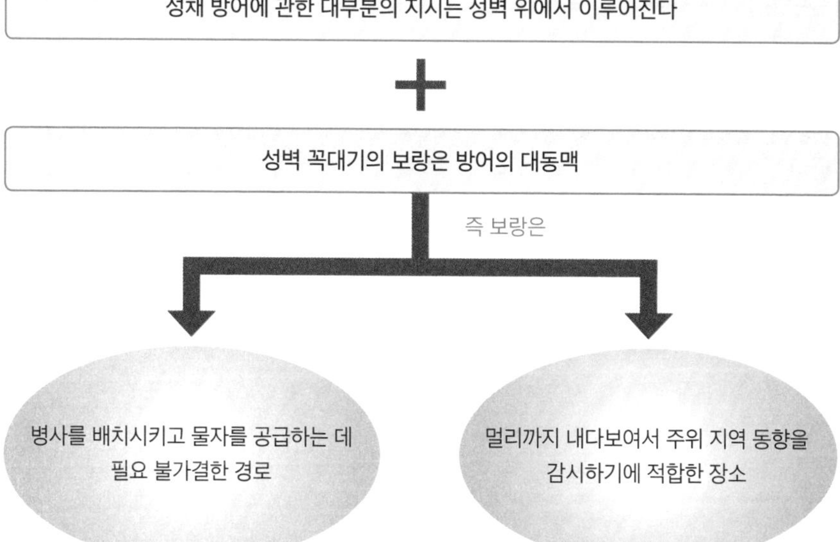

● **카르카손의 위병 대기소(위에서 내려다본 그림)**

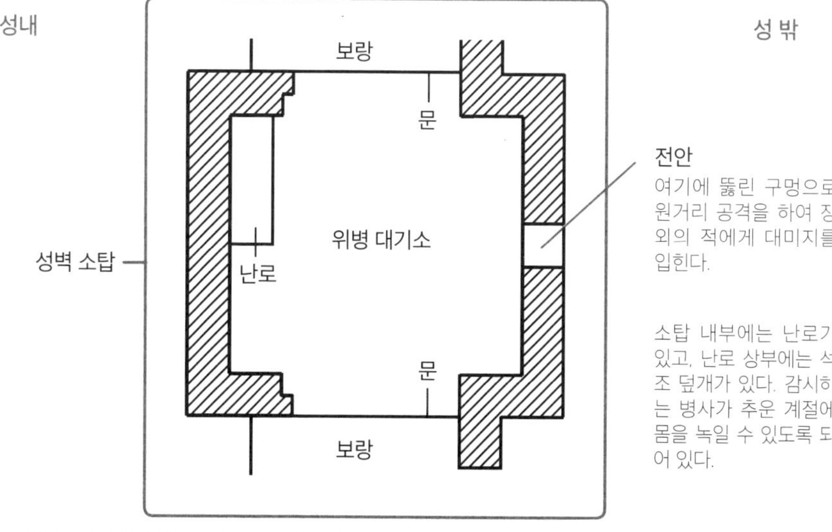

관련 항목
● 흉벽 · 머치컬레이션 → No.072
● 전안 · 총안 → No.077

No.072

흉벽 · 머치컬레이션

성벽 상부에 해당하는 흉벽에는 보랑(머치컬레이션)과 타구를 설치했다. 흉벽 꼭대기의 갓돌에서도 방어력을 높이기 위해 궁리한 흔적이 엿보인다.

● 타와 타구로 이루어진 성채의 방패

성의 흉벽에는 반드시 **타구**를 설치했다. 타구는 성이 요새로서 형식상으로 특정되는 특징 중의 하나이기도 하다. 잉글랜드에서 국왕에 의한 성의 인가는 타구를 설치하기 위한 허가라는 형태로 채택되었다. 공식 용어에서 타구는 요새와 동의어였음을 명시하는 표현이라고 되어 있다. 또 흉벽은 방어상 실용적인 하나의 형태지만, 타구에는 유행에 따른 변화도 있고, 귀족 계급을 나타내는 상징이기도 했던 것으로 추정된다.

대부분 흉벽은 타와 타구가 연속되는 형태로 만든다. 타와 타구의 제일 윗부분에는 갓돌을 설치했는데, 갓돌은 벽 가장자리에 벽 바깥쪽으로 돌출되도록 붙여 놓았다. 13세기에 많이 만들어졌으며, 전략상 목적은 적병이 쏜 화살이 흉벽 꼭대기를 스치고 성내로 들어오는 것을 막는 것이다. 또 타의 양옆도 동일하게 처리하기도 했다.

타구에는 쏘는 무기를 발사할 수 있는 나팔꽃 형태의 전안이 뚫려 있다. 사이즈는 제각각 다양하나, 초기의 타는 타구보다 상당히 넓은 경향이 있다. 또 1200년경부터 타에 전안을 뚫기 시작했다.

이윽고 보랑이 지붕과 둥근 천장으로 덮이게 되었고, 주위를 둘러싼 벽에 타구를 만들 수 없어서 개구부와 전안이 뚫린 차폐벽을 교대로 설치하는 건축 양식이 도입된다.

이와 같이 시대에 따라서 변화하기는 했으나, 타구 있는 흉벽이 보랑 전체를 방어한다는 점은 공통된다. 성채 방어에 있어서 대단히 중요한 설비이다. 그렇기 때문에 통로 높이에 변화가 있을 시에는 흉벽도 마찬가지로 높이 조절을 했다. 예를 들어 보랑에 계단이 있을 경우에는 흉벽도 동일한 높이를 유지하도록 계단 모양으로 만들었다. 수비 기능과 공격 기능을 모두 수행하는 흉벽은 성채의 방패이자 창이었다.

흉벽에 타구가 있는 것이 요새의 조건

● 외부에서 본 흉벽

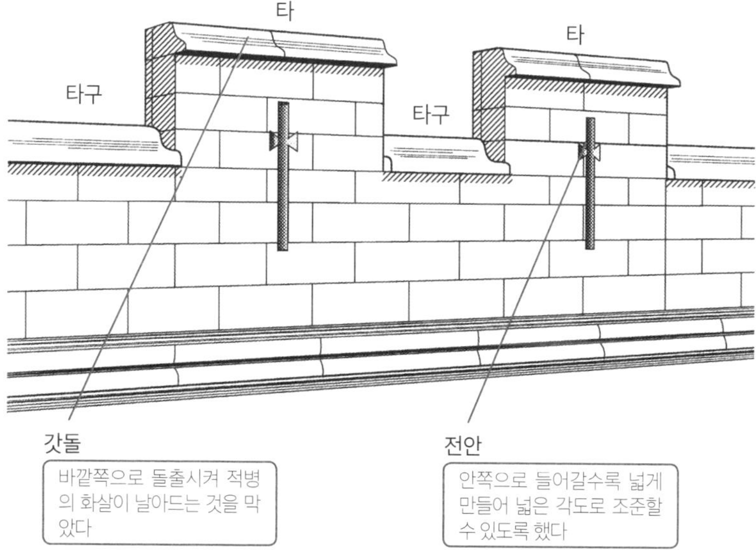

● 계단 모양의 흉벽

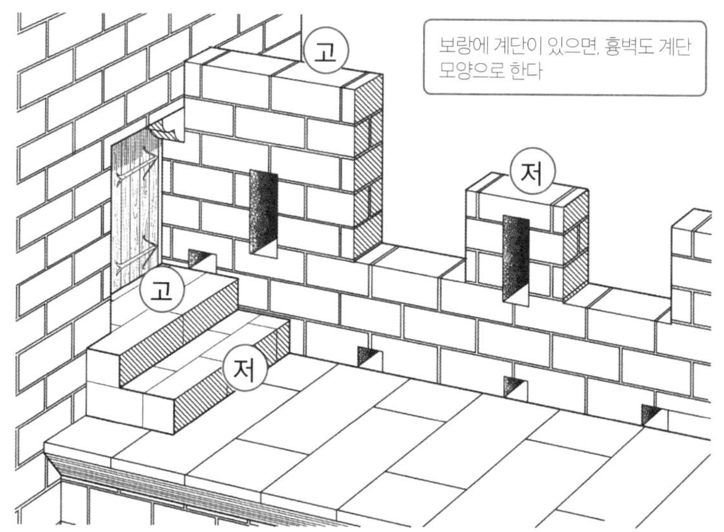

관련 항목

● 전안으로 공격하다 → No.067

No.073

쇠살문으로 방어 측의 약점을 커버하다

흉벽의 타구는 방어 측의 공격 수단임과 동시에 안정상의 약점이기도 하다. 이에 가동식 쇠살문을 설치하여 약점을 극복했다.

● 타구로부터 병사의 몸을 보호해주는 가동식 차폐

흉벽의 타(垜)는 보랑에 있는 방어 측 병사가 몸을 숨길 수 있는 공간이다. 하지만 흉벽에는 타와 타구가 교대로 있다. 연속되는 차폐물이 없는 것이 흉벽 방어 특성의 중요한 약점이었다.

이 결점을 개선하기 위해 취한 방법은 타구에 쇠살문을 설치하는 것이었다. 타구 쇠살문은 목제이며, 수평면상에서 경첩식으로 선회하도록 철제 연결구로 소정의 위치에 고정시켰다. 경첩식이라서 감시할 때나 발사물을 발사할 때 자유롭게 개폐할 수 있었다.

타구 쇠살문의 트러니언(부품을 지탱하는 회전축)은 타의 측벽 안쪽에 파인 하우징(기계 장치 등을 감싸 보호하는 상자형 부분) 내에 수납했다. 쇠살문은 목제였던 탓에 현존하지 않지만, 타에 남아 있는 홈을 보면 이와 같은 기구가 장치되어 있었음을 알 수 있다. 선회축의 한쪽 끝은 구멍 안에, 다른 한쪽은 자유롭게 떼었다 붙였다 할 수 있는 홈 안에 설치했다.

또 주위에 장벽이 있는 보랑에는 타구에 독자적으로 조작할 수 있는 이중 쇠살문을 설치하기도 했다. 지붕이 있기 때문에 타구 상부에 개방된 공간이 없고 설치와 분리가 어렵다는 이유로 이중 쇠살문을 달아서 조작을 간단하게 하고자 한 듯하다. 상부 쇠살문은 틀 위쪽을 외측 사개(판자에 홈을 파서 접합하는 공법)의 홈 내부에 고정된 철제 중심봉에 달 수 있게 되어 있다.

한편, 하부 쇠살문은 다른 방법으로 고정시켰다. 외면에 경첩봉을 달아서 타구 양쪽 벽면에 고정해놓은 한 쌍의 경첩에 걸 수 있도록 했다.

이중 쇠살문에는 그 밖에도 이점이 있었다. 상부 쇠살문을 열면 위험에 몸을 노출시키지 않은 채 환기도 시키고 햇볕도 들게 할 수 있었다.

쇠살문은 상황에 따라 자유롭게 움직일 수 있는 차폐물

● 외부에서 본 흉벽

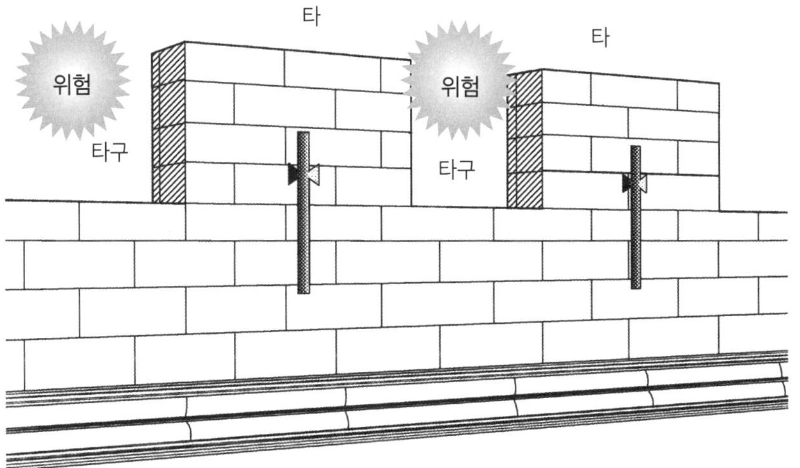

타구과 타로 이루어진 흉벽에는 연속된 차폐물이 없는 것이 약점이다.

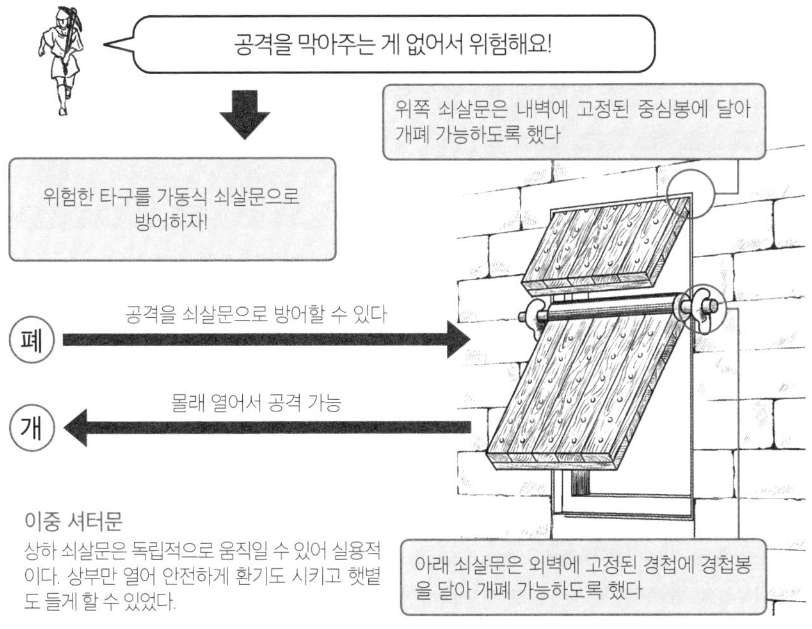

이중 셔터문
상하 쇠살문은 독립적으로 움직일 수 있어 실용적이다. 상부만 열어 안전하게 환기도 시키고 햇볕도 들게 할 수 있었다.

관련 항목

● 흉벽 · 머치컬레이션 → No.072

No.074

망루에서 큰 돌과 뜨거운 물로 공격

성벽을 보호하기 위해 흉벽 상부에 망루라는 돌출된 보랑을 설치하기도 했다. 여기에서 성병은 큰 돌과 뜨거운 액체로 적병을 공격했다.

● 성벽 밑을 향해 수직 공격을 가할 수 있는 가설 보랑

12세기에 걸쳐서 성탑과 성벽 **흉벽**에 망루라는 수비 시설이 축조된다. 이 목조 건축물은 흉벽 정면에 성벽으로부터 돌출되게 설치되었으며, 통상적으로 성병을 보호하기 위해 목조 지붕을 씌웠다. 망루는 방어상 최전선을 만들어 성벽 정면 영역을 직접 지배하기 위해 설치했다. 석조 축성 건설 중에는 도랑과 지지재를 성벽과 성탑에 설치했는데, 이것이 망루를 지탱하기 위한 목조 코벨(지지대) 또는 대들보가 되었다.

망루는 성벽에서 돌출된, 소위 공중에 붕 떠 있는 보랑이다. 구조가 이렇다 보니 **성벽 아래쪽에 있는 적**을 사격하는 것이 가능했다. 목조로 된 망루 바닥에 개구부가 있었다. 성병은 여기로 큰 돌과 뜨거운 액체를 투하하여 **성벽을 기어오르는 공성병**을 떨어트렸다. 성벽 하부에 플린스(기초부의 비스듬한 경사면)가 있는 경우에는 적의 투사물을 바깥쪽으로 튕겨내 성벽 근처까지 접근한 부대에 타격을 줄 수 있었다. 또 궁병은 망루 바로 밑에 있는 적에게 직접 활을 쏠 수도 있었다.

또 망루는 성벽을 보호하는 완충재로서의 역할도 했다. 설령 망루가 파괴되더라도 그 뒤에 있는 흉벽은 무사하기 때문이다. 일반적으로 망루는 가설물에 지나지 않았다. 성채가 위험에 직면하면 건설하고, 위기가 지나면 철거한다. 망루가 몇 년이나 버틸 수 있는지는 정확하게 알 수 없으나, 목조 축성으로 미루어봤을 때 수년에서 수십 년은 사용 가능하지 않았을까 생각된다.

하지만 어디까지나 추측에 지나지 않는다. 중세 망루는 극히 적은 수의 일례만이 존재하며, 망루의 특징에 관한 정보는 당시의 회화와 망루가 설치되었던 성벽의 돌 세공을 통해 읽어낼 수밖에 없기 때문이다. 하지만 유일하게 현존하는 프랑스 북부의 라발성 망루는 그 구조로 미루어보아 영구적 건축물로 설계되었음을 알 수 있다.

성벽 위에 설치된 망루에서 적을 요격한다

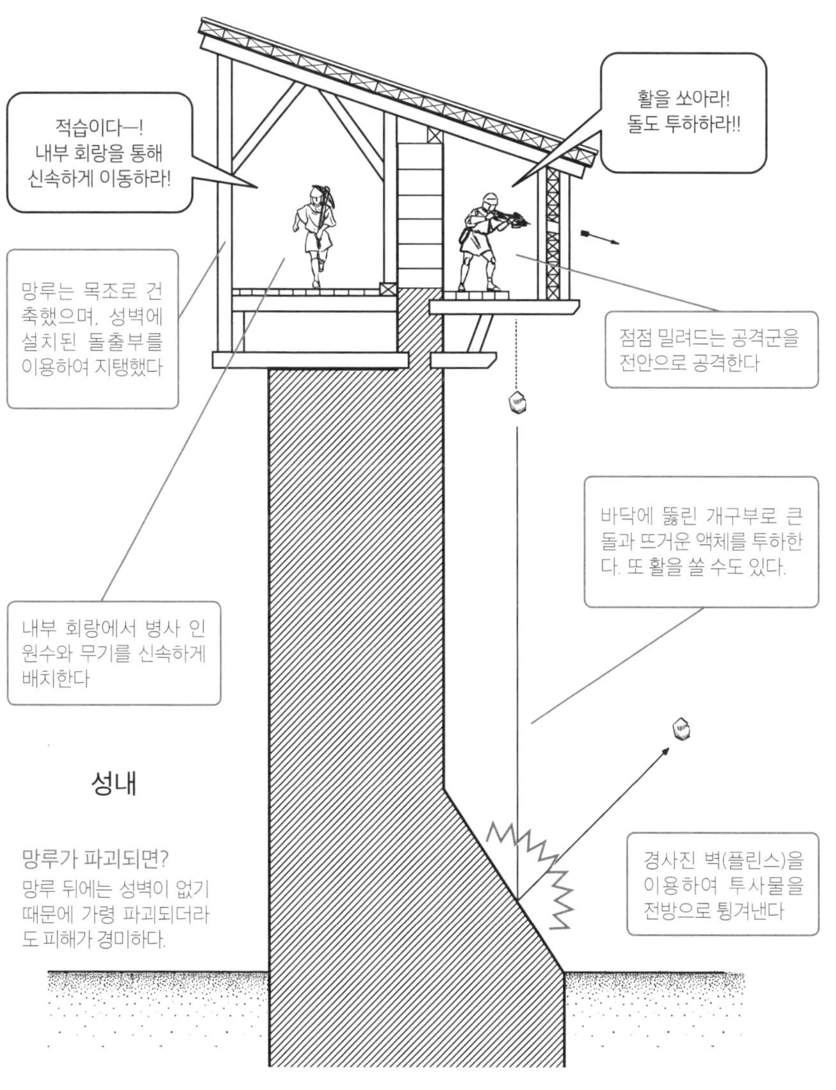

망루는 성채가 위험에 직면하면 건설하고, 위기가 지나면 철거한다

관련 항목

- 에스컬레이드(성벽을 기어오르다) → No.052
- 공성병기2 파성추(충각) → No.054
- 흉벽 · 머치컬레이션 → No.072

No.075

현안(외보) · 살인공

목조 망루는 이윽고 석조 현안으로 발전했다. 성벽 기초부를 지키는 현안 외에 성문을 지키는 살인공이라는 비슷한 장치도 있었다.

● 적의 머리를 공격하는 내화성 설비

망루를 이용하여 커튼 월의 기초부를 지배할 수 있었다. 성벽 공격과 **사다리**를 이용한 침입에는 발군의 방어력을 보였다. 하지만 망루의 결점은 목조라는 점이었다. 목조인 탓에 **투석기**와 불을 이용한 공격에는 거의 속수무책이었다고 할 수 있을 만큼 약했다. 이 약점을 극복할 해결법 중의 하나가 돌로 망루의 기능을 본뜬 벽 상부 방어 방식을 구축하는 것이었다. 튼튼하며 내화성도 있는 도랑 형태의 현안(돌 구멍)은 이러한 방식의 초기적 시도이다.

서유럽에서는 도랑 형태 현안의 일례를 프랑스 노르망디에 있는 가이야르성의 돈존에서 볼 수 있다. 1196~1198년에 건축된 **흉벽**은 첨탑 아치형으로 연결한 쐐기 모양의 버팀벽(주벽에 수직으로 접하는 보조벽)이 지탱해주고, 현안 도랑은 버팀벽 사이의 오목한 부분에 설치되어 있다.

14세기에 들어 도랑 형태의 현안은 주요한 **요새형 주거**에도 채용된다. 프랑스 남부에 있는 아비뇽 교황청은 기울임 효과(경사지게 세운 기둥)를 준 초석과 버팀벽을 지탱하는 현안을 합쳐서 강력한 요새를 만들었다.

또 방어의 핵심인 성문에도 다양한 장치를 했다. 성의 입구는 의심의 여지 없는 약점이기 때문에 앞쪽에 외보(바비칸)라는 방어 시설을 설치하기도 했다. 한 쌍을 이루는 좌우의 거대 탑으로 입구 방어를 단단히 했는데, 여기에도 현안과 같은 구조가 있어서 아치형 천장에서 적을 향해 돌 등을 떨어트릴 수 있었다.

성문만 놓고 보자면 살인공도 현안의 일종이라 할 수 있다. 성문 통로의 둥근 천장이나 높은 곳에 뚫린 개구부는 상층 점거자가 이용했다. 배치된 방어 측 병사가 허락 없이 성문으로 침입한 자를 활이나 투석 등으로 습격할 수 있는 수단이었다.

낙하물로 공격하는 현안

● **가이야르성의 현안**

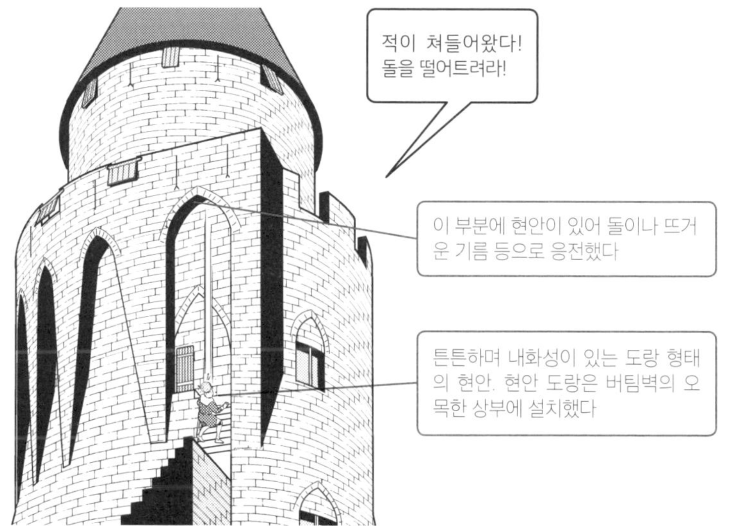

성문 상부에 살인공을 만들어 적을 요격한다

성문 내부 평면도

현관 상부에 살인공이 2열로 배열되어 있으며, 각 열의 사이가 내리닫이 격자문으로 닫히는 부분이다.

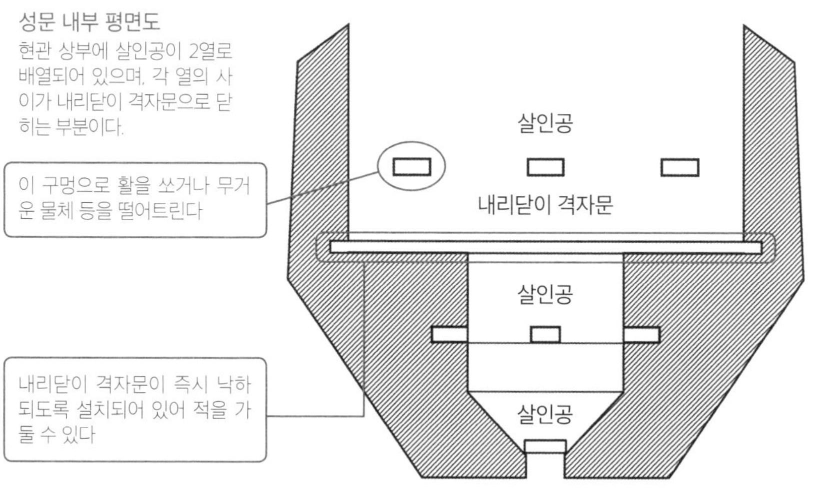

관련 항목

● 에스컬레이드(성벽을 기어오르다) → No.052
● 흉벽 · 머치컬레이션 → No.072
● 공성병기4 투석기 · 캐터펄트 → No.056
● 요새화한 저택, 매너 하우스 → No.099

No.076

성벽 꼭대기의 방어와 그 방법

성벽 꼭대기의 방어 시설은 시대의 흐름과 함께 발전해 나아갔다. 목조 망루는 여러 층으로 이루어지게 되었고, 석조가 된 후에는 건축적으로 진화 · 발전했다.

● 여러 층으로 이루어진 방어 시설을 성벽 상부에 만들다

목조 **망루**가 발전함으로써 성채 꼭대기의 방어가 더욱 견고해졌다. 가공하기 용이한 목재의 특성을 살려서 2층 또는 3층으로 만든 복수층 망루까지 등장한다. 프랑스 쿠시성의 돈존에 재현된 망루에는 2단의 방어 시설이 있다. 제1 설비는 망루 아래에 있는 석조 내부의 **전안**을 이용하여 성벽 뒤의 포좌에서, 제2 설비는 성벽 바깥에 있는 망루 자체에서 응전하게 되어 있다.

이윽고 목조 망루는 석조 현안으로 교체된다. 그 덕분에 강도와 내구성이 향상된 건축물이 된다. 하지만 훨씬 무겁고 탄력성이 낮은 석재의 특성상 목재 건축물을 완전히 똑같이 복제하지는 못했다. 특히 목조 망루에서 관찰되던 복수층의 방어 시설을 배열하는 것은 불가능하다고 여겨졌다.

하지만 14세기 프랑스에서 어떤 변화가 일어난다. 성곽 건축가들이 고심한 결과, 동일한 결론에 도달했고, 나아가 눈부신 건축학적 특징을 창출할 대체 방법을 고안해냈다. 파리 근교의 피에르퐁성에서는 3계층으로 이루어진 성벽 꼭대기 석조 방어 시설을 건설했다. 3계층 가운데 1층은 까치발(돌출부의 무게를 지탱하는 구조물)이 받쳐 든 정면벽과, 후방벽 쪽으로 경사진 지붕과 현안이 있는 회랑으로 되어 있다. 회랑 뒤쪽과 상부는 **타구**를 설치한 계층이고, 상부에는 외부 보랑과 타구 뚫린 **흉벽**이 있다.

현안이 있는 회랑층은 보랑이 벽의 동살(가로로 끼워진 살) 위에 있기 때문에 외벽이 좁다. 벽은 회랑 뒤쪽에서 지탱되며, 회랑과 마찬가지로 타구와 전안이 뚫린 다른 계층을 만들어낸다. 또 타구 뚫린 흉벽은 다른 층의 방어 시설도 형성한다. 이러한 구조를 고안해냄으로써 복수층에서 방어하는 것을 가능케 했다.

성벽 상부의 방어는 목조에서 석조로

목조 망루는 가공하기 쉽다

2층, 3층 등, 여러 층으로 된 망루가 만들어졌다

하지만 목조 망루는 화력병기에 약했다

석조 현안이라면 불 공격에도 끄떡없을 것이다

하지만 석재로 목조 망루와 똑같이 만들 순 없다

14세기 프랑스에서 여러 층의 석조 시설이 고안된다

피에르퐁성의 방어 시설

1층에는 까치발로 받쳐 든 회랑이 돌출되어 있고, 그 뒤와 상부가 2층, 흉벽이 3층이다. 이와 같은 3계층의 방어 시설을 건설했다

관련 항목

- 전안으로 공격하다 → No.067
- 망루에서 큰 돌과 뜨거운 물로 공격 → No.074
- 흉벽 · 머치컬레이션 → No.072
- 전안 · 총안 → No.077

No.077

전안 · 총안

방어 측은 성 내부에 있는 전안으로 원거리 공격을 하여 적을 요격했다. 14세기 말부터는 소총용 총안이 같은 역할을 했다.

● 출격하지 않고 공격군을 습격하는 수단

공격군이 접근해왔을 때 방위 측 병사가 출격하지 않고 적을 요격하는 주요 수단 중의 하나가 활 또는 석궁을 이용한 원거리 공격이었다. 초기 성에서는 커튼 월의 **흉벽**이 주요 배치 거점이었는데, 적의 보복에 활 쏘는 사수가 무방비하게 노출되었다. 이에 성의 건축 재료 안쪽에 전안(활 구멍)을 만들었다. 성 내부에 배치 거점을 마련하면 활과 석궁 사수를 비교적 안전한 공간에 배치한 상태로 공격 지휘를 할 수 있었기 때문이다.

사수의 작전 기지는 벽감이라 불리는 전안 후방에 있는 튼튼하고 오목한 공간이었다. 사수는 전안의 나팔꽃 구멍(나팔꽃처럼 앞쪽으로 갈수록 점점 넓어지는 구멍)에 접근할 수 있었으며, 벽감에는 긴 석조 의자를 설치하기도 했다. 벽감이 생긴 덕분에 외벽에 있는 전안 전체를 방어할 수 있게 되었다. 또 전안의 나팔꽃 구멍은 경사가 져 있어 넓은 사격 범위를 확보할 수 있었다. 하지만 벽 두께가 비교적 얇은 성의 경우에는 벽감이 없더라도 사수가 전안에 충분히 가까이 접근할 수 있었다.

한편 총안(총 구멍)은 14세기 후기 이후 일시적인 유행으로 잉글랜드의 성에 도입되었다. 프랑스에서 일반적으로 도입되기 시작한 것은 더 시간이 지난 후이다. 15세기에 들어 증가했으며 주요한 방어 시설이 되었다. 중세 후기의 총안은 모두 대포용이기보단 소형 총용이었을 것으로 추정된다.

총안은 측탑 내부나 성문 상부에 주로 설치되었다. 총안의 형태는 다양하지만, 가장 오래된 총안은 원형 왜이에(=구멍) 형태일 것이다. 잉글랜드에 있는 초기의 총안은 거꾸로 된 열쇠구멍형으로, 총용 원형 왜이에가 있고 그 위에 기다란 조준 홈이 있다. 그 밖에도 원형 왜이에와 조준 홈이 독립된 형태의 것, 덤벨형이라 불리는 제2의 왜이에가 있는 것 등이 있다. 하지만 총안은 전안만큼 정연하게 배치되지 않았으며, 특정한 장소에 집중되어 있었다.

비교적 안전한 성 내부에서 사격하다

● 벽감이 있는 전안

● 다양한 총안의 형태

거꾸로 된 열쇠구멍형
총용 원형 왜이에가 있고, 그 위에 기다란 조준 홈이 있다

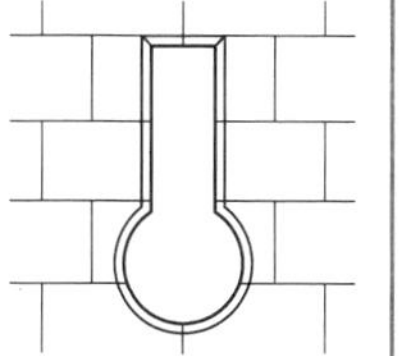

덤벨형
조준 홈 위에 제2의 왜이에가 있는 형태

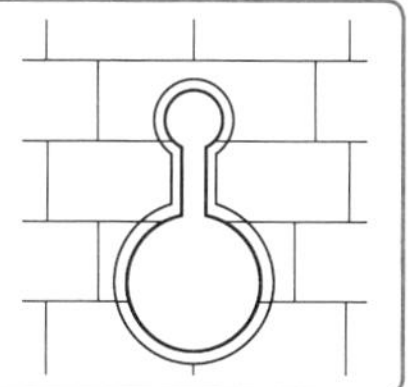

독립형 조준 홈
왜이에는 돌 하나를 깎은 것이며, 조준 홈과는 독립되어 있다

경사진 나팔꽃 입구
사격 범위를 넓히기 위해 깊고 경사진 나팔꽃 구멍 내부에 설치했다

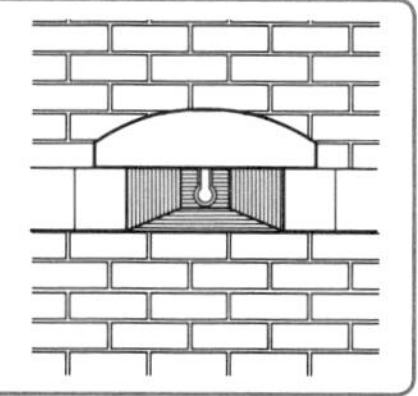

관련 항목

● 흉벽 · 머치컬레이션→No.072
● 수동적 방어와 능동적 방어 → No.080

No.078

수비에 적합한 성벽

성벽은 침입자로부터 성채 도시를 지키기 위한 가장 주요한 설비이다. 따라서 성벽은 적이 습격해와도 견딜 수 있을 만큼 견고해야 했다.

● 충분한 두께와 높이, 기초부에는 플린스 시공

성채의 주된 목적은 적의 도시 침입을 막는 것이다. 그래서 철저하게 수비라는 관점에서 다양한 장치를 했다. 먼저 파성추 공격에도 버틸 수 있는 충분한 두께, 그리고 사다리로도 오를 수 없는 충분한 높이가 요구되었다. 두께가 25~34m였다는 고대 우르 성벽과 높이가 25m였다는 바빌론 성벽 등이 그 좋은 예이다.

또 성채는 밑에서 날아오는 투척물로부터 방어 측을 보호하고, 동시에 벽의 기초 부분을 방어할 수 있어야 했다. 이러한 문제를 해결하는 방법 중의 하나가 성벽에 기울임 효과를 주는 것이다. 기울임 효과란 성채 기초부에 경사면이 생기도록 좀 더 두툼하게 만드는 것을 말한다.

플린스 시공을 했을 때 생기는 이점이 몇 가지 있다. 첫째, 굴착으로부터 성벽을 보호해 주고, 기초부가 넓어져 벽의 안정성이 높아진다.

둘째, 공성병기는 기초부에서 어느 정도 거리를 두고 쓸 수밖에 없기 때문에 벽을 오르기가 더욱 어려워진다.

셋째, 경사면으로 인해 성벽이 더욱 두꺼워져 포격에 대한 방어력이 높아진다. 나아가 플린스 위쪽에서 공격군을 노리고 기세 좋게 공격을 가할 수도 있다.

타구 있는 흉벽은 방어병을 보호하고, 벽 상단에서 돌출된 보랑은 벽의 기초부를 지키는 역할을 한다. 그리고 누벽을 옆에서 방어하기 위해 벽에서 돌출된 탑을 화살 사정거리 안에 세웠으며, 물을 채워놓은 넓은 해자를 건너야 했기 때문에 침입자는 벽에 접근하기가 더욱 어려웠다.

그럼에도 공격군은 바득바득 다가왔고, 불 공격에 노출되어 성벽에 불이 옮겨붙을 시에는 노인과 동물의 오줌으로 불을 끄거나 어떻게든 불길이 번지는 것을 지연시키고자 했다. 성벽을 지키기 위해 공방전이 시작되기 전에 노인과 동물의 오줌을 대량으로 모아 사전에 성벽 내에 저장해 두었을 정도이다.

성벽에 요구된 두 가지 중요한 요소

① 성벽은 충분히 두꺼워야 한다

②성벽은 충분히 높아야 한다.

왜냐하면

파성추의 파괴력에도 버틸 수 있어야 하기 때문이다

고대 우르 성벽의 두께는 25~34m였다

사다리로도 오를 수 없어야 하기 때문이다

바빌론성 성벽의 높이는 25m였다

성벽에 플린스 시공을 한다

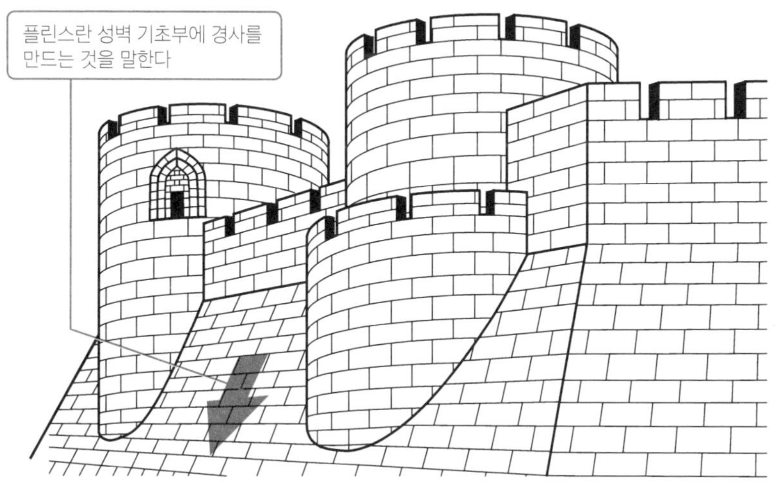

플린스가 있으면 다음과 같은 이점이 생긴다

- (공) 바위 등의 투하물을 경사면으로 튕겨내 적을 공격한다.
- (수) 경사 때문에 긴 사다리가 필요하므로 성벽을 오르기가 어렵다.
- (수) 얇은 성벽에 비해 포격에 대한 내구력이 뛰어나다.
- (수) 벽이 두꺼워서 벽을 뚫으려는 공격으로부터 벽을 보호할 수 있다.

관련 항목

● 망루에서 큰 돌과 뜨거운 물로 공격 → No.074

No.079

다중 성벽으로 방어하기

침략자가 성채 내부로 진입하는 것을 막기 위해 성벽을 튼튼하게 만든 것은 물론이고 여러 겹으로 축조하는 방법을 취하기도 했다.

● 중세 축성의 궁극의 형태

본성에 적이 쉽사리 접근할 수 없도록 하는 것이 성채 방어의 철칙이다. 이에 이중·삼중의 환상(環狀) 벽으로 도시를 에워싸기도 했다. 이와 같은 다중 환상 성벽을 갖춘 복합 성채 건축은 갖가지 방어를 겹겹이 두른 중세 축성의 궁극적인 형태라 하겠다.

그 좋은 예가 영국 켄트주에 있는 도버성이다. 도버성은 다중 환상 구축물의 전형적인 예로, 위대한 축성가 헨리 2세와 그의 공병(군사 기술자)들, 이를 이어받은 존왕과 헨리 3세를 비롯한 역대 왕들의 진력과 막대한 자금에 힘입어 중세에서 가장 견고한 성채 중의 하나로 발전했다.

도버성을 철벽 방어 가능한 성곽으로 만든 것은 무엇보다 다중 환상 성벽을 갖춘 설계에 있었다. 대성탑 주위로 한 겹이 아닌 이중 커튼 월을 높은 흙둔덕과 깊은 해자 사이에 세웠다. 외성벽은 1180년대에 건설하기 시작하여 잉글랜드의 존왕 치정(재위 1199~1216년) 시대에 겨우 완성되었다. 도버성은 다중 환상 성벽을 갖춘 서구 최초의 성채로 이름을 떨쳤다.

도버성은 그 밖에도 다양한 방어 설비를 갖추고 있었다. 이중 성벽과 성벽에서 돌출된 성탑으로 둘러싸인 커다란 주탑은 공방전 시 난공불락의 최후의 요새가 되었다.

또 **프랑스군이 갱도를 파 들어왔던** 쓰라린 경험을 반성하여 성벽 바깥쪽에 3층 구조의 탑(세인트 존 탑)을 세우고 지하도를 통해 오갈 수 있도록 했다. 다중 환상 방어 시설, 거대한 탑, 등간격으로 설치한 수많은 성탑, 나아가 육지와 바다를 한눈에 조망할 수 있는 깎아 세운 듯한 절벽 위에 위치하는 입지적 특성 등이 맞물려 도버성은 「잉글랜드로 들어가기 위한 관문」이라고 불리게 된다.

이중 성벽으로 둘러싸인 도버성

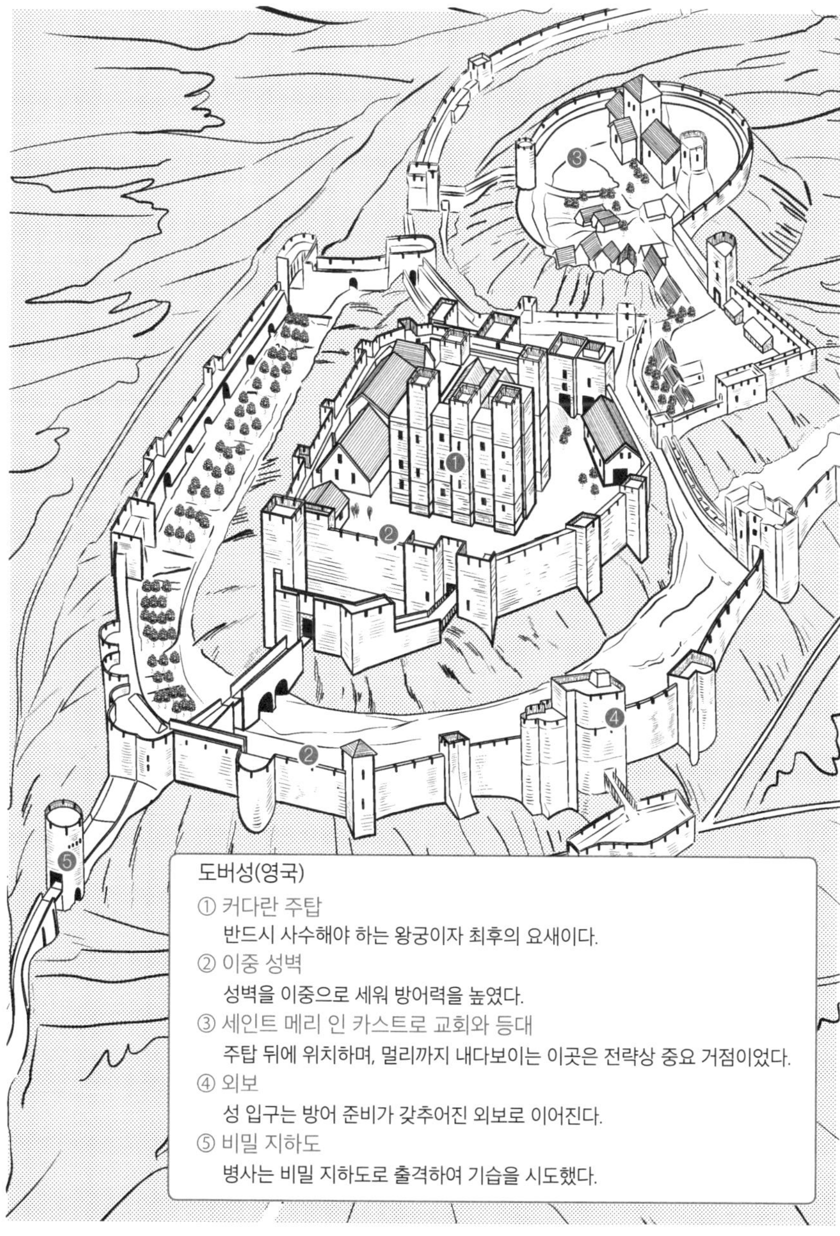

도버성(영국)

① 커다란 주탑
반드시 사수해야 하는 왕궁이자 최후의 요새이다.

② 이중 성벽
성벽을 이중으로 세워 방어력을 높였다.

③ 세인트 메리 인 카스트로 교회와 등대
주탑 뒤에 위치하며, 멀리까지 내다보이는 이곳은 전략상 중요 거점이었다.

④ 외보
성 입구는 방어 준비가 갖추어진 외보로 이어진다.

⑤ 비밀 지하도
병사는 비밀 지하도로 출격하여 기습을 시도했다.

관련 항목

● 땅을 파고 전진하여 성벽을 공격하는 갱도전 → No.058

No.080

수동적 방어와 능동적 방어

공격군으로부터 성벽을 방어할 때도 시대에 따른 의식 변화가 있었다. 즉, 수동적인 방어에서 능동적인 방어로의 변화이다.

● 벽에 머물며 방어할 것인가, 벽을 떠나 출격할 것인가

기원전 4세기경까지는 수동적인 방어가 방어에 대한 지배적인 개념이었다. 기원전 4세기 중엽 무렵에 세워진 프리에네는 그야말로 그러한 개념하에 만들어진 성채 도시였다.

도시를 에워싼 성벽이, 저지대 4분의 3 지역은 벽이 마을 바깥 테두리에 딱 붙어 있는 반면, 북쪽은 마을 너머로 쭉 뻗어 나가서 산의 정상까지 아우른다. 이는 공격해온 적군에게 높은 지대를 빼앗기지 않기 위한 조치였을 것으로 파악된다.

프리에네와 같은 성채 도시의 경우, 방어 측은 만내(灣內)에 적군을 머물도록 하기 위해 주로 벽의 높이와 강함에 의지했고, 공격받는 중에도 벽의 보호를 받는 위치에서 좀처럼 벗어나지 않았다. 포위공격용 병기, 예를 들어 파성추 등의 효과를 극대화시키기 위해서는 벽 가까이 운반할 필요가 있는데, 방어 측은 이때도 **타구**가 있는 벽 위나 탑에 숨어 몸을 보호하며 적이 충분히 접근하면 그제서야 공격병기의 힘을 제압하려 했다.

그러다 기원전 4세기 이후, 방어 개념에 근본적인 변화가 일어난다. 그 실례를 시칠리아 섬의 **시라쿠사**와 셀리누스에 건설된 요새에서 찾아볼 수 있다. 두 요새의 설계가 오랜 세월 지속되어온 수동적 방어라는 병법이 자취를 감추고 능동적인 방어로 대체되기 시작했음을 보여준다. 능동적 방어란 포위 공격을 받게 된 성의 수비대가 벽의 방어로부터 벗어나 빈번하게 출격하여, 적의 포위 공격 준비 단계를 교란시켜 성을 공격하지 못하게 무력화하는 것이다.

시라쿠사는 기원전 734년에 건설된 도시로 코린토스의 식민지이다. 기원전 415년에 아테네인에게 포위 공격당했다. 공격 측의 실수로 다행히 위험은 넘겼지만, 도시는 참담한 타격을 입었다. 쓰라린 경험을 반성하여 디오니시오스 1세(치정 기원전 405~367년)가 전체 길이 20km에 달하는 성벽을 축조했고, 덕분에 그 후 일어난 카르타고 포위 공격을 처음부터 끝까지 잘 막아낼 수 있었다.

수동적 방어란?

아무리 공격받더라도
결코 성벽에서 벗어나지
않는다!

성벽을 방어 라인 삼아 전투한다

전형적인 예	프리에네	현재의 터키에 있던 성채 도시 프리에네. 방어 측은 좀처럼 벽에서 벗어나지 않았다.

(!) 기원전 4세기에 방어 개념이 변화한다

그리고 능동적 방어의 시대로

준비 중인 적을 공격하여
적 진영을 흐트러뜨리다

방어 측의 공격

성내
필요한 수비대만 남긴다

전형적인 예	시라쿠사 셀리누스	성을 떠나 적극적으로 적진을 공격한다. 기원전 4세기 이후 야전을 전략적으로 확립해 나간다.

관련 항목

● 고대의 성채 도시3 ~방어의 혁명~ → No.013
● 전안으로 공격하다 → No.067

No.081

벌집 모양으로 만들어진 회랑과 보랑

디오니시오스의 방어 시설과 셀리누스의 요새에서는 회랑과 보랑을 벌집 모양으로 만들어 수비대가 신속하게 이동할 수 있도록 했다.

● 요새의 각 위치로 신속하게 병력을 보낸다

능동적 방어로의 변화가 성채의 구조까지 극적으로 변화시켰다. 디오니시오스의 방어 시설에서 열쇠를 쥔 에우리알로스성에서 그 흔적을 찾아볼 수 있다.

폭이 약 60m인 바위 턱에 위치하는 이 요새는 에피폴라이 고원으로 가는 주요 출입 통로의 측방을 지켰다. 다섯 개의 탑과 세 개의 해자로 방호하고 크고 작은 돌출 벽으로 방어했다.

가장 특징적인 점은 지하 회랑과 보랑이 벌집 모양으로 조직된 복합 체제라는 점이다. 수비대는 이 지하 회랑을 이용하여 출입 통로로 침입한 적을 등 뒤에서 공격할 수 있었다. 요새의 공격력과 기동성을 동시에 높여준 셈이다.

셀리누스에서도 동일한 변화가 관찰된다. 셀리누스는 기원전 7세기 그리스의 식민지였다. 기원전 409년에 카르타고군의 포위 공격으로 한 번 파괴되었다가 기원전 397년에 다시 독립하여 재건된 요새이다. 셀리누스 북문에 있는 동쪽과 서쪽 탑을 연결하는 보랑에는 해자 쪽으로 직접 열리는 여러 개의 작은 문과 뒷문이 설치되어 있으며 이 역시 요새의 각 장소로 통한다. 이 보랑을 이용하여 수비대는 방어 시설 내외로 이동하거나, 혹은 벽의 **타구**에서 엄호 사격을 하거나, 또는 적의 공격병기를 파괴하기 위해 출격했다. 이러한 요새 구조는 방어 개념의 중점이 융통성과 기동성으로 이동했음을 보여준다.

또 셀리누스에서는 오래된 시설도 활용했다. 오래된 문을 남겨 예비 주둔지로 삼고, 밖으로 출격한 급습부대에 신속하게 원병을 보냈다. 이리하여 기동성과 공격성을 강조한 지극히 융통성 좋은 방어 체계가 갖추어졌고, 최고 수준에 달하는 고대 성채 도시로 완성되었다.

벌집 모양 회랑으로 기동성 확보

● **지하 회랑을 이용하여 적을 등 뒤에서 습격한다.**

● **벌집 모양으로 퍼진 회랑과 보랑으로 자유자재로 병력을 이동시킨다**

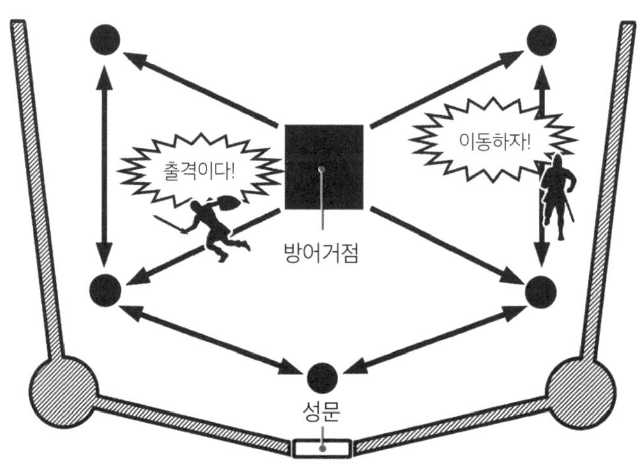

적에게 방해받을 걱정 없이 전황에 따라서 어디로든 부대를 보낼 수 있다.

셀리누스는 오래된 문을 예비 주둔지로 삼고,
밖으로 출격한 급습부대에 신속하게 원병을 보냈다

관련 항목

● 전안으로 공격하다 → No.067

비겁한 자가 쓰는 무기로 여겨진 활

일본 전국시대에 칼로 서로를 벤 백병전은 드물었으며, 활로 서로를 쏘는 방식이 일반적이었다는 설이 다수 제기되고 있다.

총이 전래된 이후로는 총이 활의 역할을 대신하게 되었으나, 전투 시 활을 이용한 원거리 공격이 대단히 유효했었다는 사실에는 변함이 없다.

그렇다면 성채 도시가 융성했던 중세 시대 유럽은 어땠을까? 일본과 마찬가지로 유럽에서도 활은 무척 유용한 무기였다. 활은 본디 수렵할 때만 썼던 무기인데, 프랑크족이 전장으로 가지고 들어온다. 프랑크족은 게르만족의 일파로 라인강 변을 거점으로 하던 부족이다. 768~814년에 재위한 프랑크족의 왕 카롤루스 대제는 활을 중시하여 병사들에게 창과 함께 장비하도록 명했다.

활을 특히 잘 다루었던 민족은 같은 게르만 계열의 노르만족이다. 885년에 노르만족이 파리성을 공격했다. 결과적으로는 패했지만, 하늘을 뒤덮을 만큼 비 오듯이 활을 쏘아 적병을 공포에 떨게 했다고 전해진다.

활과 함께 석궁도 유용한 원거리 공격 수단으로 여겨졌다. 그렇다면 이 두 무기가 전쟁터의 꽃이었는가 하면 또 그렇지는 못했다. 왜냐하면 활과 석궁은 비겁한 자가 쓰는 무기라며 일부가 기피하고 혐오했기 때문이다.

그 일부란 바로 기사였다. 말 달려 적진을 공격하고 손에 든 장창으로 적을 찌르는 용맹한 전투만을 바람직하게 여긴 기사들 눈에 창이 닿지 않는 곳에서 공격을 반복하는 활은 긍지 높은 무기로 비치지 않았다. 기껏해야 패기 없는 보병의 무기에 불과하다며 경멸했다.

그러나 기사도 활의 유용성은 인정했다. 아니, 두려워했다는 표현이 더 적합할 것이다. 제아무리 말이 빠르더라도 날아오는 활을 피하는 것은 결코 쉬운 일이 아니다. 맹렬하게 돌진하는 기사도 궁병에게는 쏘기 좋은 먹잇감에 지나지 않았다. 전장에서 기사는 궁병 손에 그저 놀아날 뿐이었다.

기사가 활을 두려워한 이유가 한 가지 더 있다. 그 비겁한 무기를 든 서민이 만일 반란을 일으키면 무척 진압하기 어렵다는 점 때문이었다. 역사적으로 신분 높은 자들은 다름 아닌 무력이 강했기 때문에 평민을 지배할 수 있었던 것이다. 만일 무력에서 뒤지면 수적으로 압도적으로 많은 평민층에게 권력과 재산을 빼앗길 수 있다.

이에 당시 권력자들은 활 사용을 금하도록 명했다. 이에 의견을 같이한 작가들은 저작 속에서 활은 비겁한 자가 쓰는 무기라고 썼고 또 신의 뜻을 거역하는 무기라고 강조하며 부정적인 이미지를 심고자 열을 올렸다. 하지만 끝내 활이 보급되는 것을 막지 못했고, 활은 오래도록 유용한 공격 수단으로 계속해서 전장에서 이용되었다.

제4장
세계의 유명한 성채 도시

No.082

카르카손(프랑스)

「프랑스에서 가장 아름다운 중세 성벽」이라 칭송되는 카르카손. 이중 환상 성벽에 둘러싸인 과거 성채 도시의 모습이 오늘날에도 남아 있다.

● 현존하는 유럽 최대의 성채 도시

프랑스 남부 오드현에 위치하는 카르카손. 마을을 한눈에 내려다볼 수 있는 천연의 고지대 위에 세워진 이 성채는 자연경치 맑고 아름다운 관광도시이다. 현존하는 중세 성채 도시 가운데 유럽 최대급이며, 「역사적 성채 도시 카르카손」으로 세계 유산에 등록되어 있다.

카르카손에 성채 도시가 생긴 시기는 갈로 로만 시대(기원전 3세기 말~기원후 5세기)이다. 지중해와 대서양을 잇는 교통 요충지라서 고대부터 번영했으며, 그 무렵에 최초의 성벽이 축조되었다. 12세기에는 백작 가문의 성이 세워졌고, 성 주위에 성벽과 해자가 정비되었다.

벽으로 둘러싸인 성채 도시는 「시테」라고 불리게 되는데, 13세기 초에 파괴된다. 하지만 프랑스의 왕 루이 9세와 그의 아들 필립 3세가 강화 · 복구하여 현재와 거의 같은 형태가 된다.

카르카손을 상공에서 내려다보면 주거용 건물과 교회가 세워진 지구에 비해 군사 시설 지구가 훨씬 넓은 것을 알 수 있다. 성벽과 탑 윗부분이 돌출 구조로 되어 있으며, 목제 돌출 **타구**를 갖추었고 후년에는 **현안**이 추가되었다. 성벽 아래서 공격해오는 적의 머리를 여기에서 공격할 수 있게 되어 있다. 또 성채 바깥쪽으로 난 창에는 가늘고 긴 **총안**을 설치하여 내부에 있는 아군을 적의 탄환으로부터 보호했다.

이리하여 번영한 카르카손이었으나 17세기에 국경 문제가 해결된 후 점차 쇠퇴해갔다. 하지만 19세기에 프랑스의 역사가 프로스페르 메리메로부터 역사적 의의를 인정받고, 건축가 비올레 르 뒤크의 손에 의해 복원된다. 시테는 성을 둘러싼 성벽과 도시를 에워싼 이중 벽으로 둘러싸였으며, 그 높이는 아파트 5층 높이에 해당하는 최대 15m에 달했다. 또 외벽 둘레는 3km이며, 53개의 탑이 있다.

이중 환상 성벽에 둘러싸인 카르카손

 프랑스의 유명한 속담

「카르카손을 보지 않고는 죽지도 말라!」

한 걸음 들어서는 순간 중세 시대로 시간 여행을 떠나게 되는 아름다운 카르카손. 외국인 관광객뿐 아니라 프랑스인에게도 인기 있는 곳이다

DATA

나라 : 프랑스 공화국
장소 : 랑그도크루시용지역권 오드현
건축 년 : 기원전 6세기경
종류 : 성벽
특징 : 이중 환상 성벽

카르카손의 역사

기원전 121~5세기경	최초의 성벽이 축조되다
5세기	서고트족에게 점거당하다
8세기	이슬람 세력에 점거당하다
12세기	백작 가문의 성, 성벽, 그리고 해자가 완성되다
13세기 초	성채가 파괴되다
13세기	루이 9세와 필립 3세가 복구하다
17세기	국경 문제가 해결되고 쇠퇴하다
19세기	메리메와 뒤크에 의해 복원되다
현재	세계유산으로 등재되어 관광도시가 되다

관련 항목

● 전안으로 공격하다 → No.067
● 현안(외보) · 살인공 → No.075
● 전안 · 총안 → No.077

No.083

두브로브니크(크로아티아)

오랜 옛날부터 상선대의 왕성한 활동으로 번영한 아드리아해에 면해 있는 두브로브니크. 아름다운 하얀 성벽은 그야말로 푸른 바다에 떠 있는 진주 같다.

● 베니스와 동양을 잇는 바다의 요새

두브로브니크는 크로아티아 달마티아 연안의 여러 섬들과 만에 둘러싸인 중세 도시이다. 「아드리아해의 진주」라 불리며 현재까지 그 아름다운 모습을 유지하고 있는 성채 도시이기도 하다. 해양 주요 거점으로 번영한 한편 반복적으로 침략당하기도 했다.

7세기 외딴 섬에 세워진 두브로브니크는 9세기경 비잔틴 제국의 보호하에 들어간 후 급속하게 발전한다. 1204~1358년에는 베네치아공화국의 속령으로 상업 활동의 중심지가 된다. 내해인 아드리아해의 감시역을 하며 두브로브니크에서 크레타 섬, 알렉산드리아, 아크레, 콘스탄티노폴리스, 흑해 등으로 상선대를 보냈다. 또 멀리로는 아랍에미리트 저 끝까지 발걸음하며 향신료와 설탕, 비단, 노예, 모피 등의 거래로 막대한 이익을 손에 넣었다.

그 후 라구사 공화국으로 독립하지만, 터키군의 침략을 받는다. 겨우 막아내나 결국 오스트리아-헝가리 제국에 통합되어, 두브로브니크는 오스트리아-헝가리 제국에서 지중해로 통하는 유일한 항구가 된다.

12~13세기에 건축된 성벽과 **외부 세계로부터 보호되던 항구**는 17세기에 재건된다. 벽 높이는 12m에 달한다. 엄격한 도시 계획에 따라서 만들어진 도시인 한편, 다양한 문화의 영향을 받아 유복한 도시로 발전한 예술의 도시이기도 했다. 로마네스크풍, 고딕풍, 르네상스풍 건축물이 부분적으로 바둑판 위에 늘어서 있어 합리적인 마을 풍경을 장식한다.

1991년부터 유고슬라비아 내전 분쟁지가 되면서 일시적으로 유네스코 위기 유산 리스트에 오르기도 했으나, 그 후 시민들의 손에 거의 복구되어 현재는 원래의 아름다운 모습을 되찾은 상태이다.

진주라 불리는 아름다운 성채 도시

지그재그로 설계된 항구 입구를 능보에서 감시한다. 바다에 면한 성벽과 내륙에 면한 성벽이 외부 세계로부터 성내를 보호해준다.

DATA

나라 : 크로아티아 공화국
장소 : 두브로브니크 네레트바군
건축 년 : 12세기경
종류 : 성벽
특징 : 바다에 면해 있는 성벽

● 중세에는 해양 무역의 거점으로

저 멀리 아라비아까지 상선대를 보냈다

향신료, 설탕, 비단 등을 팔아 큰 수익을 올렸다!

두브로브니크의 역사

7세기	아드리아해의 외딴섬에 세워지다
9세기	비잔틴 제국의 보호하에 들어가다
1204~1358년	베네치아공화국의 속령으로 상업 활동의 중심지가 되다
1358년	라구사 공화국으로 독립하다
1815년	오스트리아 제국의 일부가 되다

관련 항목

● 성채 도시는 항구도 지킨다 → No.097

No.084

뇌르틀링겐(독일)

제국 자유 도시로 번영한 뇌르틀링겐은 시대의 흐름에 뒤처져 침체되었던 덕분에 중세의 경관을 오늘날까지 남길 수 있었다.

● 중세의 분위기를 현대에 전해주는 성채 도시

독일 남부 바이에른주 로맨틱 가도에 있는 뇌르틀링겐은 중세의 분위기를 오늘날까지 그대로 남기고 있는 도시이다. 1500만 년 전 슈베비셰 알프에 낙하한 운석 크레이터 뇌르들링거 리스에 위치한다. 환상으로 이어진 언덕에 둘러싸여 있으며, 그 지역을 흐르는 뵈르니츠강과 에거강은 남동쪽 30km에서 도나우강으로 유입된다.

뇌르틀링겐에 최초로 벽이 축조된 시기는 1215년이다. 이 해에 황제 프리드리히 2세로부터 도시권을 부여받아 뇌르틀링겐은 **제국 자유 도시**가 된다. 중요 교역로가 교차하는 이 도시는 곡물, 가축, 직물, 모피, 금속 제품과 같은 상품의 주요 집결지로 발전해 나아갔다. 이리하여 뇌르틀링겐은 프랑크푸르트와 어깨를 나란히 하는, 독일에서 가장 중요한 원거리 교역 도시 중의 하나가 된다.

1238년 화재로 도시 대부분이 소실된 후 1327년에 현재도 남아 있는 시벽이 건설된다. 시벽 내 면적이 네 배로 증가했고, 무두장이와 방직공 등의 수공업자가 많이 정착하여 살게 되었다. 하지만 1634년에 발발한 뇌르틀링겐 전투 후에 교역의 중심이 항만도시로 이동한 탓에 기능을 상실하게 된다. 도시는 침체되었지만, 그 덕분에 중세 거리 모습을 그대로 남길 수 있었다.

현재도 거의 완전한 상태로 남아 있는 벽은, 높이가 10m이고, 벽 내부가 통로로 되어 있어서 전체 길이 약 3km의 회랑을 걸으며 돌아볼 수 있다. 시벽에는 다섯 개의 누문과 열한 개의 탑, 두 개의 보루가 있다. 북쪽에 있는 뢥싱어문은 현재 박물관으로 사용되고 있다.

또 도시 사람들은 도시 중심에 세워진 성 게오르그 교회의 탑을 친근하게 「다니엘」이라 부르고 뇌르틀링겐의 상징으로 여기며 사랑한다. 『진격의 거인』이 모델로 삼은 성채 도시라는 말이 있어서 주목을 모으고 있다.

제국 자유 도시로 번영한 뇌르틀링겐

DATA

나라 : 독일 연방 공화국
장소 : 바이에른주
건축 년 : 1327년
종류 : 성벽
특징 : 원형으로 에워싼 성벽

성 게오르크 교회는 뇌르틀링겐을 상징하는 건축물이다. 높이 90m의 탑은 친근하게 「다니엘」이라고 부른다.

뇌르틀링겐의 역사

1215년	황제 프리드리히 2세로부터 도시권을 부여받아 제국 자유 도시가 되다
같은 해	성벽을 축조하고 프랑크푸르트와 어깨를 나란히 하는 교역 도시가 되다
1238년	화재로 도시 대부분이 소실되다
1327년	시벽을 새롭게 축조한다. 이 무렵부터 수공업자가 많이 살기 시작한다
1634년	뇌르틀링겐 전투 발발. 이후 교역의 중심이 항만 도시로 바뀌면서 도시가 침체된다
현재	10m 성벽이 거의 완전한 상태로 현존 중

관련 항목

● 성채 도시의 세금과 난민 수용 → No.050

No.085

아빌라(스페인)

이슬람교도의 침략 위협에 대항하여 11세기에 성채 도시를 건설한 아빌라. 견고한 성벽과 예술적인 건축물이 하나로 잘 융합되었다.

침략을 막기 위해 높이 12m의 벽을 축조하다

스페인의 수도 마드리드에서 서북서로 약 100km 떨어진 곳에 위치하는 아빌라. 714년에 이슬람교도 점령하에 놓였으나 1085년에 레온 왕국의 왕 알폰소 6세가 탈환한다. 탈환 후 머지않아 알폰소 6세의 사위 레몽 드 부르고뉴의 명령으로 시가지를 에워싸는 성벽이 건설된다.

1985년에 아빌라는 「아빌라 구시가지와 시벽 밖의 교회군」으로 세계 유산에 등재된다. 성채 도시로서 주요한 역할은 군대가 안전하게 집결할 수 있는 방위 가능한 기지를 제공하는 것이다. 성벽의 전체 길이는 약 2.5km, 높이는 평균 12m, 두께는 약 3m로, 로마 제국 시대에 건축된 돌담 흔적을 본떠서 축조했다.

또 아빌라 시벽은 갈색 화강암과 로마 제국과 서고트 왕국 시대의 성벽으로 만들었으며 위에는 **흉벽**을 둘렀다. 여든여덟 개의 탑과 아홉 개의 문이 있으며, 마을 대부분은 시벽 밖까지 뻗어 나와 있다. 당시의 모습들이 거의 남아 있는데, 이렇게까지 오래된 시대의 것 중에서 이토록 보존 상태가 좋은 것은 드물다. 원통형 탑 또한 이러한 형태를 가진 탑의 귀중한 초기 예이다.

시가지에는 이슬람교도가 지은 성(알카사르)과 그 이름을 딴 성문이 있는데, 군대 숙영지 또는 고아원, 병원, 군학교, 사범학교 등으로 쓰였다. 성벽 밖에 세워진 많은 수도원과 교회는 관광 명소가 되었다.

요새와 같은 외관을 한 대성당은, 흉벽과 두 개의 튼튼한 탑을 갖추고 있으며, 로마네스크 양식과 고딕 양식의 특징을 모두 가지고 있다. 많은 조각과 회화가 보관되고 있으며, 특히 조각가 바스코 드 라 사르사가 만든 묘비와 성궤는 예술성이 높은 것으로 평가된다. 현재 아빌라는 역사 유산과 발전하는 도시가 잘 융합된 매력적인 도시로 자리매김하고 있다.

중후하며 아름다운 성문

산타테레사 광장에 가면 볼 수 있는 알카사르문은 보존 상태가 좋으며 두 개의 원통형 탑 사이에 놓인 중후한 모습에서 과거의 영화가 엿보인다.

DATA

나라 : 스페인
장소 : 카스티야이레온주 아빌라현
건축 년 : 11세기
종류 : 성벽
특징 : 전체 길이 2.5km, 두께 3m에 달하는 성벽

아빌라의 역사

714년	이슬람교도에게 점거당하다
1085년	알폰소6세가 탈환하다
16세기	성 테레사가 이끈 수도원 개혁의 중심지가 되어 「성자들의 아빌라」라는 별칭으로 불리게 되다
17세기 초반	개종한 이슬람교도를 추방. 쇠퇴의 시대로 들어서다
19세기 중반	부흥 운동이 시작되면서 재차 활기를 되찾는다

관련 항목

● 흉벽 · 머치컬레이션 → No.072

No.086

비스뷔(스웨덴)

북유럽 발트해에 떠 있는 비스뷔는 연간 80만 명이 방문하는 관광도시이다. 중세의 소박한 마을 정경이 방문자의 마음을 감동시키고 향수를 불러일으킨다.

● 발트해에 떠 있는 북유럽의 리조트

스웨덴 남부에 위치하는 발트해에 떠 있는 섬 가운데 고틀란드섬은 최대 규모의 섬이다. 고틀란드란 「고트족(독일 평원에 살던 옛 민족)의 땅」이라는 의미이다. 자연이 풍요로운 아름다운 섬으로 알려져 있으며, 스웨덴 사람들이 가장 살고 싶어 하는 곳으로 자주 거론된다. 나아가 사람들이 동경하는 리조트 지역으로도 유명하여 국내외를 불문하고 연간 80만 명에 달하는 관광객이 섬을 방문한다.

비스뷔는 중세 시대에 한자 동맹의 무역 중심지로 발전했었다. 한자 동맹이란 중세 후기에 북독일을 중심으로 발트해 연안 지역의 무역을 독점하고 유럽 북부의 경제권을 지배했던 도시 동맹이다.

구시가지를 에워싼 벽은 높이가 11m, 둘레가 약 3.5km에 달하고 「비스뷔의 윤벽(輪壁)」이라 불리며 세계 유산으로도 등록되어 있다. 벽은 13~14세기경에 축조되었다. 사람들은 도시의 심벌이라고 할 수 있는 윤벽을 「가장 아름다운 폐허」라고 칭송하며 사랑한다. 이 성벽에 둘러싸인 구시가지에는 약 200개에 달하는 교회와 유적, 중세의 건물 등이 다수 남아 있다. 적갈색 기와지붕을 받치고 있는 하얀 벽의 집들이 늘어서 있으며, 소박함이 느껴지는 납작돌이 깔린 좁은 길에서도 풍취가 느껴진다. 이러한 마을 풍경 너머로 바다가 내다보이는 경치가 아름다워 애니메이션 『마녀 배달부 키키』의 모델이 된 도시라고도 일컬어진다. 제철이 되면 골목길에 장미가 흐드러지게 핀다. 장미가 핀 집과 건물이 많아 「장미의 수도」라고 불릴 정도이다.

또 최근 고틀란드섬은 에코 도시로서 전 세계의 주목을 받고 있다. 산이 없고 평지가 많아 바람을 막는 것이 없기 때문에 이 섬에서는 예로부터 풍력을 많이 이용했다. 현재도 섬 도처에서 커다란 하얀 풍차가 돌아가는 모습을 볼 수 있다.

많은 관광객이 방문하는 인기 있는 성채 도시

DATA

나라 : 스웨덴 왕국
장소 : 고틀란드현 고틀란드시
건축 년 : 13세기~14세기경
종류 : 성벽
특징 : 윤벽이라 불리는 성벽

♥♥ 다양한 얼굴로 사람들을 매료하는 비스뷔

①『마녀 배달부 키키』의 배경이 된 곳

지브리 애니메이션『마녀 배달부 키키』에서 주인공 키키가 이사간 코리코 마을의 모델이 된 곳이 비스뷔라고 한다

② 자연이 풍요로운 아름다운 섬

짙은 녹음과 바다가 있는 리조트 지역. 스웨덴 사람들이 살고 싶은 곳으로 꼽는 인기 있는 땅

③ 풍력을 많이 이용하는 에코 도시

늘 바람이 부는 비스뷔에서는 풍력 발전을 많이 이용한다. 하얀 풍차를 마을 이곳저곳에서 볼 수 있다

④ 꽃이 집을 수놓는 「장미의 수도」

장미의 수도로 불리는 비스뷔. 마을을 걷다 보면 많은 집들이 문 앞을 장미로 장식해놓은 것을 볼 수 있다

⑤ 한자 동맹의 무역 중심지

중세 후기 발트해 연안 지역의 무역을 독점한 한자 동맹의 중심지였다

⑥ 비스뷔의 윤벽

13~14세기경에 축조되었다. 높이 11m, 둘레 약 3.5km. 「가장 아름다운 폐허」라 일컬어진다

No.087

마르딘(터키)

터키와 시리아 국경에 위치하는 마르딘은 바위산에서 평원을 조망하는 전략적 요충지이다. 무수한 지배자에게 통치되었던 역사가 짙게 남아 있다.

● 북시리아 평원을 조망하는 전략적 거점

마르딘은 터키 공화국의 동남부, 시리아와 접한 국경 부근에 위치한다. 표고 1,325m의 바위산에 딱 붙어 있는 듯한 형태로 조성된 구시가지에는 석회암으로 만들어진 희끄무레한 집들이 늘어서 있다. 북시리아 평원이 내려다보이는 위치는 전략적으로 중요한 거점이 되어 고대부터 무수한 지배자가 통치한 역사를 가지고 있다.

오랜 도시의 역사는 기원전 4500년경 메소포타미아 문명까지 거슬러 올라간다. 3세기경에 시리아 정교회의 그리스도교도들이 살기 시작하면서 도시는 한층 발전하게 된다. 그 흔적이라고 할 수 있는 데이룰자파 교회는 지금도 수도원으로 사용되고 있다.

7~12세기에는 아랍인이 지배했고, 12~14세기에는 셀주크 왕조 계열의 아르투크 왕조가 수도로 삼았으나, 이들 시대에도 마르딘 대부분은 그리스도교도 지구였다. 그래서 도시에 교회가 많이 남아 있는데, 현재는 소수파인 듯하다.

현재도 아르투크 왕조 시대의 건물을 볼 수 있다. 그중에서도 가장 오래된 모스크라고 일컬어지는 것이 12세기경에 쿠트베딘 일가즈가 건립한 것이다. 울루 자미라 불리는 모스크에는 스무 개의 돔이 있는 것으로 유명하다.

1517년에 오스만 제국의 셀림 1세에게 정복된 후 제1차 세계대전 패전까지 그 영향하에 놓인다. 또 1832년에는 쿠르드족이 일으킨 반란의 무대가 되는 등, 도시는 혼란이 계속되었다.

마르딘에는 각각의 시대에 꽃폈던 문화가 숨 쉬는 건축물이 남아 있다. 5세기에 건립된 몰베흐남 교회(별칭, 「40인 순교자 교회」), 아르투크 왕조가 세운 카스미예 신학교 등 다양한 양식의 건축물을 볼 수 있다.

각각의 시대에 꽃폈던 문화가 남아 있다

바위산에 붙어 있는 구시가지. 석회암으로 만들어진 집에서 이국적인 정취가 느껴진다. 호텔도 있어서 숙박할 수 있다.

DATA

나라 : 터키 공화국
장소 : 남동 아나톨리아지방 마르딘현
건축 년 : 10세기경
종류 : 벼랑
특징 : 이문화가 혼합된 도시

마르딘의 역사

3세기경	시리아 정교회의 그리스도교도들이 도시를 만들다
7~12세기	아랍인이 지배하다
12~14세기	셀주크 왕조 계열의 아르투크 왕조가 수도로 삼다
12세기	쿠트베딘 일가즈가 울루 자미를 건립하다
1517년	오스만 제국의 셀림 1세에게 정복되다
1832년	쿠르드족이 반란을 일으키다

No.088

브라간사(포르투갈)

포르투갈 북동부에 브라간사라는 성채에 둘러싸인 옛 도읍이 있다. 저 멀리 산이 내다보이는 자연경치가 맑고 아름다운 최북단 도시에서는 지금도 중세의 숨결이 느껴진다.

● 포르투갈 최북단 도시에 남아 있는 중세의 고성

브라간사는 포르투갈 북동부에 있는 트라스우스몽테스 지방에 위치하는 옛 도읍이다. 스페인 국경과도 가깝고 해발 고도가 높아 여름은 짧고 겨울은 길고 혹독하다. 고대에는 켈트족의 도시였기 때문에 켈트 신화에 나오는 여신의 이름을 따서 브리간티아라고 불렀다. 나중에 라틴풍으로 변경하여 브라간사라고 바꾸어 불렀다.

성벽에 둘러싸인 구시가지에는 중세의 정취가 짙게 남아 있다. 성벽의 보존 상태가 좋으며 강과 시가지를 조망할 수 있다.

성은 12세기에 산초 1세가 세웠는데, 1442년에 브라간사 후작 가문의 손으로 넘어가서 현재와 같은 형태로 개조된다. 브라간사 후작 가문은 후일 포르투갈 국왕이 된 후 1822년부터 1889년까지 브라질 황제를 배출한 명문가이다. 그리고 이 성에는 17세기 중반부터 20세기 초반까지 거성이 있었으며, 국경을 지키는 중요한 역할을 한다. 성의 망루(멀리 내다보기 위한 누각)는 포르투갈에서 가장 아름다운 건축물 중의 하나로 일컬어진다. 현재 봉건 영주 시대의 브라간사 성은 성 터만 남아 있다.

구시가지에는 12세기에 세워진 포르투갈 최고이자 최대 시청사인 도무스 무니시팔리스와 르네상스 시대의 성당 등, 중세의 옛 모습을 느낄 수 있는 역사적 건축물이 남아 있다.

현재 시가 중심부에서는 고성이 보이고, 남쪽 언덕 위에는 관광객에게 인기 있는 역사적 건축물을 개조한 숙박 시설 포사다(산 바르톨로메오)가 있는데, 여기에서 브라간사 전체를 한눈에 내려다볼 수 있다. 주위를 둘러보면 서쪽으로는 노게이라 산지를, 북쪽으로 몬테시뇨 산지를 조망할 수 있다. 특히 몬테시뇨 산지는 생태계가 잘 보존되어 자연공원으로 지정되어 있다.

전망도 근사한 브라간사 성터

포르투갈 북동부에 있는 브라간사는 스페인 국경하고도 가깝다. 사볼강 지류, 쿨레브라산맥 남쪽에 위치하며, 해발 고도가 높아 겨울에 춥다

구경거리 가득한 구시가지

포르투갈 최고이자 최대 시청사인 도무스 무니시팔리스를 비롯하여 르네상스 시대의 성당 등, 중세에 만들어진 역사적 건축물을 볼 수 있다.

산초 1세

DATA

나라 : 포르투갈 공화국
장소 : 트라스우스몽테스지방 브라간사현
건축 년 : 12세기
종류 : 성벽
특징 : 보존 상태가 좋은 성벽과 망루

브라간사의 역사

고대	켈트족의 도시였으며 브리간티아라고 불렸다
12세기	산초 1세가 성을 축조하다
12세기	도무스 무니시팔리스가 건축되다
1442년	브라간사 후작 가문의 손에 들어가다
17세기 중반~ 20세기 초반	브란가사 가문의 거성이 위치하다

관련 항목

● 망루에서 큰 돌과 뜨거운 물로 공격 → No.074

No.089

예루살렘(이스라엘)

성지 예루살렘의 성벽은 파괴와 재건의 역사를 걸어왔다. 방어 진지에 적합한 지세와 잇따른 전쟁의 불길이 성벽에 특징적인 형상을 남겼다.

● 분쟁과 파괴의 역사로 물든 성지

예루살렘은 세계에서 가장 오래된 도시라고 일컬어지는데, 역사 내내 가장 빈번하게 전쟁이 반복된 곳이기도 하다. 바윗덩어리가 그대로 드러난 지세는 방어 진지로 삼기에 적합하다. 성벽과 관련된 가장 오래된 고고학적 유구는 알려져 있는 것만도 기원전 1700년경까지 거슬러 올라간다.

구약성서에 따르면 기원전 1000년경 다윗왕이 예루살렘을 수도로 정하고 이 도시에 축성했다고 한다(『사무엘서, 하』 5장 9절). 기원전 587년에 예루살렘은 바빌로니아군에 의해 파괴되었으며, 기원전 5세기에 느헤미야에 의해 복구된다. 그리고 기원전 2세기에 셀레우코스 왕조에 의해 재차 파괴되었다가 2세기에 로마 황제 하드리아누스에 의해 대대적인 재건이 이루어진다.

예루살렘은 유대교도, 그리스도교도, 이슬람교도에게 종교적으로 중요한 의미를 가지는 곳이다. 그 때문에 이 도시는 어느 시대에나 분쟁의 중심지였다. 그중에서도 십자군 시대에 특히 격렬한 전쟁의 불꽃에 휩싸였다. 1219년부터 1244년 사이에 성벽은 세 번이나 완벽하게 파괴되었다가 재건되었다. 16세기에 건설되어 현재에 이른 성벽에서도 최근에 충돌한 흔적을 찾아볼 수 있다. 시온문과 야파문 주변에는 1948년 독립 전쟁 당시의 탄흔이 남아 있다.

현재 예루살렘 시가지를 둘러싸고 있는 성벽은 1517년에 지배했던 오스만 제국이 건설한 것이다. 1538년 술레이만 대제의 명으로 연장하여 길이 5km, 높이 5~15m, 두께 약 3m의 성벽을 축조했다. 오스만 제국 시대의 성벽은 비잔틴 제국 시대의 성벽을 기초로 하며, 총 일곱 개의 성문이 있다. 북쪽 정문인 다마스쿠스문이 가장 볼만하다. 술레이만문 양옆에는 두 개의 성탑이 돌출되어 있는데, 꼭대기에 **마시쿨리**와 특징적인 계단형 메를롱이 설치되어 있다. 메를롱이란 톱벽(톱처럼 요철 모양으로 생긴 벽)의 **총안**과 총안 사이의 높은 부분을 지칭한다.

건설과 파괴를 반복한 성벽

현재의 시벽

1517년에 오스만 제국이 건축한 것. 1538년에 술레이만 대제의 명으로 연장하여 총 길이 5km, 높이 5~15m, 두께 약 3m의 성벽을 건설했다. 비잔틴 제국 시대의 성벽을 기초로 축조했으며, 총 일곱 개의 성문이 있다.

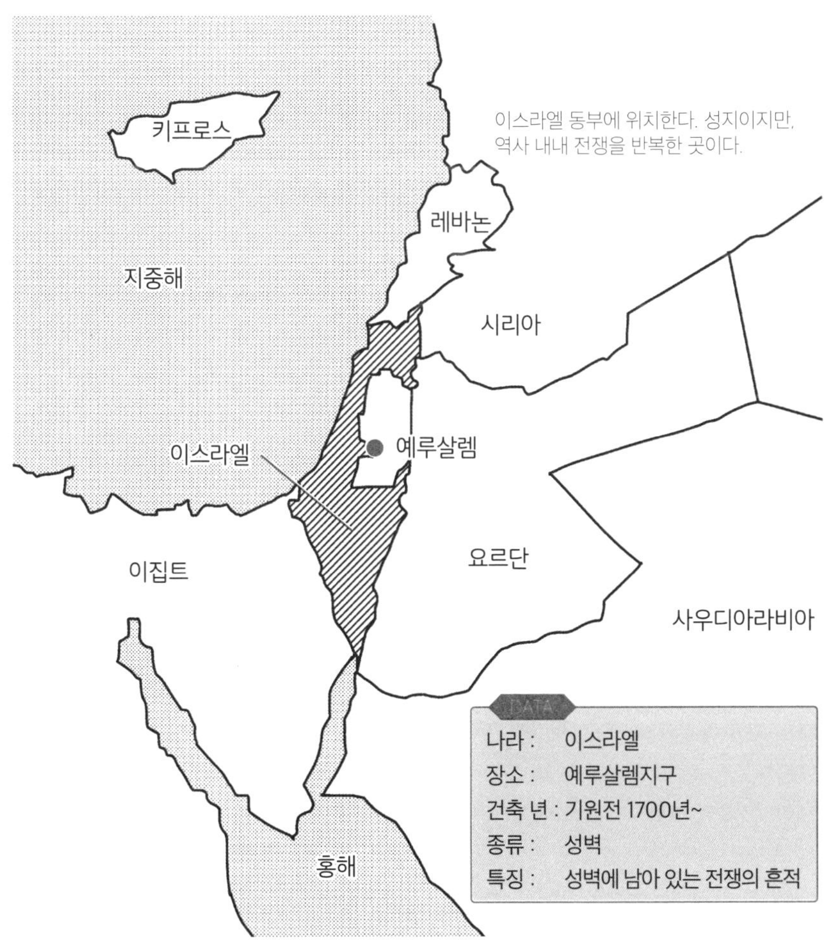

DATA

나라 : 이스라엘
장소 : 예루살렘지구
건축 년 : 기원전 1700년~
종류 : 성벽
특징 : 성벽에 남아 있는 전쟁의 흔적

관련 항목

● 현안(외보) · 살인공 → No.075
● 전안 · 총안 → No.077

아시아의 성채 도시

프랑스의 역사가 자크 르 고프가 「(성채는) 중세 도시의 중요한 물리적 및 상징적인 요소였다」라고 말한 바와 같이, 성채 도시 대부분은 유럽 중세 시대에 크게 융성했다.

그럼 다른 지역에는 성채 도시가 없었을까? 대답은 NO이다. 일본에서는 성채 도시가 결코 메이저가 아니나, 아시아의 다른 나라에서는 드문 도시 구축 방식도 아니었다.

대표적인 예가 중국의 시안이다. 현재 중국의 수도 베이징의 남쪽, 중국 대륙 전체를 놓고 보았을 때는 살짝 서쪽에 위치하는 시안은 서쪽 수도라는 의미이다. 과거에 장안이라 불렸던 고도로, 한나라와 당나라 시대에는 수도로 번영했다. 삼국지는 중국의 장대한 역사 이야기인데, 장안이 수도 기능을 회복한 것이 이 시대이다.

때는 191년, 당시의 실력자 동탁이 권력을 뜻대로 휘두르고 있었다. 동탁은 적군의 공격을 받자 당시 수도였던 낙양에 불을 질러 모조리 태워버리고 장안으로 천도한다. 이로써 1000년도 전인 문왕 시대에 도읍으로 번성했던 장안이 재차 중심 도시가 된다.

장안은 현재도 성벽으로 둘러싸여 있으며, 보존 상태도 대단히 양호하다. 성벽이 건축된 시기는 명나라(1368~1644년) 홍무 시대(1368~1398년)이다. 당나라(618~907년)에 건축된 장안성을 기초로 만들었다. 둘레 약 14km, 높이 12m, 아래쪽 폭이 15m나 되는 훌륭한 성벽이다. 거기다 성벽 주위에 해자도 둘러 대도시다운 만전의 방어력을 자랑했다. 1900년에 발생한 의화단 사건 때 서태후가 연합군이 밀려든 베이징에서 도망칠 곳으로 장안을 고른 것도 바로 이 든든한 성벽이 있었기 때문이라는 말이 있다.

일본에서 약 7000km 떨어진 스리랑카 남단의 툭 튀어나온 반도에 위치하는 갈은 바다에 면해 있는 성채 도시이다. 갈의 성채 도시는 검푸른 인도양에 떠 있는 듯한 뛰어난 입지 조건을 갖추고 있다. 「갈 옛 시가지와 요새」로 세계 유산에 등록되어 있다.

갈이 도시로서 발전을 이룩한 것은 14세기이다. 주로 아랍인 해양 무역의 거점으로 번영했다. 대항해 시대에 돌입하자 갈의 중요성이 더욱 높아진다. 당시 대단히 귀중했던 시나몬을 구하러 다수의 포르투갈 상인이 방문하기 시작했고 갈은 더욱 발전한다. 그리고 포르투갈 사람들이 요새를 축조한다.

시대가 흘러 지배 세력이 포르투갈에서 네덜란드로 바뀐 후 네덜란드인들이 포르투갈인이 건축한 요새를 확장하여 현재 갈 옛 시가지의 원형이 만들어진다. 18세기에 들어 갈은 영국의 식민지가 되었고 인도양 지배의 거점으로 중요한 역할을 한다.

아시아에서는 인도에 성채 도시가 많다. 자이살메르, 골콘다 등이 대표적인 예이다.

제5장
역사적인 성채 도시의 격투

No.090

몰타 포위전

16세기 로도스섬을 잃은 성 요한 기사단은 몰타를 본거지로 삼아 요새화했지만, 오스만 제국이 포위 공격해와 격렬한 전투를 하게 된다.

● 역사상 가장 인정사정없었던 전투

몰타 포위전이란 1565년에 오스만 제국이 몰타 기사단이 통치하는 지중해 몰타섬에 쳐들어갔던 포위전이다. 최종적으로 몰타 기사단이 포위군을 격퇴하나, 수개월 동안 계속된 전투는 역사상 가장 인정사정없던 피로 점철된 전투였다고 한다.

전투 배경에는 16세기 지중해의 패권 다툼이 있었다. 1522년 성 요한 기사단은 오스만 제국과의 격렬한 포위전에서 패하고 로도스섬에서 철수할 수밖에 없었다. 그 후 로마와 신성 로마 제국과의 긴 교섭을 거쳐 기사단은 몰타섬에 이주하게 된다.

이리하여 기사단은 새로운 본거지를 갖게 되었으나 간부 대부분은 로도스섬 탈환을 꿈꾸었다. 나아가 기사단은 몰타를 점차 요새화했고, 이교도로 판단되는 상선을 습격하기 시작했다. 이에 화가 치민 오스만 제국은 기사단을 제거해버리고자 소탕할 준비에 돌입한다. 몰타의 전략적 입지상 이탈리아와 남유럽을 견제하려는 의도도 있었다.

그리고 1565년 3월 하순, 오스만 제국의 함대가 이스탄불에서 출격한다. 드디어 전쟁이 시작되었다. 몰타섬에 상륙한 오스만군의 병력은 육해군 합하여 총 4만 8,000명에 달하는 대군 세력이었다. 몰타 기사단은 노예와 도망칠 우려가 있는 자는 가차 없이 투옥 시키고, 전투에 도움이 안 되는 자는 성 밖으로 쫓아버렸다. 전투 가능한 자에게는 재물과 가축을 데리고 음디나 등의 내륙에 있는 성채로 피난하라고 지시했다. 미처 수확하지 못한 밭의 작물은 폐기 처분하고, 귀중한 수원은 적이 이용하지 못하도록 약초를 타 물맛을 바꾸어 놓았다.

포격과 갱도전은 격렬했으며, 건축물은 파괴되었다. 그럼에도 불구하고 몰타 기사단은 필사적으로 항전했다. 결국, 시칠리아에서 원군이 도착하여 형세가 역전됨으로써 오스만 제국군은 퇴각하지 않을 수 없게 된다.

끝까지 버틴 방어 측 기사단의 승리

● 몰타 포위전의 개요

시기 1565년 5월 18일 ~ 1565년 9월 11일
장소 몰타섬
결과 몰타 기사단의 승리

충돌 세력	
㊋ 오스만 제국	ⓢ 몰타 기사단
지휘관	
랄라 무스타파 파샤 등	장 파리조 드 발레트
전력	
4만 8,000명	7,000명~1만 명 (이 가운데 기사가 700명)
사망자	
1만~3만 명	2,500명. 그 밖에 민병과 노예 8,000명 사망.

● 몰타 공방전의 의의

16세기 오스만 제국 최초의 패배

스페인 왕국의 대두. 오스만이 쥐고 있던 지중해 패권을 빼앗다

No.091

빈 공방전

오스트리아는 중앙 유럽 연합군의 지원을 받아 수도 빈에 쳐들어온 오스만군과 싸워 승리했고, 이것이 시대의 전환점이 된다.

● 오스만 제국 몰락의 계기가 된 전투

빈 공방전은 1529년과 1683년에 두 번에 걸쳐서 이루어졌다. 특히 제2차 빈 공방전은 오스만 제국 최후의 대규모 유럽 진격 작전이 되었다. 오스만군은 오스트리아의 수도이자 신성 로마 제국의 거성이기도 한 빈을 대군을 이끌고 쳐들어갔지만, 졸속한 작전으로 포위전은 장기화되었고, 반 오스만 제국이라는 구호하에 집결한 중앙 유럽 제국 연합군에 패하고 만다.

전투의 시작은 합스부르크 가문의 영토인 북서 헝가리에서 헝가리인이 반란을 일으킨 것이 발단이었다. 반란자들로부터 지원 요청을 받은 오스만 제국은 이를 오스트리아를 점령할 좋은 기회로 보고 15만 명의 대군을 이끌고 헝가리에서 오스트리아로 쳐들어갔다. 빈의 코앞까지 당도했다. 신성 로마 제국의 황제 레오폴트 1세는 간신히 빈에서 탈출했다. 파사우로 달아났고, 그리스도교도 제후에게 이슬람교도로부터 유럽을 지켜달라며 지원 요청을 했다. 그의 요구에 부응한 것이 폴란드 국왕 얀 3세였다. 독일 제연방으로 이루어진 연합군을 이끌고 구원하러 가자 로렌 공작 샤를 5세를 비롯한 타국 제후들도 구원군에 합류했다.

9월 12일에 폴란드, 오스트리아, 독일 제후 연합군이 빈에 도착한다. 오스만군은 15만 명이었으나 연합군은 7만 명이었다. 하지만 얀 3세는 오스만군의 사기가 떨어진 상태이고 장비도 구식이며 충분치 않다는 것을 눈치챘다. 이에 예정보다 빨리 공격을 개시하여 폴란드 기마부대 후사르 3,000명으로 오스만군의 중앙을 돌파하여 분단시켜 놓았다. 그리고 그대로 무스타파 대본영까지 돌격하여 혼란에 빠트렸다. 포위진이 엉망진창으로 흐트러진 오스만군은 뿔뿔이 흩어져 달아났다. 참담한 패배였다. 승리한 얀 3세는 카이사르의 말을 빌려 「왔노라! 보았노라! 신이 이겼노라!」라고 말했다.

두 번에 걸친 치열한 전투

중세 최강의 제국 **오스만 제국**	VS	여러 세력이 손을 잡은 **중앙 유럽 연합군**

● 사건의 발단은……

합스부르크 가문: 헝가리인이 반란을 일으켰습니다! 오스만 제국 여러분, 도와주십시오!

오스만 제국군: 때마침 잘 되었군. 이걸 계기로 오스트리아를 꿀꺽해야겠다!

레오폴트 1세: 누가 구원병을 좀 보내 주시오!

빈 침공

오스만 제국 병력 15만 명

오스만 제국을 공격

폴란드 국왕 얀 3세가 도와주다
이슬람교도로부터 그리스도교도를 지키기 위해 제후를 모아 연합군 결성

결과는 중앙 유럽 연합군의 승리!

● 포위전 결과가 끼친 영향

①오스만 제국의 몰락이 확실시되다
②이를 계기로 신성 동맹이 결성되었다

No.092

백년전쟁

과거 프랑스와 영국은 다툼이 끊이질 않았다. 왕위 계승에서 발단된 산발적 전투는 100년이란 세월 동안 계속된다.

● 왕위 계승을 둘러싼 끝없는 전투

백년전쟁은 프랑스 왕국의 왕위 계승을 둘러싼 발루아 왕조 프랑스 국왕과 플랜태저넷 왕조 잉글랜드 국왕의 전투이다. 1337년 11월 1일 에드워드 3세가 프랑스에 도전장을 보낸 때로부터 1453년 10월 19일 보르도 함락까지 116년에 걸친 대립 상태를 말한다.

1346년 7월 잉글랜드 왕군이 노르망디에 상륙한다. 이에 필리프 6세가 크레시 근교로 군을 보냈고, 8월 26일에 크레시 전투가 발발한다.

프랑스 왕군이 수적으로는 우세했으나, 지휘 계통이 통일되지 않았고 또 전술적 규율도 부족한 상태였다. 결과는 프랑스 왕군의 참패. 기세가 오른 잉글랜드 왕군은 항구 도시 칼레를 함락시키고 이듬해에 일시적 휴전 협정을 체결한다. 그런데 그해에 **흑사병**(페스트)이 대유행한 탓에 휴전 협정이 아니라 항구적 평화 조약 체결을 모색하게 된다.

그로부터 10년 후인 1356년에 필리프 6세의 뒤를 이은 장 2세가 푸아티에 전투에서 패하고 잉글랜드 왕군의 포로가 된다. 4년 후 거액의 배상금과 프랑스 남서부를 양도하고 풀려났는데, 에드워드 3세가 사망하자 프랑스군이 반격을 시작한다. 샤를 5세와 명장 베르트랑 게클랭은 빼앗겼던 토지를 차례로 회복해 나아갔다.

1420년에는 잉글랜드를 유리하게 만들어줄 트루아 조약이 조인된다. 하지만 샤를 6세의 아들 샤를 7세가 조약을 무시하고 프랑스 왕임을 자칭한다. 이에 잉글랜드 왕군도 공세에 나선다. 오를레앙을 포위하고 농성 세력을 공격했다. 이때 나타난 인물이 그 유명한 잔 다르크이다.

잔 다르크는 프랑스군의 구세주가 되어 오를레앙을 탈환했고 시민은 환희에 휩싸였다. 하지만 파리에서 패배한 후 붙잡혀 화형에 처해진다. 그리고 1453년 7월 17일에 프랑스군이 카스티용 전투에서 크게 승리하고 보르도가 함락됨으로써 백년전쟁이 종식된다.

오를레앙 포위와 잔 다르크의 등장

● 프랑스와 영국 왕실

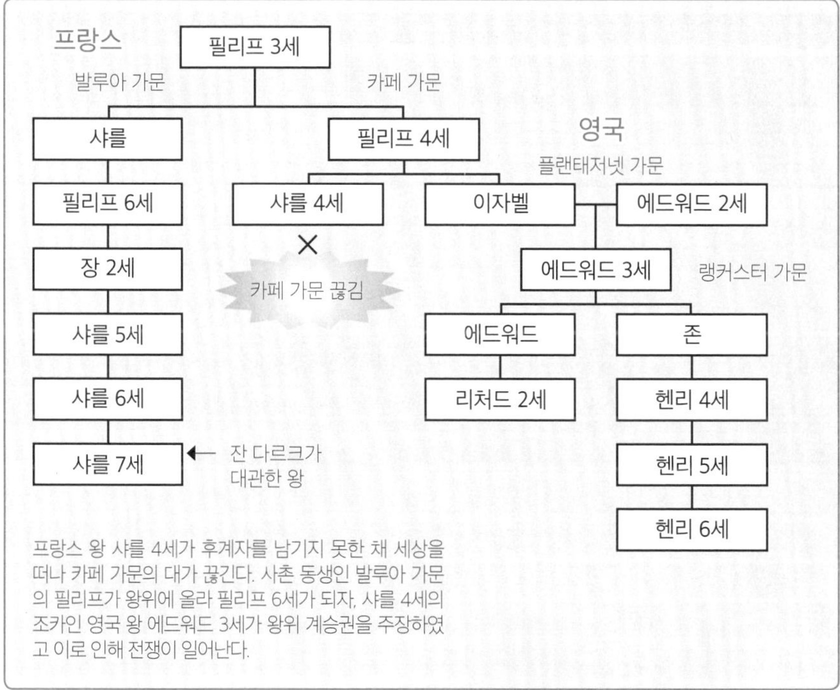

프랑스 왕 샤를 4세가 후계자를 남기지 못한 채 세상을 떠나 카페 가문의 대가 끊긴다. 사촌 동생인 발루아 가문의 필리프가 왕위에 올라 필리프 6세가 되자, 샤를 4세의 조카인 영국 왕 에드워드 3세가 왕위 계승권을 주장하였고 이로 인해 전쟁이 일어난다.

● 오를레앙 포위

오른쪽 그림은 트루아 조약(1420년) 당시의 프랑스. 샤를 6세의 아들 샤를 7세는 조약을 무시하고 프랑스 왕임을 자칭하며 남부 도시를 전전한다.

동레미라퓌셀
잔 다르크가 태어난 고향 마을
오를레앙

잉글랜드의 지배 지역
부르고뉴 공작의 지배 지역
샤를 7세의 지배 지역

관련 항목

● 흑사병(선페스트)의 만연 → No.039

No.093

이탈리아 전쟁

르네상스 시대에 일어난 이탈리아 전쟁 동안 화포 기술 혁신이 진행되고, 전쟁 주체가 기사에서 용병으로 바뀌는 전쟁 형태의 혁명이 일어난다.

● 화포와 용병 중심으로 바뀐 군사 혁명

16세기에 합스부르크 가문(신성 로마 제국 · 스페인)과 발루아 가문(프랑스)이 이탈리아를 둘러싸고 반복한 전투, 그것이 이탈리아 전쟁이다. 1494년에 프랑스 왕 샤를 8세가 이탈리아를 침략했을 때부터 1559년에 강화조약인 카토캉브레지 조약이 체결될 때까지 반세기 넘게 계속된 대립을 말하며, 그 사이에 단속적인 전투가 반복되었다.

당시 프랑스는 발루아 왕조 통치하에 국가 통일을 이루고 왕권을 더욱 강화하려 애쓰고 있었다. 한편 합스부르크 가문은 신성 로마 제국의 황제로서 혼인 정책을 펼치며 저지대 국가를 비롯한 프랑스 주변 영토를 획득해 나아갔다. 프랑스는 합스부르크 가문과 스페인 사이에 낀 형국이 되었다. 프랑스에게 합스부르크 제국 형성은 큰 위협이었다. 뒤쪽, 즉 이탈리아 중부에 있는 로마 교황의 권력 강화도 문제를 복잡하게 만들었다.

그리고 결국 프랑스군이 이탈리아를 침공한다. 권력 다툼은 반복적인 전란을 초래했고, 전쟁 장기화는 합스부르크 가문과 발루아 가문 쌍방의 재정을 궁핍하게 만들었다. 마침내 더는 전쟁을 지속할 수 없게 된 1559년에 카토캉브레지 조약으로 화의함으로써 이탈리아 전쟁이 종결된다.

르네상스 시대에 벌어진 일련의 전투 동안 다양한 기술 혁신에 따른 전쟁 형태의 변화가 진행된다. 기사가 주체였던 중세 시절의 전투가 화포(총)를 든 보병의 집단전으로 바뀐 것이다. 이로 인해 전투 규모가 확대되었고, 화포의 성능 차이가 승패를 가르는 중요한 요소가 된다.

나아가 기사 계급이 몰락했다. 그리고 **용병**에 대한 의존도가 높아졌는데, 이것이 시민 혁명 후 국민국가에서 실시한 징병제라는 근대적 전쟁 형태로 발전한다. 또 상비군의 재원을 국민의 조세로 징수하기 위한 관료 기구가 만들어짐으로써 주권 국가의 바탕이 형성된다.

전쟁 형태도 르네상스였던 시대

● 이탈리아 전쟁(1494~1559년)

충돌 세력

밀라노 공국 / 베네치아 공화국
피렌체 공화국 / 교황청
페라라 공국 / 나폴리 왕국
카스티아-아라곤 / 랭스 왕국
신성 로마 제국 / 잉글랜드 왕국
스코틀랜드 왕국 / 오스만 제국
스위스 도시 동맹

제1차 이탈리아 전쟁으로 시작하여 캉브레 동맹 전쟁, 우르비노 전쟁, 코냐크 동맹 전쟁을 거쳐 제6차 이탈리아 전쟁에 이르기까지 전투는 약 반세기 동안 계속된다.

● 이탈리아 전쟁이 끼친 영향

전쟁 형태의 변화

- 기사 중심이던 전투가 화포를 든 보병의 집단전으로 바뀌다
- 화포(총)의 성능이 승패를 결정하는 중요한 요인이 되다
- 기사 계급이 몰락하고 용병 의존도가 높아지다

우리 명예로운 기사가 더는 필요치 않다니……!

조세 징수를 위한 관료 기구가 만들어짐으로써 주권 국가의 바탕이 형성되다

관련 항목

● 전시와 비전시의 수비대 → No.065

No.094

로도스 포위전

1480년과 1522년, 두 번에 걸쳐서 벌어진 로도스섬 포위전은 중세 축성 시대가 끝났음을 상징하는 듯한 사건이었다.

중세 축성의 눈부신 승리와 패배

1480년에 일어난 로도스 포위전은 중세 축성 역사에 있어서 중요한 전환점이다.

1453년에 비잔틴 제국을 멸망시키고 발칸반도로 진출한 오스만 제국은 포위전에 정통하게 되었다. 하지만 지중해에는 아직 많은 섬에 거점이 있었고 이들은 십자군의 지배하에 있었다. 그중에서도 성 요한 기사단은 몇몇 섬에 성과 감시탑을 건설하고 지중해 동부 로도스섬에 있는 본거지를 방어하고자 했다.

로도스섬은 핵심 진지를 구성하는 항만과 도시, 그리고 나아가 기사단이 관리하는 서른 개의 성채를 자랑했다. 재건된 시벽은 두께가 2~4m였으며, 콘스탄티노폴리스 성벽과 같은 낮은 성벽도 해자 안쪽 벽면을 따라서 증축했다. 시벽, 성탑 및 축성한 시문 꼭대기에는 **현안**과 **망루**를 설치했다.

1480년 봄에 오스만 제국의 황제 술레이만 1세의 대호령으로 터키군이 공격을 개시한다. 방어 측 군은 4,000명 병력 가운데 600명이 기사단 소속 기사였고 1,500명이 용병이었으며 나머지가 밀리샤였다. 터키군은 각종 대포와 트레뷰셋을 비롯한 온갖 병기로 성벽을 파괴하려고 했다. 흉벽과 성벽이 타격을 받아 아홉 개의 성탑이 무너졌고 기사단장의 궁전도 파괴되었다. 터키군은 성벽 앞까지 밀어닥쳤고, 더욱 진격하기 위해 해자를 메우기 시작했다.

방어 측 이탈리아인도 이에 대항하여 갱도를 파고 석재를 철거해 나아갔다. 격렬한 전투가 계속되었고 7월 말쯤이 되자 쌍방 모두 피해가 심각한 상황에 이르렀다. 터키군은 이번 포위전으로 약 9,000명의 병사를 잃었고, 남은 7만 명도 절반은 부상을 입은 상태였다. 8월이 되자 터키군이 철수했고, 로도스의 중세 축성이 승리를 거둔 형태로 끝났다. 하지만 두 번째로 공격해온 1522년에 로도스섬이 함락됨으로써 성채의 시대는 종말을 맞이한다.

로도스섬의 군사력

철벽 방어 시설을 자랑한

로도스섬

① 안쪽 안벽(岸壁)에 증축한 두께 2~4m의 낮은 성벽
로도스섬의 성벽은 당시 가장 견고하다고 칭송되던 성벽이다

② 성 요한 기사단이 유지한 30개의 성탑
1309년에 로도스섬을 점령한 기사단이 방어를 맡다

③ 두 개의 인공 항만을 지키는 방파제 성탑
중요 시설인 항구는 당연히 방어에 만전을 기했다

④ 다각형 평면 보루
방어면뿐 아니라 공격면에서도 다양하게 활용할 수 있다

⑤ 시벽, 성탑, 시문 위에는 현안과 망루 설치
성벽에 접근한 보병에게 강력한 대미지를 주었다

⑥ 성 니콜라스 탑에 두 층에 걸쳐서 설치한 대포
여러 개의 대포를 설치하여 강력한 화력으로 적을 요격했다

⑦ 성벽 방어를 출신국별로 담당케 하다
이렇게 함으로써 병사 간의 연계성을 높였다

오스만 제국놈들!
올 테면 와봐라!

방어에 절대적인
자신감을 갖고 있었다

두 번에 걸친 로도스섬 포위전

1480년 제1차 포위전
터키군 사망자 9,000명
부상자 7만 명

▶

1522년 제2차 포위전
20만 명에 달하는 대군
세력이 로도스섬을 공격

관련 항목

● 망루에서 큰 돌과 뜨거운 물로 공격 → No.074
● 현안(외보) · 살인공 → No.075

무시무시한 암살 집단의 성채

이란 북서쪽에 있는 엘부르즈산맥의 알라무트계곡 절벽에 알라무트성이 있다. 성채 이름은 다일람어「독수리의 가르침」, 아랍어「독수리 둥지」에서 유래했다고 한다.

알라무트성은 국가와 영주가 통치하는 성채가 아니다.「암살 집단 아사신(Assassin)」 일파의 근거지였던 성이다. 암살 집단 아사신은 이슬람교 시아파를 원류로 하는 이스마일파 중에서 특히 니자르파라 불리는 교단의 교도로 구성된 집단이다. 영어로 암살자를 어새신(assassin)이라고 하는데 이것도 유럽에서 원래 니자르파를 부르던 말에서 유래한 것이다. 참고로 하시시(hashish, 대마)를 흡입시킨 연후에 암살 임무를 보낸 데서 아사신이란 명칭이 유래했다는 설도 있으나, 진위는 확실하게 밝혀진 바가 없다.

아사신이 알라무트를 본거지로 삼은 것은 11세기 후반이다. 당시 알라무트는 같은 이슬람교도이나 적대 관계에 있던 수니파의 셀주크 왕조가 점거하고 있었다. 이에 아사신은 최초의 지도자 하산 에 사바흐의 지휘하에 공격을 개시한다. 전투 끝에 승리를 거두고 낭떠러지 절벽의 성채를 손에 넣었다. 그때 이후로 하산은 산의 노인이라고 불리게 된다.

전투에서 승리하여 알라무트를 수중에 넣기는 했지만, 당시에는 아직 방어력이 뛰어난 성이라 할 수 없었다. 이에 아사신들이 시간을 들여 알라무트를 거대한 요새로 변신시켜 나간다.

아사신이 셀주크 왕조의 성을 탈취하긴 했으나, 아직까지 두 세력은 압도적으로 큰 실력 차이가 났다. 정면 공격해서는 승산이 없다. 이에 아사신들이 생각해낸 방법은 요직에 있는 핵심 인물을 암살하는 것이었다.

특히 신앙심이 깊은 자를 암살 실행자로 선발했다. 그 후 상상을 초월하는 혹독한 훈련을 받아 암살자가 된 자를 페다인(아랍어로 명예로운 희생자, 공헌자라는 뜻)이라고 불렀다. 암살에는 주로 도검류 및 독극물을 사용했다고 전해지는데, 상세한 방법은 비밀에 싸여 있다. 하지만 초기의 20년 사이에 50명 이상의 핵심 인물을 살해했다고 하니 성공률이 상당히 높았던 듯하다.

차례로 인재를 살해당한 셀주크 왕조는 당연히 보복에 나섰다. 알라무트로 쳐들어갔다. 하지만 견고한 요새로 변모한 알라무트에 대미지를 주는 것은 쉬운 일이 아니었다. 애당초 알라무트 계곡 절벽이라는 입지 때문에 군을 진격시키는 것조차 힘들었다. 몇십 년간 공격을 계속했지만 셀주크 왕조는 끝내 알라무트를 함락시키지 못했다.

그 후 아사신들은 셀주크 왕조 시대 내내 존재를 과시했으나, 13세기 중반 몽골 제국 원정대에 패하고 만다. 알라무트를 함락하고 유럽과 아시아를 공포로 몰아넣었던 아사신 암살 집단이 소멸된 것이다.

제6장
성채 도시 트리비아

No.095

오로지 노예 거래가 목적이었던 성채 도시「고레섬」

세네갈 연안에 떠 있는 고레섬. 일찍이 이 섬의 성채는 오로지 노예무역의 거점으로 쓸 목적으로 건설했으며, 성벽을 둘러 방어했다.

● 삼각 무역의 거점이 된 노예섬

성채 도시는 일반적으로 그곳에 사는 사람들이 일하는 공간이고, 자신의 재산을 지키기 위한 생활 공간이다. 그런데 오로지 노예 거래를 위해 축조된 성채 도시가 있다.

1444년에 포르투갈인 디니스 디아스가 세네갈 연안에서 고레섬을 발견했다. 하지만 머지않아 네덜란드인이 이 섬을 점거한다. 이 네덜란드인들 또한 1677년에 이 섬에 온 데스트레 제독이 이끄는 프랑스 함대에 의해 쫓겨난다.

그로부터 시간이 꽤 지난 1815년, 고레섬을 두고 영국과 프랑스가 맞붙은 결과 프랑스령이 된다. 그 후 1960년에 세네갈이 독립할 때까지 프랑스의 지배가 계속된다.

콜럼버스가 신대륙을 발견하자 고레섬은 앤틸리스 제도, 브라질, 미국에 보낼 중요한 노예 선적항이 된다. 16세기부터 19세기까지 무려 1,100만 명의 아프리카인이「흑탄 목재」라는 품명으로 출하되었다. 탄광과 사탕수수밭의 중노동을 현지 미국인보다 힘이 센 흑인에게 시키기 위함이었다.

고레섬 수용소의 문을 통과하면 노예는 이제 인간이 아니라 상품으로 취급된다. 배는 물물교환용 물품을 가득 싣고 유럽의 항구를 출항했고, 아프리카에 도착하면 300~400명의 노예와 교환했다. 노예는 해당 지역의 유력자가 내륙의 각 마을에서 끌고 온 지극히 평범한 사람들이었다. 고레섬에서 노예를 선박 내 창고에 빽빽하게 태웠는데, 항해 중에 10~15%가 사망했다고 한다. 목적지까지 무사히 도착한「상품」은 현지의 산물(금, 은, 향신료)과 교환했고, 이들 교환 물품을 싣고 다시 유럽으로 돌아가는 일이 일상적으로 이루어졌다.

노예를 「상품」으로 수용한 섬

● 고레섬의 역사

1444년	포르투갈인 디니스 디아스가 발견. 그 후 네덜란드인이 점거하다
1677년	데스트레 제독이 지휘하는 프랑스 함대가 네덜란드인을 쫓아내다
1815년	영국과 프랑스가 맞붙어 프랑스가 승리하다
1852~ 1856년	데스트레 요새가 축조되다
~1960년	세네갈 독립

● 삼각 무역

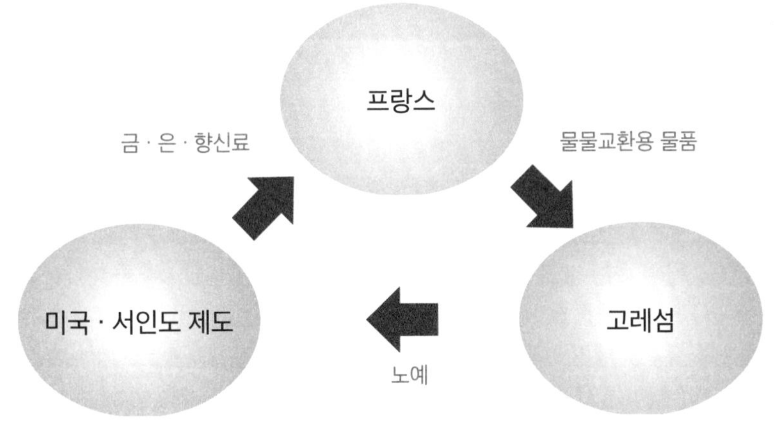

● 노예의 상황

출신	아프리카 각지. 해당 지역의 유력자가 끌고 왔다
취급	인간이 아니라 어디까지나 「물건」이었다
호칭	피부색이 검어 「흑탄 목재」라고 불렀다
이송	선창에 쑤셔 담았다. 이송 중에 10~15%가 사망했다
노동 내용	탄광 및 사탕수수밭에서 가혹한 육체노동을 했다

관련 항목
● 다중 환상 성벽 → No.079
● 총안 → No.077
● 현안(외보) · 살인공 → No.075

No.096

성벽을 부숨으로써 상대의 프라이드를 부순다

성채 도시에서 성벽은 그야말로 얼굴이다. 특히 여명기였던 고대에는 성벽 파괴하는 것에 물리적 손해를 입히는 것 이상의 의미가 있었다.

● 성벽이 상징하는 것을 공격하다

기원전 5000~4000년경에 유프라테스강, 나일강, 인더스강과 같은 큰 강 유역에서 정착 생활이 시작되었다. 농경 사회가 발달하여 어느 정도의 인원수가 같은 장소에 정착하자 파종과 관개 등의 작업을 했으며, 남은 작물을 저축하고 분배하기 위해 사회 제도가 발달하기 시작했다.

이리하여 쌓아 올린 것들을 적대 관계에 있는 도시 국가와 정기적으로 도시의 곡물 **창고**를 위협하는 유목민족 등으로부터 지킬 필요가 있었다. 사람들은 도시를 벽으로 둘러 자신들의 소중한 삶과 재산을 보호하고자 했다. 이것이 성채 도시의 기원이다.

공격 수단이 손도구뿐이던 시대에 성벽은 당당한 권력의 상징이었다. **사다리**로도 오를 수 없는 높이와 **파성추** 공격에 버텨낼 수 있는 두께를 가진 훌륭한 성채는 성채 도시 주민의 자랑이었다.

고대 메소포타미아인은 도시의 성벽에 중대한 가치를 두었다. 그들은 신의 보호를 받도록 성벽에 상서로운 이름을 붙였다. 그렇기 때문에 성채 도시 주민들은 성벽을 손질하여 잘 유지하고자 애썼다. 보루의 위치와 배치는 도시 권력과 지위를 분명히 했고, 성문은 적을 막을 뿐 아니라 도시를 방문하는 자에게 그들이 얼마나 부유한지를 보일 수 있도록 설계했다.

공성병기가 발달하자 성채 도시의 방어 규모도 커졌다. 고대 그리스의 네부카드네자르 2세가 재건한 바빌론 도시의 성벽은 얼마나 두꺼웠는지 성벽 위의 두께가 전차 네 대가 넉넉하게 지나다닐 수 있을 정도였다고 한다.

그만큼 중요한 성벽을 파괴당하는 것에는 물리적인 손해를 입는 것 이상의 의미가 있었다. 즉, 성벽에 대해 품고 있던 자긍심까지 손상되는 것을 의미했다. 반대로 정복한 적의 성벽을 파괴하는 것은 성채 도시 영주의 중요한 임무였다.

정복한 적의 성벽을 부수는 것이 영주의 임무

농경 사회가 발전함에 따라 정착 생활을 하기 시작하다

사회 제도가 발달하고 도시 국가가 형성되다

도시의 재산을 보호하기 위해 성벽으로 도시를 에워싸다

잘 지어진 성벽은 주민의 자랑이었으며 도시의 권력과 부를 상징했다

성벽이 부서지는 것은 주민의 프라이드가 부서지는 것과 같았다. 정복자 입장에서는 성벽을 파괴하는 행위에 상징적인 의미가 있었다.

관련 항목

- 에스컬레이드(성벽을 기어오르다) → No.052
- 충각 대처법 → No.068
- 크사르는 요새 겸 곡물 창고 → No.069

No. 097

성채 도시는 항구도 지킨다

해변가에 위치하는 성채는 항구를 유용하게 이용하여 방어한 경우가 많다. 이스라엘의 아크레와 영국의 「철의 고리」가 전형적인 예이다.

● 항구를 천연의 방벽으로 이용하다

항구와 만 등의 바다에 면한 성채 중에는 내륙부에 위치하는 성과는 전혀 다른 독자적인 구조를 한 것이 있다. 이스라엘의 아크레는 가장 오래전부터 사람들이 살기 시작한 지역 중의 하나인데, 동시에 고대부터 1948년까지 가장 공격을 많이 받은 도시 중의 하나이기도 하다.

고대 아크레는 오늘날 아크레의 남동쪽에 위치했다. 성탑을 갖춘 성벽이 이중 방어선으로 도시 주변을 감싸고 그 중심에 **시타델**이 있는 지극히 일반적인 형식이다. 하지만 바다 측 방비가 특징적이다. 아크레 항구와 방파제는 고대 로마인이 축조한 것인데, 「바다의 탑」에서 항구의 성벽까지 쇠사슬로 봉쇄할 수 있도록 되어 있었다. 십자군은 이를 이용하여 적 함대의 입항을 막았다. 또 템플 기사단의 성곽은 현재 수심이 얕은 만에 가라앉아 있는데, 과거에는 터널로 연결되어 있었다.

13세기 말에 잉글랜드의 왕 에드워드 1세가 북웨일스를 침공하고 세 개의 성곽을 쌓았다. 할레크성, 콘위성, 카나번성인데, 여기에 보매리스성을 추가하여 스노도니아를 둘러싸는 고리를 완성했다. 이들 성채는 모두 해안에 건설하여 언제든 해상으로 물자 보급을 받을 수 있도록 했다. 그래서 공격은 거의 불가능에 가까웠다. 에드워드 왕의 「철의 고리」는 그만큼 견고했다.

할레크성은 험준한 바위산 위에 세워져, 공격받을 가능성이 있는 쪽은 동쪽뿐이었다. 성내 안뜰(베일리)의 높은 커튼 월은 원형 평면의 귀퉁이에 있는 성탑으로 보호했고, 거대한 성문 탑도 보유했다. 주위를 둘러싼 외성벽은 낮고, 양측에는 노천 능보(지붕 없는 배스천. 지붕이 없는 것이 일반적이다)가 있으며, 두 개의 소탑이 있는 문을 갖추고 있다. 절벽 기슭에 추가적으로 두 개의 성문이 있으며, 상성문(上城門)과 수문에 있는 포상(砲床)에서 성문을 방어했다.

항구를 지키기 위해 독자적인 방어법을 구사한 성채

● 아크레성(이스라엘)

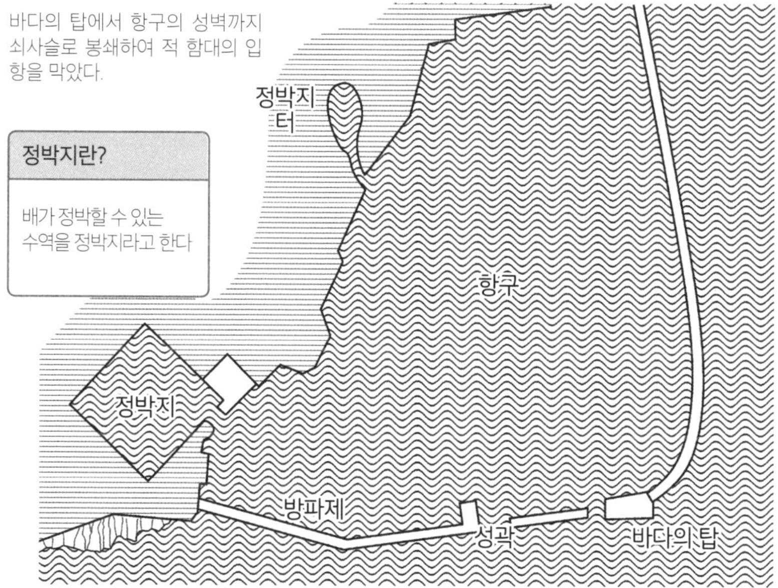

● 할레크성(잉글랜드)

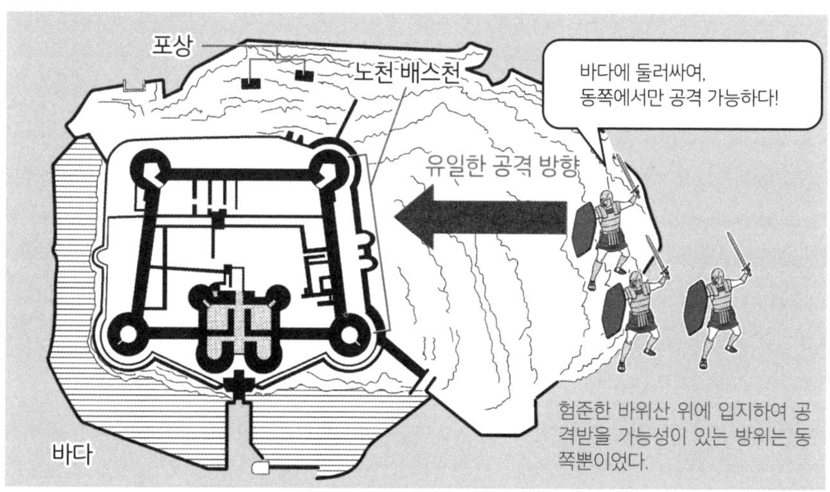

관련 항목

● 시타델 도시 → No.004

No.098

아우렐리아누스 황제의 성벽

무려 500년 동안 요새를 쌓지 않았던 로마가 태세를 전환한 것은 게르만족의 압박으로 제국 존속의 위기를 느꼈기 때문이다.

● 로마 시대 후기의 상징적 유구

로마인의 방어 수법은 이동하는 야전군으로 방어하는 방식이었다. 그래서 500년 가까이 자국 도시에 요새조차 축조하지 않았다.

하지만 3세기 후반에 게르만족의 압박이 커져 제국의 북쪽 경계가 함락될 위기에 처하자 로마인은 그들의 수도를 요새화하기로 한다.

아우렐리아누스 황제의 성채는 270~282년에 세워진다. 넓게 분포하는 100만 명의 주민을 모두 감싸기 위해 불규칙한 모양으로 축조했다. 길이는 약 19km이고, 강력하게 방어된 18개의 문이 있었으며, 약 30m 간격으로 세운 381개의 정방형 탑으로 방어를 더욱 강화했다.

로마인은 본래 규칙적인 대칭성을 좋아한다. 하지만 야만족으로부터 도시를 보호하기 위해 질서와 규칙적인 반복에 대한 선호를 포기해야 했다. 벽이 굽고 구불구불한 것은 전략적 이용에 적합한 특징 없는 완만한 지대를 가로지를 필요가 있었기 때문이다.

수도 로마가 포위 공격받는 상황이란 이미 야전에 임한 군대가 패배한 경우일 것이다. 외부에서 도시를 도와줄 가능성은 제로에 가깝다. 이와 같이 전망하고 구축한 아우렐리아누스 황제의 성벽은, 전통적이며 표준적인 로마 요새와, 개념과 외관 모두 다르지 않은 밀폐된 형태로 만들어졌다. 이미 그들은 제국이 붕괴될 전조를 느꼈던 것이다.

그래도 아우렐리아누스 황제의 성벽은 1870년에 이탈리아 왕국의 근대적 포병대에게 파괴될 때까지 완벽하다곤 할 수 없으나 충분히 로마에 도움이 되었다. 현재도 보존 상태가 좋으며 천재적인 디자인까지는 아니나 로마 시대 후기 요새의 가장 상징적인 예로 볼 수 있다.

로마 제국을 야만족으로부터 보호하기 위한 성벽

● **아우렐리아누스 황제의 성벽**

· 270~282년에 건축
· 길이 약 19km의 성벽으로 100만 명의 주민을 보호했다
· 강력하게 방어된 18개의 문
· 약 30m 간격으로 세운 381개 정방형 탑으로 방비를 강화했다
· 1870년에 이탈리아 왕국의 포격으로 파괴될 때까지 유지되었다

야만족으로부터 로마 제국을 지키기에 충분했다

한편, 마이너스적인 측면도 있었다

· 넓게 분포하는 주민을 모두 감싸려다 성벽 모양이 불규칙해졌다
· 로마인이 선호하는 규칙적인 대칭성을 포기해야 했다
· 수도 로마가 포위되는 상황이란 이미 패배 직전과 다름없다

로마 제국이 붕괴될 전조를 느끼고 있었다

관련 항목

● 그리스와 로마 성채 도시의 차이 → No.005

No.099

요새화된 저택, 매너 하우스

중세에는 성이라고 할 정도의 규모는 아니나 요새화된 매너 하우스라는 것이 있었다. 대부분은 국경 부근에 지어진 것이었다.

● 성만한 규모는 아니나 요새화 저택

매너 하우스란 일반적으로 영주의 저택을 지칭하는데, 방어력이 낮은 주거 중에는 「요새화된 매너 하우스」라고 불리는, 이른바 성과는 구별되는 건축물이 있다. 단, 이는 현대의 분류 방식에 불과하다. 성과 매너 하우스의 구분이 그리 간단하지는 않다.

영국의 노섬벌랜드에 있는 아이돈성 중심 부분은 13세기 후기에 매너 하우스로 지어졌다. 그 직후 잉글랜드와 스코틀랜드 사이에 전쟁이 일어나 국경 부근이 전쟁터가 된다. 그래서 이후 50년간 몇 단계에 걸쳐서 요새화를 진행했으며 세 개의 안뜰 주위에 작은 포위형 성을 세웠다.

또 액턴버넬성은 웨일스와의 국경 근처에 있다. 성직자이자 에드워드 1세의 대법관이던 로버트 버넬이 1284년에 태어난 땅인 슈롭셔에 지은 것이다. 본격적인 방어 수단이라고는 할 수 없으나 아담한 2층짜리 주거 시설에는 **타구** 뚫린 **흉벽**이 있고, 저택 주위로는 해자와 담장이 둘러져 있다.

컴브리아주의 얀와스 홀은 중세 후기까지 거슬러 올라가는 매너 하우스인데, 이것도 역시 국경 부근에 있다. 당시 이 지역은 국경을 넘어 습격해오는 일이 잦았기 때문에 저택에 방어 대책이 필요했다. 얀와스 홀의 방어 대책은 홀의 한쪽 끝에 설치된 탑에 집중되어 있다. 14세기와 15세기에 두 번에 걸쳐서 주요 건축 부분이 지어진 듯하다. 현재 안뜰에 있는 저택은 안뜰을 둘러싼 사각형 건물에 접한 세 구획 가운데 두 개만 중세 건축이다. 당시에는 울타리와 벽으로 둘러싸여 있었을 것으로 추정된다.

매너 하우스는 하나같이 분쟁이 많은 국경 부근 지역에 있으며, 필요성에 의해 서서히 요새화된 듯하다.

주거 공간이자 동시에 요새였다

● 아이돈성

● 얀와스 홀의 평면도

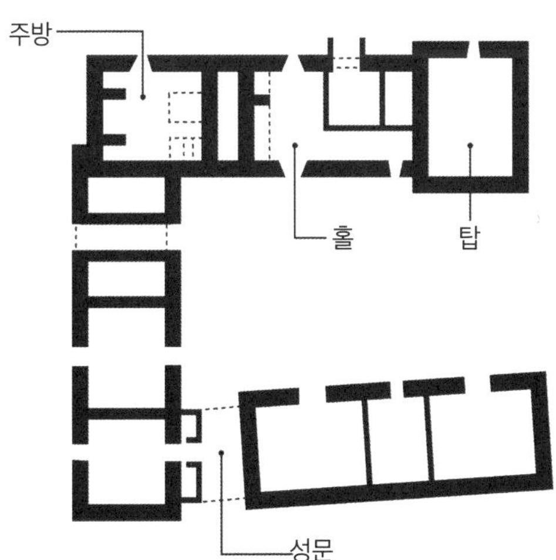

방어 대책은 홀의 한쪽 끝에 설치된 탑에 집중되어 있다. 안뜰을 둘러싼 세 구획 가운데 두 개만 중세 건물이며, 당시에는 울타리와 벽으로 둘러싸여 있었다.

관련 항목

● 전안으로 공격하다 → No.067
● 도랑과 해자의 중요성 → No.070
● 흉벽 · 머치컬레이션 → No.072

No.100

항복

포위전이 발생했을 때 방어 측이 지면 항복 의사를 표명할 필요가 있었다. 상징적인 예로 요새의 열쇠를 건네기도 했다.

● 성채 도시의 열쇠는 굴복의 상징

성채 도시를 둘러싼 공방전에서 방어 측이 침략 측을 물리치기도 하지만, 당연히 방어 측이 패하기도 한다. 방어 측은 최후의 한 명이 쓰러질 때까지 계속 싸우는 경우도 있지만, 전멸하기 전에 자신들이 패할 것을 깨닫고 항복이라는 수단으로 전투를 끝내는 경우도 적지 않았다.

방어 측이 항복 의사를 표명하더라도 그 후 처우는 제각각 다르다. 당연한 얘기지만 전쟁은 스포츠가 아니다. 시합이 끝났다고 사이좋게 악수하고 화해하지 않는다.

특히 중요시된 것은 침략 측의 피해 정도였다. 침략 측에 부상자와 사망자가 많으면 많을수록 방어 측은 가혹한 보복을 각오해야 한다. 항복하고 성문을 열면 아직 분노가 가라앉지 않은 병사들이 성채 도시로 우르르 밀려 들어왔다. 어떤 자는 남자를 참살하고, 어떤 자는 허둥거리며 도망치는 여자를 붙들어 강간했다. 그리고 각 집에 있는 금품과 재산은 침략자의 당연한 전과로서 남김없이 빼앗는 것이 보통이었다.

전쟁의 승패가 결정 나고 방어 측이 패배를 인정한 경우에는 성문 열쇠를 건넴으로써 항복 의사를 드러내기도 했다. 1340년에 칼레 시민은 잉글랜드의 왕 에드워드 3세에게 항복 의사를 표명하는 증표로 성문 열쇠를 건넸다.

또 침략 측이 먼저 항복하라고 권고하기도 했다. 하루 동안 기다려주는 사이에 남은 식량을 내놓고 패배만 인정하면 성채 도시를 넘기겠다는 뜻으로 알고 살려주겠다고 통보하는 것이다. 이 요구 내용이 성채 도시 공성전의 관례였다고 한다. 만일 항복 권고를 거절하면 공격 측은 방어 측을 가지고 있는 무기로 철저하게 학살한다. 남자는 죽이고, 여자는 강간하고, 식량부터 금품에 이르기까지 모조리 약탈하며, 심할 때는 어린아이까지 죽였다고 한다.

항복의 증표로 요새의 열쇠를 넘긴다

항복할 경우 VS 항복하지 않을 경우

우세한 입장인 공격 측이 항복을 권고한다

받아들인다

받아들이지 않는다

공격 측의 손해가 경미한 경우

식량만 내놓으면 목숨을 살려주는 경우가 많았다

공격 측의 손해가 막대한 경우

보복으로 남자는 죽이고 여자는 강간하고 재산은 빼앗는다

전원이 죽을 때까지 공성전 또는 공방전을 계속하여 전멸시킨다

시체를 매장하는 묘지도 도시 계획 중의 하나

당연한 얘기지만, 어느 시대에나 사람은 죽는다. 그리스도교도가 많았던 중세 유럽에서는 사망자를 매장하는 것이 일반적이었기 때문에 성채 도시 내에 시체를 묻을 공간을 확보하는 것이 필수였다.

통상적으로 성채 도시는 도시 계획에 따라서 발전시켜 나아간다(개중에는 무계획적으로 발전한 탓에 폐허가 되어버린 예도 있지만). 도시 계획을 할 때는 교회와 묘지용 토지를 확보하는 것이 보통이었다. 교회 근처에 묘지가 있고, 묘지 옆에 예배당이 있다. 이것들을 하나의 세트로 모아둘 공간을 마련한 것이다.

성채 도시에서는 교회와 수도원이 교구(종교 조직이 봉사와 행정을 행하기 위해 설정한 단위 지구)별로 책임지고 묘지를 보유하는 것이 보통이었다. 또 유대교도 대개 묘지를 갖고 있어서 유대교를 신앙하는 유대인은 그곳 묘지에 묻혔다.

참고로 현재 그리스도교 묘지는 정연하게 줄지어 배치되어 있는 것이 보통인데, 중세 초기에 해당하는 700년 무렵부터 게르만족의 한 부족인 알라마니족은 이렇게 매장하지 않는다. 군주와 여성과 어린이는 교회 안에, 그리고 가신과 농민 등 넓은 의미에서 가족의 일원인 자는 교회 안뜰에 묻었다.

신 앞에서는 모두 똑같이 평등하고 이는 죽음을 맞이했을 때도 마찬가지다……라는 말대로는 되지 않았던 듯하다. 왜냐하면 성채 도시에서 제대로 매장된 사람은 귀족을 비롯한 부자뿐이었기 때문이다.

돈 있는 사람은 자신이 영면할 땅을 마련할 수 있었으므로 정중히 매장되었다. 하지만 가난한 사람은 그렇지 못했다. 살아생전에 살 집조차 변변히 구하지 못한 자가 무덤을 소유하는 것은 뻔뻔한 짓이었다. 가난한 자의 시체는 커다란 도랑에 대충 던져넣은 다음 약간의 흙을 뿌려주었다. 그걸로 끝이었다. 땅에서 시체의 손발이 튀어나와 있었다고 한다. 상상하는 것만으로도 무서운 광경이 아닐 수 없다. 당시 사람도 그렇게 생각했는지 후에 시체에 뿌리는 흙의 양을 정하는 법이 나왔다고 한다.

도시 계획에 따라서 만들어진 묘지는 넓이가 유한했기 때문에 반복적으로 사용되는 것이 보통이었다. 매장한 시체는 결국 부패하여 뼈만 남는다. 그 뼈를 묘지 옆에 있는 납골당에 쌓고 빈 공간에 새로운 시체를 묻었다. 하지만 사망자가 많으면 이런 사이클로는 감당할 수 없어 시체를 묻은 땅이 불룩하게 몇 미터나 솟아올랐다고 전해진다.

묘지는 사망자 매장 외의 용도로도 쓰였다. 어떨 때는 교회 방문자의 집회소로, 또 어떨 때는 전장에서 피난해온 사람들의 거주 장소로 쓰였다. 또 가축에게 풀을 먹이는 장소가 되기도 했고, 시장과 전시회가 열리기도 했다. 하물며 무도회까지 열렸다고 하니, 그야말로 온갖 용도로 쓰인 공간이었다고 하겠다.

색인

<가>

<나>

<다>

<라>

<마>

<바>

<사>

<아>

<자>

참고 문헌

『암흑의 중세—유럽의 도시 생활(暗黒の中世—ヨーロッパの都市生活)』 John D. Clair 구성, 릴리프시스템즈(リリーフ・システムズ) 역, 도호샤출판(同朋舎出版)

『영국의 고성(イギリスの古城)』 오타 세이로쿠(太田静六) 저, 요시카와코분칸(吉川弘文館)

『NHK 세계 유산 100 NO.12 난공불락의 성채 도시(NHK世界遺産100 No.12 難攻不落の城塞都市)』 쇼가쿠칸(小学館)

『NHK 세계 유산 100 NO.16 몽환의 미궁 도시(NHK世界遺産100 No.16 夢幻の迷宮都市)』 쇼가쿠칸(小学館)

『고성 사전(古城事典)』 Christopher Gravett 저, 아스나로쇼보(あすなろ書房)

『스페인 · 포르투갈의 고성(スペイン・ポルトガルの古城)』 오타 세이로쿠(太田静六) 저, 요시카와코분칸(吉川弘文館)

『세계의 성채 도시(世界の城塞都市)』 센다 요시히로(千田嘉博) 감수, 가이하쓰샤(開発社)

『세계의 「요새」를 쉽게 이해할 수 있는 책(世界の「要塞」がよくわかる本)』 주식회사렛카샤(株式会社レッカ社) 편저, PHP연구소(PHP研究所)

『도해 고대 병기(図解 古代兵器)』 미즈노 히로키(水野大樹) 저, 신키겐샤(新紀元社)

『도설 기사의 세계(図説騎士の世界)』 이케가미 슌이치(池上俊一) 저, 가와데쇼보신샤(河出書房新社)

『도설 중세 유럽의 무기 · 방어구 · 전술 백과(図説中世ヨーロッパ武器・防具・戦術百科)』 Martin J.Dougherty 저, 히구라시 마사미치(日暮雅通) 역, 하라쇼보(原書房)

『도설 유럽의 생활(図説ヨーロッパの暮らし)』 가와하라 아쓰시(河原温) / 호리코시 고이치(堀越宏一) 저, 가와데쇼보신샤(河出書房新社)

『전쟁과 성채(戦争と城塞)』 오루이 노부루(大類伸) 저, 산세이도쇼텐(三省堂書店)

『중세 독일의 영방 국가와 성채(中世ドイツの領邦国家と城塞)』 사쿠라이 도시오(桜井利夫) 저, 소분샤(創文社)

『중세의 죽음—생과 죽음의 경계부터 사후 세계까지(中世の死 生と死の境界から死後の世界まで)』 Norbert Ohler 저, 이치조 마미코(一條麻美子) 역, 호세대학출판국(法政大学出版局)

『중세의 성(中世の城)』 Fiona Macdonald 글/Mark Bergin 그림, 기리시키 신지로(桐敷真次郎) 역, 산세이도(三省堂)

『중세 병사의 복장—중세 유럽을 완전 재현!(中世兵士の服装—中世ヨーロッパを完全再現!)』 Gerry Embleton 저, 하마사키 토루(濱崎亨) 역, 마르샤(マール社)

『중세 유럽 기사 사전(中世ヨーロッパ騎士事典)』 Christopher Gravett 저, 모리오카 게이치로(森岡敬一郎) 일본어판 감수, 아스나로쇼보(あすなろ書房)

『중세 유럽 입문(中世ヨーロッパ入門)』 Andrew Langley 저, 이케가미 슌이치(池上俊一) 일본어판 감수, 아스나로쇼보(あすなろ書房)

『중세 유럽 성의 생활(中世ヨーロッパの城の生活)』 Frances Gies/Joseph Gies 저, 구리하라 이즈미 역, 고단샤(講談社)

『중세 유럽의 성채—공방전의 무대가 된 중세의 성채, 요새 및 성채 도시(中世ヨーロッパの城塞 攻防戦の舞台となった中世の城塞、要塞、および城壁都市)』 J.E.Kaufmann/H.W.Kaufmann 저, 나카지마 도모아키(中島智章) 역, 마루샤(マール社)

『중세 유럽의 생활(中世ヨーロッパの生活)』 Genevieve d' Haucourt 저, 오시마 마코토(大島誠) 역, 하쿠스이샤(白水社)

『중세 유럽의 도시 생활(中世ヨーロッパの都市の生活)』 Frances Gies/Joseph Gies 저, 아오시마 요시코(青島淑子) 역, 고단샤(講談社)

『중세 유럽의 도시 세계(中世ヨーロッパの都市世界)』 가와하라 아쓰시(河原温) 저, 야마카와출판사(山川出版社)

『중세 유럽의 농촌 생활(中世ヨーロッパの農村の生活)』 Frances Gies/Joseph Gies 저, 아오시마 요시코(青島淑子) 역, 고단샤(講談社)

『중세 유럽의 복장(中世ヨーロッパの服装)』 Auguste Racinet 저, 마루샤(マール社)

『독일 · 북유럽 · 동유럽의 고성(ドイツ・北欧・東欧の古城)』 오타 세이로쿠(太田静六) 저, 요시카와코분칸(吉川弘文館)

『비주얼판 전 세계 성의 역사 문화 도감(ビジュアル版 世界の城の歴史文化図鑑)』 Charles Stephenson 저, 나카지마 도모아키(中島智章) 감수, 무라타 아야코(村田綾子) 역, 슌후샤(柊風舎)

『유럽의 고성과 궁전(ヨーロッパの古城と宮殿)』 후지 노부유키(藤井信行) 저, 신진부쓰오라이샤(新人物往来社)

『유럽의 전쟁사(ヨーロッパ史における戦争)』 Michael Howard 저, 오쿠무라 후사오(奥村房夫) 역, 주오코론신샤(中央公論新社)

『유럽 중세의 성(ヨーロッパ中世の城)』 노자키 나오지(野崎直治) 저, 주오코론샤(中央公論社)

『역사적 고성을 읽다—세계의 성곽 건축과 요새의 수수께끼를 이해하는 비주얼 실용 가이드(歴史的古城を読み解く 世界の城郭建築と要塞の謎を理解するビジュアル実用ガイド)』 Malcolm Hislop 저, 구와히라 사치코(桑平幸子) 역, 가이아북스(ガイアブックス)

창작을 꿈꾸는 이들을 위한 안내서
AK 트리비아 시리즈

-AK TRIVIA BOOK

No. 01 도해 근접무기

오나미 아츠시 지음 | 이창협 옮김 | 228쪽 | 13,000원

근접무기, 서브 컬처적 지식을 고찰하다!

검, 도끼, 창, 곤봉, 활 등 현대적인 무기가 등장하기 전에 사용되던 냉병기에 대한 개설서. 각 무기의 형상과 기능, 유형부터 사용 방법은 물론 서브컬처의 세계에서 어떤 모습으로 그려지는가에 대해서도 상세히 해설하고 있다.

No. 02 도해 크툴루 신화

모리세 료 지음 | AK커뮤니케이션즈 편집부 옮김 | 240쪽 | 13,000원

우주적 공포, 현대의 신화를 파헤치다!

현대 환상 문학의 거장 H.P 러브크래프트의 손에 의해 창조된 암흑 신화인 크툴루 신화. 111가지의 키워드를 선정, 각종 도해와 일러스트를 통해 크툴루 신화의 과거와 현재를 해설한다.

No. 03 도해 메이드

이케가미 료타 지음 | 코트랜스 인터내셔널 옮김 | 238쪽 | 13,000원

메이드의 모든 것을 이 한 권에!

메이드에 대한 궁금증을 확실하게 해결해주는 책. 영국, 특히 빅토리아 시대의 사회를 중심으로, 실존했던 메이드의 삶을 보여주는 가이드북.

No. 04 도해 연금술

쿠사노 타쿠미 지음 | 코트랜스 인터내셔널 옮김 | 220쪽 | 13,000원

기적의 학문, 연금술을 짚어보다!

연금술사들의 발자취를 따라 연금술에 대해 자세하게 알아보는 책. 연금술에 대한 풍부한 지식을 쉽고 간결하게 정리하여, 체계적으로 해설하며, '진리'를 위해 모든 것을 바친 이들의 기록이 담겨있다.

No. 05 도해 핸드웨폰

오나미 아츠시 지음 | 이창협 옮김 | 228쪽 | 13,000원

모든 개인화기를 총망라!

권총, 소총, 기관총, 어설트 라이플, 샷건, 머신건 등, 개인 화기를 지칭하는 다양한 명칭들은 대체 무엇을 기준으로 하며 어떻게 붙여진 것일까? 개인 화기의 모든 것을 기초부터 해설한다.

No. 06 도해 전국무장

이케가미 료타 지음 | 이재경 옮김 | 256쪽 | 13,000원

전국시대를 더욱 재미있게 즐겨보자!

소설이나 만화, 게임 등을 통해 많이 접할 수 있는 일본 전국시대에 대한 입문서. 무장들의 활약상, 전국시대의 일상과 생활까지 상세히 서술, 전국시대에 쉽게 접근할 수 있도록 구성했다.

No. 07 도해 전투기

가와노 요시유키 지음 | 문우성 옮김 | 264쪽 | 13,000원

빠르고 강력한 병기, 전투기의 모든 것!

현대전의 정점인 전투기. 역사와 로망 속의 전투기에서 최신예 스텔스 전투기에 이르기까지, 인류의 전쟁사를 바꾸어놓은 전투기에 대하여 상세히 소개한다.

No. 08 도해 특수경찰

모리 모토사다 지음 | 이재경 옮김 | 220쪽 | 13,000원

실제 SWAT 교관 출신의 저자가 특수경찰의 모든 것을 소개!

특수경찰의 훈련부터 범죄 대처법, 최첨단 수사 시스템, 기밀 작전의 아슬아슬한 부분까지 특수경찰을 저자의 풍부한 지식으로 폭넓게 소개한다.

No. 09 도해 전차

오나미 아츠시 지음 | 문우성 옮김 | 232쪽 | 13,000원

지상전의 왕자, 전차의 모든 것!

지상전의 지배자이자 절대 강자 전차를 소개한다. 전차의 힘과 이를 이용한 다양한 전술, 그리고 그 독특한 모습까지. 알기 쉬운 해설과 상세한 일러스트로 전차의 매력을 전달한다.

No. 10 도해 헤비암즈

오나미 아츠시 지음 | 이재경 옮김 | 232쪽 | 13,000원

전장을 압도하는 강력한 화기, 총집합!

전장의 주역, 보병들의 든든한 버팀목인 강력한 화기를 소개한 책. 대구경 기관총부터 유탄 발사기, 무반동총, 대전차 로켓 등, 압도적인 화력으로 전장을 지배하는 화기에 대하여 알아보자!

No. 11 도해 밀리터리 아이템

오나미 아츠시 지음 | 이재경 옮김 | 236쪽 | 13,000원

군대에서 쓰이는 군장 용품을 완벽 해설!

이제 밀리터리 세계에 발을 들이는 입문자들을 위해 '군장 용품'에 대해 최대한 알기 쉽게 다루는 책. 세부적인 사항에 얽매이지 않고, 상식적으로 갖추어야 할 기초지식을 중심으로 구성되어 있다.

No. 12 도해 악마학

쿠사노 타쿠미 지음 | 김문광 옮김 | 240쪽 | 13,000원

악마에 대한 모든 것을 담은 총집서!

악마학의 시작부터 현재까지의 그 연구 및 발전 과정을 한눈에 알아볼 수 있도록 구성한 책. 단순한 흥미를 뛰어넘어 영적이고 종교적인 지식의 깊이까지 더할 수 있는 내용으로 구성.

No. 13 도해 북유럽 신화

이케가미 료타 지음 | 김문광 옮김 | 228쪽 | 13,000원

세계의 탄생부터 라그나로크까지!

북유럽 신화의 세계관, 등장인물, 여러 신과 영웅들이 사용한 도구 및 마법에 대한 설명까지! 당시 북유럽 국가들의 생활상을 통해 북유럽 신화에 대한 이해도를 높일 수 있도록 심층적으로 해설한다.

No. 14 도해 군함

다카하라 나루미 외 1인 지음 | 문우성 옮김 | 224쪽 | 13,000원

20세기의 전함부터 항모, 전략 원잠까지!

군함에 대한 입문서. 종류와 개발사, 구조, 제원 등의 기본부터, 승무원의 일상, 정비 비용까지 어렵게 여겨질 만한 요소를 도표와 일러스트로 쉽게 해설한다.

No. 15 도해 제3제국

모리세 료 외 1인 지음 | 문우성 옮김 | 252쪽 | 13,000원

나치스 독일 제3제국의 역사를 파헤친다!

아돌프 히틀러 통치하의 독일 제3제국에 대한 개론서. 나치스가 권력을 장악한 과정부터 조직 구조, 조직을 이끈 핵심 인물과 상호 관계와 갈등, 대립 등, 제3제국의 역사에 대해 해설한다.

No. 16 도해 근대마술

하니 레이 지음 | AK커뮤니케이션즈 편집부 옮김 | 244쪽 | 13,000원

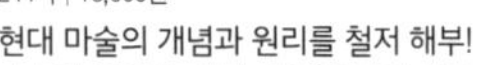

현대 마술의 개념과 원리를 철저 해부!

마술의 종류와 개념, 이름을 남긴 마술사와 마술 단체, 마술에 쓰이는 도구 등을 설명한다. 겉핥기식의 설명이 아닌, 역사와 각종 매체 속에서 마술이 어떤 영향을 주었는지 심층적으로 해설하고 있다.

No. 17 도해 우주선

모리세 료 외 1인 지음 | 이재경 옮김 | 240쪽 | 13,000원

우주를 꿈꾸는 사람들을 위한 추천서!

우주공간의 과학적인 설명은 물론, 우주선의 태동에서 발전의 역사, 재질, 발사와 비행의 원리 등, 어떤 원리로 날아다니고 착륙할 수 있는지, 자세한 도표와 일러스트를 통해 해설한다.

No. 18 도해 고대병기

미즈노 히로키 지음 | 이재경 옮김 | 224쪽 | 13,000원

역사 속의 고대병기, 집중 조명!

지혜와 과학의 결정체, 병기. 그중에서도 고대의 병기를 집중적으로 조명, 단순한 병기의 나열이 아닌, 각 병기의 탄생 배경과 활약상, 계보, 작동 원리 등을 상세하게 다루고 있다.

No. 19 도해 UFO

사쿠라이 신타로 지음 | 서형주 옮김 | 224쪽 | 13,000원

UFO에 관한 모든 지식과, 그 허와 실.

첫 번째 공식 UFO 목격 사건부터 현재까지, 세계를 떠들썩하게 만든 모든 UFO 사건을 다룬다. 수많은 미스터리는 물론, 종류, 비행 패턴 등 UFO에 관한 모든 지식들을 알기 쉽게 정리했다.

No. 20 도해 식문화의 역사

다카하라 나루미 지음 | 채다인 옮김 | 244쪽 | 13,000원

유럽 식문화의 변천사를 조명한다!

중세 유럽을 중심으로, 음식문화의 변화를 설명한다. 최초의 조리 역사부터 식재료, 예절, 지역별 선호메뉴까지, 시대상황과 분위기, 사람들의 인식이 어떠한 영향을 끼쳤는지 흥미로운 사실을 다룬다.

No. 21 도해 문장

신노 케이 지음 | 기미정 옮김 | 224쪽 | 13,000원

역사와 문화의 시대적 상징물, 문장!

기나긴 역사 속에서 문장이 어떻게 만들어졌고, 어떤 도안들이 이용되었는지, 발전 과정과 유럽 역사 속 위인들의 문장이나 특징적인 문장의 인물에 대해 설명한다.

No. 22 도해 게임이론

와타나베 타카히로 지음 | 기미정 옮김 | 232쪽 | 13,000원

이론과 실용 지식을 동시에!

죄수의 딜레마, 도덕적 해이, 제로섬 게임 등 다양한 사례 분석과 알기 쉬운 해설을 통해, 누구나가 쉽고 직관적으로 게임이론을 이해하고 현실에 적용할 수 있도록 도와주는 최고의 입문서.

No. 23 도해 단위의 사전

호시다 타다히코 지음 | 문우성 옮김 | 208쪽 | 13,000원

세계를 바라보고, 규정하는 기준이 되는 단위를 풀어보자!

전 세계에서 사용되는 108개 단위의 역사와 사용 방법 등을 해설하는 본격 단위 사전. 정의와 기준, 유래, 측정 대상 등을 명쾌하게 해설한다.

No. 24 도해 켈트 신화

이케가미 료타 지음 | 곽형준 옮김 | 264쪽 | 13,000원

쿠 훌린과 핀 막 쿨의 세계!

켈트 신화의 세계관, 각 설화와 전설의 주요 등장인물들! 이야기에 따라 내용뿐만 아니라 등장인물까지 뒤바뀌는 경우도 있는데, 그런 특별한 사항까지 다루어, 신화의 읽는 재미를 더한다.

No. 25 도해 항공모함

노가미 아키토 외 1인 지음 | 오광웅 옮김 | 240쪽 | 13,000원

군사기술의 결정체, 항공모함 철저 해부!

군사력의 상징이던 거대 전함을 과거의 유물로 전락시킨 항공모함. 각 국가별 발달의 역사와 임무, 영향력에 대한 광범위한 자료를 한눈에 파악할 수 있다.

No. 26 도해 위스키

츠치야 마모루 지음 | 기미정 옮김 | 192쪽 | 13,000원

위스키, 이제는 제대로 알고 마시자!

다양한 음용법과 글라스의 차이, 바 또는 집에서 분위기 있게 마실 수 있는 방법까지, 위스키의 맛을 한층 돋아주는 필수 지식이 가득! 세계적인 위스키 평론가가 전하는 입문서의 결정판.

No. 27 도해 특수부대

오나미 아츠시 지음 | 오광웅 옮김 | 232쪽 | 13,000원

불가능이란 없다! 전장의 스페셜리스트!

특수부대의 탄생 배경, 종류, 규모, 각종 임무, 그들만의 특수한 장비, 어떠한 상황에서도 살아남기 위한 생존 기술까지 모든 것을 보여주는 책. 왜 그들이 스페셜리스트인지 알게 될 것이다.

No. 28 도해 서양화

다나카 쿠미코 지음 | 김상호 옮김 | 160쪽 | 13,000원

서양화의 변천사와 포인트를 한눈에!

르네상스부터 근대까지, 시대를 넘어 사랑받는 명작 84점을 수록. 각 작품들의 배경과 특징, 그림에 담겨있는 비유적 의미와 기법 등, 감상 포인트를 명쾌하게 해설하였으며, 더욱 깊은 이해를 위한 역사와 종교 관련 지식까지 담겨있다.

No. 29 도해 갑자기 그림을 잘 그리게 되는 법

나카야마 시게노부 지음 | 이연희 옮김 | 204쪽 | 13,000원

멋진 일러스트의 초간단 스킬 공개!

투시도와 원근법만으로, 멋지고 입체적인 일러스트를 그릴 수 있는 방법! 그림에 대한 재능이 없다 생각 말고 읽어보자. 그림이 극적으로 바뀔 것이다.

No. 30 도해 사케

키미지마 사토시 지음 | 기미정 옮김 | 208쪽 | 13,000원

사케를 더욱 즐겁게 마셔 보자!

선택 법, 온도, 명칭, 안주와의 궁합, 분위기 있게 마시는 법 등, 사케의 맛을 한층 더 즐길 수 있는 모든 지식이 담겨 있다. 일본 요리의 거장이 전해주는 사케 입문서의 결정판.

No. 31 도해 흑마술

쿠사노 타쿠미 지음 | 곽형준 옮김 | 224쪽 | 13,000원

역사 속에 실존했던 흑마술을 총망라!

악령의 힘을 빌려 행하는 사악한 흑마술을 총망라한 책. 흑마술의 정의와 발전, 기본 법칙을 상세히 설명한다. 또한 여러 국가에서 행해졌던 흑마술 사건들과 관련 인물들을 소개한다.

No. 32 도해 현대 지상전

모리 모토사다 지음 | 정은택 옮김 | 220쪽 | 13,000원

아프간 이라크! 현대 지상전의 모든 것!!

저자가 직접, 실제 전장에서 활동하는 군인은 물론 민간 군사기업 관계자들과도 폭넓게 교류하면서 얻은 정보들을 아낌없이 공개한 책. 현대전에 투입되는 지상전의 모든 것을 해설한다.

No. 33 도해 건파이트

오나미 아츠시 지음 | 송명규 옮김 | 232쪽 | 13,000원

총격전에서 일어나는 상황을 파헤친다!

영화, 소설, 애니메이션 등에서 볼 수 있는 총격전. 그 장면들은 진짜일까? 실전에서는 총기를 어떻게 다루고, 어디에 몸을 숨겨야 할까. 자동차 추격전에서의 대처법 등 건 액션의 핵심 지식.

No. 34 도해 마술의 역사

쿠사노 타쿠미 지음 | 김진아 옮김 | 224쪽 | 13,000원

마술의 탄생과 발전 과정을 알아보자!

고대에서 현대에 이르기까지 마술은 문화의 발전과 함께 널리 퍼져나갔으며, 다른 마술과 접촉하면서 그 깊이를 더해왔다. 마술의 발생시기와 장소, 변모 등 역사와 개요를 상세히 소개한다.

No. 35 도해 군용 차량

노가미 아키토 지음 | 오광웅 옮김 | 228쪽 | 13,000원

지상의 왕자, 전차부터 현대의 바퀴달린 사역마까지!!

전투의 핵심인 전투 차량부터 눈에 띄지 않는 무대에서 묵묵히 임무를 다하는 각종 지원 차량까지. 각자 맡은 임무에 충실하도록 설계되고 고안된 군용 차량만의 다채로운 세계를 소개한다.

No. 36 도해 첩보·정찰 장비

사카모토 아키라 지음 | 문성호 옮김 | 228쪽 | 13,000원

승리의 열쇠 정보! 정보전의 모든 것!

소음총, 소형 폭탄, 소형 카메라 및 통신기 등 영화에서나 등장할 법한 첩보원들의 특수 장비부터 정찰 위성에 이르기까지 첩보 및 정찰 장비들을 400점의 사진과 일러스트로 설명한다.

No. 37 도해 세계의 잠수함

사카모토 아키라 지음 | 류재학 옮김 | 242쪽 | 13,000원

바다를 지배하는 침묵의 자객, 잠수함.

잠수함은 두 번의 세계대전과 냉전기를 거쳐, 최첨단 기술로 최신 무장시스템을 갖추어왔다. 원리와 구조, 승조원의 훈련과 임무, 생활과 전투 방법 등을 사진과 일러스트로 철저히 해부한다.

No. 38 도해 무녀

토키타 유스케 지음 | 송명규 옮김 | 236쪽 | 13,000원

무녀와 샤머니즘에 관한 모든 것!

무녀의 기원부터 시작하여 일본의 신사에서 치르고 있는 각종 의식, 그리고 델포이의 무녀, 한국의 무당을 비롯한 세계의 샤머니즘과 각종 종교를 106가지의 소주제로 분류하여 해설한다!

No. 39 도해 세계의 미사일 로켓 병기

사카모토 아키라 | 유병준·김성훈 옮김 | 240쪽 | 13,000원

ICBM부터 THAAD까지!

현대전의 진정한 주역이라 할 수 있는 미사일. 보병이 휴대하는 대전차 로켓부터 공대공 미사일, 대륙간 탄도탄, 그리고 근래 들어 언론의 주목을 받고 있는 ICBM과 THAAD까지 미사일의 모든 것을 해설한다!

No. 40 독과 약의 세계사

후나야마 신지 지음 | 진정숙 옮김 | 292쪽 | 13,000원

독과 약의 차이란 무엇인가?

화학물질을 어떻게 하면 유용하게 활용할 수 있는가 하는 것은 인류에 있어 중요한 과제 가운데 하나라 할 수 있다. 독과 약의 역사, 그리고 우리 생활과의 관계에 대하여 살펴보도록 하자.

No. 41 영국 메이드의 일상

무라카미 리코 지음 | 조아라 옮김 | 460쪽 | 13,000원

빅토리아 시대의 아이콘 메이드!

가사 노동자이며 직장 여성의 최대 다수를 차지했던 메이드의 일과 생활을 통해 영국의 다른 면을 살펴본다. 『엠마 빅토리안 가이드』의 저자 무라카미 리코의 빅토리안 시대 안내서.

No. 42 영국 집사의 일상

무라카미 리코 지음 | 기미정 옮김 | 292쪽 | 13,000원

집사, 남성 가사 사용인의 모든 것!

Butler, 즉 집사로 대표되는 남성 상급 사용인. 그들은 어떠한 일을 했으며 어떤 식으로 하루를 보냈을까? 『엠마 빅토리안 가이드』의 저자 무라카미 리코의 빅토리안 시대 안내서 제2탄.

No. 43 중세 유럽의 생활

가와하라 아쓰시 외 1인 지음 | 남지연 옮김 | 260쪽 | 13,000원

새롭게 조명하는 중세 유럽 생활사

철저히 분류되는 중세의 신분. 그 중 「일하는 자」의 일상생활은 어떤 것이었을까? 각종 도판과 사료를 통해, 중세 유럽에 대해 알아보자.

No. 44 세계의 군복

사카모토 아키라 지음 | 진정숙 옮김 | 130쪽 | 13,000원

세계 각국 군복의 어제와 오늘!!

형태와 기능미가 절묘하게 융합된 의복인 군복. 제2차 세계대전에서 현대에 이르기까지, 각국의 전투복과 정복 그리고 각종 장구류와 계급장, 훈장 등, 군복만의 독특한 매력을 느껴보자!

No. 45 세계의 보병장비

사카모토 아키라 지음 | 이상언 옮김 | 234쪽 | 13,000원

현대 보병장비의 모든 것!

군에 있어 가장 기본이 되는 보병! 개인화기, 전투복, 군장, 전투식량, 그리고 미래의 장비까지. 제2차 세계대전 이후 눈부시게 발전한 보병 장비와 현대전에 있어 보병이 지닌 의미에 대하여 살펴보자.

No. 46 해적의 세계사

모모이 지로 지음 | 김효진 옮김 | 280쪽 | 13,000원

「영웅」인가, 「공적」인가?

지중해, 대서양, 카리브해, 인도양에서 활동했던 해적을 중심으로, 영웅이자 약탈자, 정복자, 야심가 등 여러 시대에 걸쳐 등장했던 다양한 해적들이 세계사에 남긴 발자취를 더듬어본다.

No. 47 닌자의 세계

야마키타 아츠시 지음 | 송명규 옮김 | 232쪽 | 13,000원

실제 닌자의 활약을 살펴본다!

어떠한 임무라도 완수할 수 있도록 닌자는 온갖 지혜를 짜내며 궁극의 도구와 인술을 만들어냈다. 과연 닌자는 역사 속에서 어떤 활약을 펼쳤을까.

No. 48 스나이퍼

오나미 아츠시 지음 | 이상언 옮김 | 240쪽 | 13,000원

스나이퍼의 다양한 장비와 고도의 테크닉!

아군의 절체절명 위기에서 한 끗 차이의 절묘한 타이밍으로 전세를 역전시키기도 하는 스나이퍼의 세계를 알아본다.

No. 49 중세 유럽의 문화

이케가미 쇼타 지음 | 이은수 옮김 | 256쪽 | 13,000원

심오하고 매력적인 중세의 세계!

기사, 사제와 수도사, 음유시인에 숙녀, 그리고 농민과 상인과 기술자들. 중세 배경의 판타지 세계에서 자주 보았던 그들의 리얼한 생활을 풍부한 일러스트와 표로 이해한다!

No. 50 기사의 세계

이케가미 쇼타 지음 | 이은수 옮김 | 256쪽 | 13,000원

심오하고 매력적인 중세의 세계!

기사, 사제와 수도사, 음유시인에 숙녀, 그리고 농민과 상인과 기술자들. 중세 배경의 판타지 세계에서 자주 보았던 그들의 리얼한 생활을 풍부한 일러스트와 표로 이해한다!

No. 51 영국 사교계 가이드 -19세기 영국 레이디의 생활-

무라카미 리코 지음 | 문성호 옮김 | 216쪽 | 15,000원

19세기 영국 사교계의 생생한 모습!

당시에 많이 출간되었던 「에티켓 북」의 기술을 바탕으로, 빅토리아 시대 중류 여성들의 사교 생활을 알아보며 그 속마음까지 들여다본다.

-TRIVIA SPECIAL

환상 네이밍 사전

신키겐샤 편집부 지음 | 유진원 옮김 | 288쪽 | 14,800원

의미 없는 네이밍은 이제 그만!

운명은 프랑스어로 무엇이라고 할까? 독일어, 일본어로는? 중국어로는? 더 나아가 이탈리아어, 러시아어, 그리스어, 라틴어, 아랍어에 이르기까지. 1,200개 이상의 표제어와 11개국어, 13,000개 이상의 단어를 수록!!

중2병 대사전

노무라 마사타카 지음 | 이재경 옮김 | 200쪽 | 14,800원

이 책을 보는 순간, 당신은 이미 궁금해하고 있다!

사춘기 청소년이 행동할 법한, 손발이 오그라드는 행동이나 사고를 뜻하는 중2병. 서브컬쳐 작품에 자주 등장하 는 중2병의 의미와 기원 등, 102개의 항목에 대해 해설과 칼럼을 곁들여 알기 쉽게 설명 한다.

크툴루 신화 대사전

고토 카츠 외 1인 지음 | 곽형준 옮김 | 192쪽 | 13,000원

신화의 또 다른 매력, 무한한 가능성!

H.P. 러브크래프트를 중심으로 여러 작가들의 설정이 거대한 세계관으로 자리잡은 크툴루 신화. 현대 서브 컬처에 지대한 영향을 끼치고 있다. 대중 문화 속에 알게 모르게 자리 잡은 크툴루 신화의 요소를 설명하는 본격 해설서.

문양박물관

H. 돌메치 지음 | 이지은 옮김 | 160쪽 | 8,000원

세계 문양과 장식의 정수를 담다!

19세기 독일에서 출간된 H.돌메치의 『장식의 보고』를 바탕으로 제작된 책이다. 세계 각지의 문양 장식을 소개한 이 책은 이론보다 실용에 초점을 맞춘 입문서. 화려하고 아름다운 전 세계의 문양을 수록한 실용적인 자료집으로 손꼽힌다.

고대 로마군 무기·방어구·전술 대전

노무라 마사타카 외 3인 지음 | 기미정 옮김 | 224쪽 | 13,000원

위대한 정복자, 고대 로마군의 모든 것!

부대의 편성부터 전술, 장비 등, 고대 최강의 군대라 할 수 있는 로마군이 어떤 집단이었는지 상세하게 분석하는 해설서. 압도적인 군사력으로 세계를 석권한 로마 제국. 그 힘의 전모를 철저하게 검증한다.

중세 유럽의 무술, 속 중세 유럽의 무술

오사다 류타 지음 | 남유리 옮김 |
각 권 672쪽~624쪽 | 각 권 29,000원

본격 중세 유럽 무술 소개서!

막연하게만 떠오르는 중세 유럽~르네상스 시대에 활약했던 검술과 격투술의 모든 것을 담은 책. 영화 등에서만 접할 수 있었던 유럽 중세시대 무술의 기본이념과 자세, 방어, 보법부터, 시대를 풍미한 각종 무술까지, 일러스트를 통해 알기 쉽게 설명한다.

도감 무기 갑옷 투구

이치카와 사다하루 외 3인 지음 | 남지연 옮김 | 448쪽 | 29,000원

역사를 망라한 궁극의 군장도감!

고대로부터 무기는 당시 최신 기술의 정수와 함께 철학과 문화, 신념이 어우러져 완성되었다. 이 책은 그러한 무기들의 기능, 원리, 목적 등과 더불어 그 기원과 발전 양상 등을 그림과 표를 통해 알기 쉽게 설명하고 있다. 역사상 실재한 무기와 갑옷, 투구들을 통사적으로 살펴보자!

최신 군용 총기 사전

토코이 마사미 지음 | 오광웅 옮김 | 564쪽 | 45,000원

세계 각국의 현용 군용 총기를 총망라!

주로 군용으로 개발되었거나 군대 또는 경찰의 대테러부대처럼 중무장한 조직에 배치되어 사용되고 있는 소화기가 중점적으로 수록되어 있으며, 이외에도 각 제작사에서 국제 군수시장에 수출할 목적으로 개발, 시제품만이 소수 제작되었던 총기류도 함께 실려 있다.

초패미컴, 초초패미컴

타네 키요시 외 2인 지음 | 문성호 외 1인 옮김 |
각 권 360, 296쪽 | 각 14,800원

게임은 아직도 패미컴을 넘지 못했다!

패미컴 탄생 30주년을 기념하여, 1983년 『동키콩』 부터 시작하여, 1994년 『타카하시 명인의 모험도 IV』까지 총 100여 개의 작품에 대한 리뷰를 담은 영구 소장판. 패미컴과 함께했던 아련한 추억을 간직하고 있는 모든 이들을 위한 책이다.

초쿠소게 1,2

타네 키요시 외 2인 지음 | 문성호 옮김 |
각 권 224, 300쪽 | 각 권 14,800원

망작 게임들의 숨겨진 매력을 재조명!

『쿠소게クソゲ-』란 '똥-クソ'과 '게임-Game'의 합성어로, 어감 그대로 정말 못 만들고 재미없는 게임을 지칭할 때 사용되는 조어이다. 우리말로 바꾸면 망작 게임 정도가 될 것이다. 레트로 게임에서부터 플레이스테이션3까지 게이머들의 기대를 보란듯이 저버렸던 수많은 쿠소게들을 총망라하였다.

초에로게, 초에로게 하드코어

타네 키요시 외 2인 지음 | 이은수 옮김 |
각 권 276쪽, 280쪽 | 각 권 14,800원

명작 18금 게임 총출동!

에로게란 '에로-エロ'와 '게임-Game'의 합성어로, 말 그대로 성적인 표현이 담긴 게임을 지칭한다. '에로게 헌터'라 자처하는 베테랑 저자들의 엄격한 심사(?!)를 통해 선정된 '명작 에로게'들에 대한 본격 리뷰집!!

세계의 전투식량을 먹어보다

키쿠즈키 토시유키 지음 | 오광웅 옮김 | 144쪽 | 13,000원

전투식량에 관련된 궁금증을 이 한권으로 해결!

전투식량이 전장에서 자리를 잡아가는 과정과, 미국의 독립전쟁부터 시작하여 역사 속 여러 전쟁의 전투식량 배급 양상을 살펴보는 책. 식품부터 식기까지, 수많은 전쟁 속에서 전투식량이 어떠한 모습으로 등장하였고 병사들은 이를 어떻게 취식하였는지, 흥미진진한 역사를 소개하고 있다.

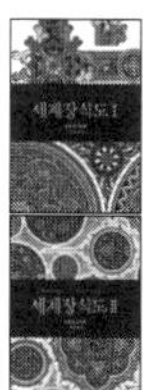

세계장식도 Ⅰ, Ⅱ

오귀스트 라시네 지음 | 이지은 옮김 | 각 권 160쪽 | 각 권 8,000원

공예 미술계 불후의 명작을 농축한 한 권!

19세기 프랑스에서 가장 유명한 디자이너였던 오귀스트 라시네의 대표 저서 「세계장식도집성」에서 인상적인 부분을 뽑아내 콤팩트하게 정리한 다이제스트판. 공예 미술의 각 분야를 포괄하는 내용을 담은 책으로, 방대한 예시를 더욱 정교하게 소개한다.

서양 건축의 역사

사토 다쓰키 지음 | 조민경 옮김 | 264쪽 | 14,000원

서양 건축사의 결정판 가이드 북!

건축의 역사를 살펴보는 것은 당시 사람들의 의식을 들여다보는 것과도 같다. 이 책은 고대에서 중세, 르네상스기로 넘어오며 탄생한 다양한 양식들을 당시의 사회, 문화, 기후, 토질 등을 바탕으로 해설하고 있다.

세계의 건축

코우다 미노루 외 1인 지음 | 조민경 옮김 | 256쪽 | 14,000원

고품격 건축 일러스트 자료집!

시대를 망라하여, 건축물의 외관 및 내부의 장식을 정밀한 일러스트로 소개한다. 흔히 보이는 풍경이나 딱딱한 도시의 건축물이 아닌, 고풍스러운 건물들을 섬세하고 세밀한 선화로 표현하여 만화, 일러스트 자료에 최적화된 형태로 수록하고 있다

지중해가 낳은 천재 건축가 -안토니오 가우디

이리에 마사유키 지음 | 김진아 옮김 | 232쪽 | 14,000원

천재 건축가 가우디의 인생, 그리고 작품

19세기 말~20세기 초의 카탈루냐 지역 및 그의 작품들이 지어진 바르셀로나의 지역사, 그리고 카사 바트요, 구엘 공원, 사그라다 파밀리아 성당 등의 작품들을 통해 안토니오 가우디의 생애를 본격적으로 살펴본다.

민족의상 1,2

오귀스트 라시네 지음 | 이지은 옮김 | 각 권 160쪽 | 각 8,000원

화려하고 기품 있는 색감!!

디자이너 오귀스트 라시네의 「복식사」 전 6권 중에서 민족의상을 다룬 부분을 바탕으로 제작되었다. 당대에 정점에 올랐던 석판 인쇄 기술로 완성되어, 시대가 흘렀음에도 그 세세하고 풍부하고 아름다운 색감이 주는 감동은 여전히 빛을 발한다.

중세 유럽의 복장

오귀스트 라시네 지음 | 이지은 옮김 | 160쪽 | 8,000원

고품격 유럽 민족의상 자료집!!

19세기 프랑스의 유명한 디자이너 오귀스트 라시네가 직접 당시의 민족의상을 그린 자료집. 유럽 각지에서 사람들이 실제로 입었던 민족의상의 모습을 그대로 풍부하게 수록하였다. 각 나라의 특색과 문화가 담겨 있는 민족의상을 감상할 수 있다.

그림과 사진으로 풀어보는 이상한 나라의 앨리스

구와바라 시게오 지음 | 조민경 옮김 | 248쪽 | 14,000원

매혹적인 원더랜드의 논리를 완전 해설!

산업 혁명을 통한 눈부신 문명의 발전과 그 그늘. 도덕주의와 엄숙주의, 위선과 허영이 병존하던 빅토리아 시대는 「원더랜드」의 탄생과 그 배경으로 어떻게 작용했을까? 순진 무구한 소녀 앨리스가 우연히 발을 들인 기묘한 세상의 완전 가이드북!!

그림과 사진으로 풀어보는 알프스 소녀 하이디

지바 가오리 외 지음 | 남지연 옮김 | 224쪽 | 14,000원

하이디를 통해 살펴보는 19세기 유럽사!

「하이디」라는 작품을 통해 19세기 말의 스위스를 알아본다. 또한 원작자 슈피리의 생애를 교차시켜 「하이디」의 세계를 깊이 파고든다. 「하이디」를 읽을 사람은 물론, 작품을 보다 깊이 감상하고 싶은 사람에게 있어 좋은 안내서가 되어줄 것이다.

영국 귀족의 생활

다나카 료조 지음 | 김상호 옮김 | 192쪽 | 14,000원

영국 귀족의 우아한 삶을 조명한다

현대에도 귀족제도가 남아있는 영국. 귀족이 영국 사회에서 어떠한 의미를 가지고 또 기능하는지, 상세한 설명과 사진자료를 통해 귀족 특유의 화려함과 고상함의 이면에 자리 잡은 책임과 무게, 귀족의 삶 깊숙한 곳까지 스며든 '노블레스 오블리주'의 진정한 의미를 알아보자.

요리 도감

오치 도요코 지음 | 김세원 옮김 | 384쪽 | 18,000원

요리는 힘! 삶의 저력을 키워보자!!

이 책은 부모가 자식에게 조곤조곤 알려주는 요리 조언집이다. 처음에는 요리가 서툴고 다소 귀찮게 느껴질지 모르지만, 약간의 요령과 습관만 익히면 스스로 요리를 완성한다는 보람과 매력, 그리고 요리라는 삶의 지혜에 눈을 뜨게 될 것이다.

사육 재배 도감

아라사와 시게오 지음 | 김민영 옮김 | 384쪽 | 18,000원

동물과 식물을 스스로 키워보자!

생명을 돌보는 것은 결코 쉬운 일이 아니다. 꾸준히 손이 가고, 인내심과 동시에 책임감을 요구하기 때문이다. 그럴 때 이 책과 함께 한다면 어떨까? 살아있는 생명과 함께하며 성숙해진 마음은 그 무엇과도 바꿀 수 없는 보물로 남을 것이다.

식물은 대단하다

다나카 오사무 지음 | 남지연 옮김 | 228쪽 | 9,800원

우리 주변의 식물들이 지닌 놀라운 힘!

오랜 세월에 걸쳐 거목을 말려 죽이는 교살자 무화과나무, 딱지를 만들어 몸을 지키는 바나나 등 식물이 자신을 보호하는 아이디어, 환경에 적응하여 살아가기 위한 구조의 대단함을 해설한다. 동물은 흉내 낼 수 없는 식물의 경이로운 능력을 알아보자.

그림과 사진으로 풀어보는 마녀의 약초상자

니시무라 유코 지음 | 김상호 옮김 | 220쪽 | 13,000원

「약초」라는 키워드로 마녀를 추적하다!

정체를 알 수 없는 약물을 제조하거나 저주와 마술을 사용했다고 알려진 「마녀」란 과연 어떤 존재였을까? 그들이 제조해온 마법약의 재료와 제조법, 마녀들이 특히 많이 사용했던 여러 종의 약초와 그에 얽힌 이야기들을 통해 마녀의 비밀을 알아보자.

초콜릿 세계사-근대 유럽에서 완성된 갈색의 보석

다케다 나오코 지음 | 이지은 옮김 | 240쪽 | 13,000원

신비의 약이 연인 사이의 선물로 자리 잡기까지의 역사!

원산지에서 「신의 음료」라고 불렸던 카카오. 유럽 탐험가들에 의해 서구 세계에 알려진 이래, 19세기에 이르러 오늘날의 형태와 같은 초콜릿이 탄생했다. 전 세계로 널리 퍼질 수 있었던 초콜릿의 흥미진진한 역사를 살펴보자.

초콜릿어 사전

Dolcerica 가가와 리카코 지음 | 이지은 옮김 | 260쪽 | 13,000원

사랑스러운 일러스트로 보는 초콜릿의 매력!

나른해지는 오후, 기력 보충 또는 기분 전환 삼아 한 조각 먹게 되는 초콜릿. 『초콜릿어 사전』은 초콜릿의 역사와 종류, 제조법 등 기본 정보와 관련 용어 그리고 그 해설을 유머러스하면서도 사랑스러운 일러스트와 함께 싣고 있는 그림 사전이다.

판타지세계 용어사전

고타니 마리 감수 | 전홍식 옮김 | 248쪽 | 18,000원

판타지의 세계를 즐기는 가이드북!

온갖 신비로 가득한 판타지의 세계. 『판타지 세계 용어사전』은 판타지의 세계에 대한 이해를 돕고 보다 깊이 즐길 수 있도록, 세계 각국의 신화, 전설, 역사적 사건 속의 용어들을 뽑아 해설하고 있으며, 한국어판 특전으로 역자가 엄선한 한국 판타지 용어 해설집을 수록하고 있다.

세계사 만물사전

헤이본샤 편집부 지음 | 남지연 옮김 | 444쪽 | 25,000원

우리 주변의 교통 수단을 시작으로, 의복, 각종 악기와 음악, 문자, 농업, 신화, 건축물과 유적 등, 고대부터 제2차 세계대전 종전 이후까지의 각종 사물 약 3000점의 유래와 그 역사를 상세한 그림으로 해설한다.

고대 격투기

오사다 류타 지음 | 남지연 옮김 | 264쪽 | 21,800원

고대 지중해 세계의 격투기를 총망라!

레슬링, 복싱, 판크라티온 등의 맨몸 격투술에서 무기를 활용한 전투술까지 풍부하게 수록한 격투 교본. 고대 이집트 · 로마의 격투술을 일러스트로 상세하게 해설한다.

에로 만화 표현사

키미 리토 지음 | 문성호 옮김 | 456쪽 | 29,000원

에로 만화에 학문적으로 접근하다!

에로 만화 주요 표현들의 깊은 역사, 복잡하게 얽힌 성립 배경과 관련 사건 등에 대해 자세히 분석해본다.

AK Trivia Book 52

중세 유럽의 성채 도시

초판 1쇄 인쇄 2019년 3월 10일
초판 1쇄 발행 2019년 3월 15일

저자 : 가이하쓰샤
번역 : 김진희

펴낸이 : 이동섭
편집 : 이민규, 서찬웅, 탁승규
디자인 : 조세연, 백승주, 김현승
영업 · 마케팅 : 송정환
e-BOOK : 홍인표, 김영빈, 유재학, 최정수, 이현주
관리 : 이윤미

㈜에이케이커뮤니케이션즈
등록 1996년 7월 9일(제302-1996-00026호)
주소 : 04002 서울 마포구 동교로 17안길 28, 2층
TEL : 02-702-7963~5 FAX : 02-702-7988
http://www.amusementkorea.co.kr

ISBN 979-11-274-2341-4 03920

이 도서의 국립중앙도서관 출판예정도서목록(CIP)은 서지정보유통지원시스템 홈페이지(http://seoji.nl.go.kr)와 국가자료공동목록시스템(http://www.nl.go.kr/kolisnet)에서 이용하실 수 있습니다.(CIP제어번호: CIP2019005576)